漢字から読み解く
中国の歴史と文化

王貴元〈著〉
加藤徹——〈監訳〉
星野孝司——〈翻訳〉

科学出版社東京

監訳者はじめに

加藤　徹

漢字は動く博物館です。

私たちは毎日、漢字の中で生きています。駅のホームに入ってくる電車の行き先も、ケータイで読むメールも、漢字だらけ。漢字の起源は、今から三千数百年前の古代中国の甲骨文にさかのぼる。それぞれの漢字には、東洋人の生活の歴史がきざまれている。考えてみると、すごいことです。

英語では、「文字」は「レター (letter)」と「キャラクター (character)」の二通りの言い方があります。ローマ字は「ローマン・レター」ですが、漢字は「チャイニーズ・キャラクター」。ABCは、一字一字のそれぞれは意味をもたない「レター」。漢字は、一字が一語としての意味をもつ「キャラクター」。映画やアニメのキャラクター（登場人物）と同じく、漢字はそれぞれ個性的な字面と経歴をもっています。

本書のタイトルは『漢字から読み解く中国の歴史と文化』ですが、中国だけでなく、現代日本の漢字文化を考えるうえでも参考になる刺激的な本です。各章の内容は、博物館の展示室のようにテーマごとに分かれており、漢字の字源が豊富な図版を駆使して解説されています。どの章から読み始めてもかまわない作りになっています。

近年の博物館では、動かないモノを並べる静態展示のほか、参観者にモノやヒトが動くコトを見せる動態展示も人気があります。本書でも、一部の漢字については、生き生きとした動態展示的な解説がなされています。

例えば、本書二九九頁～三〇一頁で古代の「奥」の字義を解説したくだりでは、『史記』の名場面「鴻門の会」での席次を援用しつつ、最も安全である「奥」が最もたっとい人がすわる場所である様子や、上座と下座の違いが生み出す人間関係の微妙な緊張感などが、歴史ドラマのシーンのように再現されています。現代の私たちも、乗用車に乗るとき、万一の事故のときの安全性を考え、偉い人は奥の後部座席にすわり、下っぱは助手席にすわる。会社の会議室でも、上役は部屋の奥の席にすわり、新米は出入口の近くにすわる。そう言えば、うちの家でもいちばん偉いのは奥さん……ちょっと脱線しましたが、私たち東洋人にとって、古代は遠くて近い時代であり、漢字は生きた博物館であることが、本書を読むとあらためて実感されます。

とはいえ、本書の原書はもともと中国で出版されたものなので、日本の歴史教科書と違う部分もあります。古代の伝説の「夏王朝」を実在とみなしたり、近現代の進歩史観を古代中国の社会にあてはめようとしたり、など。これらの部分も、現代中国人は自国の歴史をこのようにとらえているのだ、と知るうえで参考になります。

また、古代の漢字の字源の解釈については、異説が多い。本書の著者・王貴元氏も、ときどき中国や日本の先学の説とは違う独自の字源説を述べます。例えば「師」という漢字の左半分は、何を表しているのか、など。学者たちの推理の違いを楽しめる点も、博物館の展示と似ています。

本書の翻訳者である星野孝司氏は、中国民俗学の専門家で、中国の古今の文物と習俗に通じています。氏は、中国語原文のわかりにくい部分を整理し、自然で平明な日本語に訳したうえ、日本人読者のための注も追加しました。原著で引用された漢文についても、氏は、現代の読者にわかりやすいよう独自のアレンジを加えた訓読スタイルで書き下しています。星野氏のおかげで、本書は読みやすい本にしあがったと思います。

歴史は現代の鏡です。中国文化は日本文化を理解するための鏡です。古代中国や漢字に興味のある人はもちろん、本書が広く一般の人々に読まれることを願います。

❖目次

第八章 漢字と日々のくらし・自然・人体

漢字から読み解く中国の歴史と文化

第一章

漢字と宗法制度

漢字の字形の分析を通して、どんな礼制習俗もそのはじまりのところではみな、実に素朴で単純な理由と目的にきざしているということ、そして原始的な自然信仰やその後にあらわれた霊魂の概念こそが、古代の祭祀における占卜・盟約・喪葬などの制度や習俗を決定づける要素となっているとことがわかる。漢字の解釈によって、中国古代の礼制習俗のありさま、こうした礼制習俗が生まれた理由を理解するおもしろさに気づいてもらいたい。

王

「王《おう》」の字は甲骨文では王（合集36509。四〇二頁の引用書名の略称一覧を参照のこと）、金石文では王となっており（利簋[*1]）、刃を下に向けたオノ（斧）を象ったもの（図1-1、2　参照）。「オノ」は古代、最も重要視された工具・武器の一つでした。最も重く大きく威力があるところから、力と権威の象徴、やがて最高統治者の称号とされるようになったのです。山東省の沂南東漢画像石をはじめ、四川省成都や徳陽の画像磚[*2]、遼寧省遼陽の壁画など、東漢時代の遺跡にはよく「斧車」と呼ばれる馬車が描かれています。「斧車」というのは荷台に大きな斧を立てた車で、身分のある者が出かけるとき、その権威を示す先触れとして、これを先導するのです（図1-3、1-4　参照）。

『逸周書《いつしゅうしょ》』[*3]「世俘解」に「王、黄鉞《こうえつ》を乗《と》りて国伯《こくはく》を正す」、『尚書』「牧誓」にも「王、左に黄鉞《こうえつ》を杖つき、右に白旄《はくぼう》を乗《と》り以て麾《さしまね》き」と、王が手に持つものとしてマサカリが出てくるのにも、同じような意味合いがあります。

『説文《せつもん》』[*4]「王部」には「王、天下の帰往《きおう》するところなり。董仲舒《とうちゅうじょ》[*5]曰く、古えの文を造るの者、三画にしてその中を連ね、これを王と謂う。三は天・地・人、しこうしてこれに参通《さんつう》するは王なり。孔子曰く、一にして三を貫くを王となす」とあります。『説文』に言う「王は天下の帰往《きおう》するところ」というのは、「王」を音

図1-1　商代銅斧

図1-2　西周康侯斧

の近い「往」で解釈した「声訓」というもの、董仲舒の説は、字形の変化と文化の発展にともなって、字の解釈にも新たな説明が重ねられているということを如実に表わしています。

＊1　利簋…陝西省臨潼県から出土した利簋（「利」は作器者を示す）という器の銘文のこと。

＊2　画像石《がぞうせき》・画像磚《がぞうせん》…墳墓の壁面を飾った積石やレンガ。表面にさまざまな浮彫りや線刻画が描かれている。

＊3　『逸周書《いつしゆうしょ》』…周代の歴史書、十巻。『尚書』から漏れた部分をまとめたものとされる。

＊4　『説文《せつもん》』…『説文解字《せつもんかいじ》』、後漢・許慎の著した古字書。部首で漢字を分類し並べる現在の方法は、またその成り立ちを「象形・指事・会意・形声・転注・仮借」の六種類（六書）とするやり方は、この字書からはじまったものと言って良い。その収録数と詳細な注から、甲骨文字発見以前の文字学においては最も重要かと主要な資料であり、現在も漢字を語るときの、最も基本的資料として広く用いられている。

＊5　董仲舒《とうちゅうじょ》…前漢の儒学者。災害は天からの忠告であるとし、歴史上の事蹟を天と人との感応によって解釈する災異思想を展開。

侯

古代には「射礼」という儀式がありました。「射礼」には「大射《たいしゃ》」というものがあります。これは春の祭りの前に、その参加者から選ばれた者によって行われる儀式です。『周礼』「天官・司裘」の鄭玄《じょうげん》注＊1に、「大射は、祭祀がために射す。

図1-3　東漢銅斧車

図1-4　四川彭県東漢斧車画像

王まさに郊廟《こうびょう》の事あらば、射を以て諸侯及び群臣を択《えら》び、邦国の与《よ》するところを貢ぐの士たりて、以て祭に与すべしとす……しこうして多く中《あ》てたる者、祭に与するを得」とあります。「郊廟《こうびょう》の事」は天を祀る祭り、その参加者を決めるために行われるのが、この「大射」です。

つぎを「賓射《ひんしゃ》」と言います。『周礼《しゅらい》』「春官・大宗伯」に「賓射の礼をもって故旧朋友《こきゅうほうゆう》と親しむ」とあり、賈公彦[*2]の注には「賓射の礼、燕飲《えんいん》の礼を行なうを謂う。すなわちこれと射して、歓楽の情を申《の》ぶるの所以《ゆえん》なり」とあります。「燕飲《えんいん》」は「宴飲」と同じ「飲み会」の意味。すなわちこの「賓射」は、天子が幼馴染や友人とともに行う娯楽的な儀式なのです。

そして最後が「燕射《えんしゃ》」です。『周礼』「冬官・梓人《しじん》」の鄭玄注に「燕は臣をして労するの謂い、かく群臣と閑暇《かんか》飲酒して射す」とあるよう、「燕射」は天子が臣下を慰労するために行われます。

この三種類の「射礼」で使われる的《まと》を、「侯《こう》」と言いました。「侯」は正方形の布を縄にかけたもので、「大射」では皮で作られた「鵠《こく》[*3]」が、「賓射」では五色に彩られた「正」がその中心に据えられ、「燕射」の「侯」には鹿や豹、熊などが描かれていました。「侯」の字は甲骨文で（甲2292）。厂の部分は広げられた布、すなわち「侯」そのもので、その下は「矢」です。「矢」という字は、「箭《せん》」すなわち「矢じり」の部分（図1-5　参照）を象ったものです。『説文』「矢部」が「侯」を「厂に従う。張布に象り、矢を其の下に置く」としているとおり、

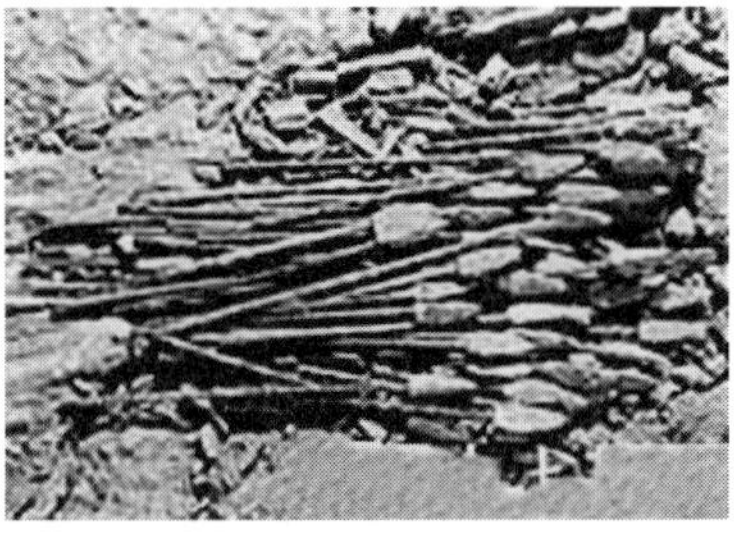

図1-5　秦兵馬俑箭

的である「侯」の下に「矢」を置くことで、これが「弓矢の的」であることを表わしているのです。「侯」の字が人間を表すようになったのは、おそらく秦の時代、さきほどの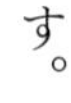の上に、「人」という字を「ク」の形にして加えたのがはじまりだと思われます。この「矦」の字が、隷書体になって左右に分解して書かれるようになり、いまの「侯」の字となったのです。

＊1　鄭玄《じょうげん》…後漢の大学者。儒教の主要な経典を集大成、解釈し注を付した。
＊2　賈公彦《かこうげん》…唐の儒学者。儒教の基本書に詳細な注釈を付した。
＊3　「皮で作られた鵠」…「正鵠を射る」の語源、ただしこの場合の「正鵠」は、的の中心の白と黒（もしくは色付き）の目印。「鵠」は鳥偏の字だが、かならずしも鳥を意味するわけではない。

礼

旧字体で書くと「禮」となるこの字は、もともとは神をまつる祭祀のことでした。字形は「示」と「豊」を組み合わせたもので、「示」はお社の中のご神体を表わしています。この神に供えられている「豊」というのは、甲骨文だと（後下8・2）、下部は「豆《とう》」、すなわち祭りで、供物をのせる器具（図1-6　参照）、上の「王」は「玉《ぎょく》」、「豆」の中に宝物が入っている状態で古代の祭祀の情景を、そのまま表わした字なのです。

図1-6　春秋獣紋方豆

『周礼』「春官・大宗伯」の項目に「蒼璧《そうへき》を以《もっ》て天を礼し、黄琮《こうそう》を以て地を礼し、青圭《せいけい》を以て東方を礼し、赤璋《せきしょう》を以て南方を礼し、白琥《はくこ》を以て西方を礼し、玄璜《げんこう》を以て北方を礼す」とあります。ここでいう「礼」は祭祀の意味で、「蒼璧」「黄琮」「青圭」「赤璋」「白琥」「玄璜」はいずれもみな玉器、すなわち祭祀に玉が用いられていたことを意味しています。

「豆」に宝物である玉器を盛って、神に奉納すること、「礼」とはまさしく鬼神祭祀そのものを表わしている字形なのです。『説文』「示部」には「〝礼〟は履《り》（礼と同じ音、靴の意味からここでは〝へりくだる〟）。神に仕えて福をもたらすこと」とあり、『甲骨文字集釈』で李孝定[*1]は「ことばをもって神に仕えることが〝礼〟である」としています。祭礼行事において、参加する人員から、お供えの品、時間や場所、方位方角、手順までが、すべて厳格なきまりごとのもとに行われるということ、それはその世界において、位や血縁関係の親疎などといった社会的な関係とそのきまりごとがすでに出来上がっているということで、そしてそれゆえに、「礼」の字はやがて、「道徳規範にのっとった社会的なおこない」を指すようになったのです。『左伝』「隠公十一年」には「礼は国家を経し、社稷《しゃしょく》を定め、民人を序して、後嗣《こうし》を利することなり」とあり、『漢書』の「公孫弘伝」には「進退に度あり、尊卑に分あり、これを礼と謂う」とあります。こうした言はすべて、古代には神への祭祀と、現実社会における人間関係とが密接にむすびついていたということを物語っているのです。

＊1　李孝定《りこうてい》…（一九一八〜一九九七年）近世の甲骨文字研究家。

示

「示《じ》」という字は祭祀の対象、甲骨文においてはこの一字で、天神・地祇（地の神）・先公・先王をすべて表わしていました。甲骨文は（乙8670）T（甲742）、いずれも木や石で作られたご神体の姿を象っています。

西安の半坡遺跡では、今から六千年ほど前の古い祭祀の場が発見されています。遺跡の中心には浅い穴がひとつうがたれており、その中心に一本の石柱が立てられていました。石柱の高さは約七〇センチ、頭頂部は楕円形で、人工的に加工した跡が残っていました。この石柱の北側二メートルほどに穴があって、その一つからは数十個のクルミ大の陶器が、また別の穴からは四十九個の小さな陶罐が発見されています。これらはすべて祭祀用の器で、この石柱が信仰の対象、すなわち「ご神体」であったことを示しています（図1-7　参照）。

図1-7　半坡祭祀遺址

宗

「宗《そう》」の原義は「祖廟《そびょう》」すなわち、先祖を祭る「みたまや」のことです。『説文』「宀部」には「宗、祖廟を尊するなり。宀に従い、示に従う」とあります。「祖廟」というのは先祖の位牌を安置する家屋のことで、字形は「宀」と「示」を組み合わせたもの。「宀」は家屋の象形文字で、「示」はご神体の象形文字です。甲骨文では（乙7766）（前4・38・4）となっており、いずれも部屋の真ん中にご神体が立っている様子をあらわしています。

「宗」は祖先の霊廟をあらわすところから、祖先そのもの、また祖先を同じくする人のこととしても使われるようになったのです。

且 組 宜 祖

「且《しょ》」は甲骨文で（甲2351）、肉を切るための木製の「まな板」のことで、中央の二本線は包丁傷の痕を表わしています。甲骨文では（前7・20・3）と書かれることもあります。これはまな板の上に肉がのっているところ、「夕」が肉のかたまりです。古代の祭祀では「牲」すなわち「いけにえ」は、まな板にの

せたまま神前に供えられるものでした。金石文では「且」の字の横に「又」、すなわち手が添えられています。これは「お供えしている」様子を表わしたもので、「且」がただの日常用品ではなく、祭礼用の器であったことを示しています。この「且」はのちに「俎」とも書かれるようになりました（図1-8、9参照）。も板の上にのっている肉を表わしたものです。

『説文』「且部」では「俎、礼俎（儀式用のまな板）なり。半肉（半分に切った肉）の且上にあるに従う」とあり、段玉裁[*1]もこれに注して「俎、半肉を字《つくり》となす」としています。『左伝』「隠公五年」には「鳥獣の肉は俎に登さず」とありますので、板の上にのっているのは「鳥獣の肉」ではなかったということになります。また杜預の注には「俎、宗廟を祭るの器なり」とあります。すなわちこれが使われたのは先祖を祭る儀式だったわけです。「宜」も「且」から出た字で、小篆ではで表わされていました。「且」の真ん中が「夕」すなわち肉の塊りになったのも、古い「且」の字の上部が「宀」と同じ形だったためです。「宜」はもともと「肉を食べる」という意味でした。『爾雅』「釈言」にも「宜、肴《こう》（ご馳走のこと）なり」とあります。「宜」はやがて「土地神」、すなわちその地の鎮守神の祭礼を指すようにもなります。古代では、何か大事があると、かならずまず大地の神を祭っておうかがいをたて、もっともよいやり方を決めることになっていました。そこから「宜」は「行うにほど良いこと」を指すようにもなりました。「適宜」という語に、その意味が残されています。『爾雅《じが》』「釈天」には「大事を起し、大衆を動

図1-8　商代青銅俎

図1-9　春秋禽獣紋俎

かす、必ず先に社に事うありて後に出ず、これを宜と謂う」とあり。邢昺の注に「其の祭りの名、これを謂いて宜となす」とあります。「祖」の字はもと「且」と書かれ、甲骨文ではすべて「且」、金石文でも多くは「且」で、これに「示」を加えた字は、かなり後になってから出来たものと思われます。「祖」とは祖先を祀る場所「宗廟」のこと。『説文』「示部」にも「祖、始廟《しびょう》（始祖を祀る廟）なり」とあります。「且」が「祖」の意味で使われているのは、いわゆる「仮借（文字がないのでほかの字を借りてあらわすこと）」であるとされていますが、古代では、「且」に肉をのせたものがあるところが宗廟ならばそれだけで、「且」をして「祖」そのものを指しても、何ら問題はなかったのだと思います。

＊1　段玉裁《だんぎょくさい》…（一七三五〜一八一五年）清代の考証学者。許慎の『説文』を清朝考証学の立場から解釈した。彼の注解を付した『説文』は、「段注本」と通称される。

申 神 電

「申《しん》」ははじめ「稲光り」を意味していました。甲骨文では（鉄163・4）、まさに稲妻の形そのものを表わしています。『説文』「虫部」の「虹」の項目にも「申は電なり」と書かれています。

あらゆる天気の中で、「カミナリ」以上に人を驚かせるものはありません。ここから「申」は天の神を表わすようになりました。「馬《ま》王《おう》堆《たい》漢《かん》墓《ぼ》帛《はく》書《しょ》」*1の『老子甲本』には「非其申不傷人也、聖人亦弗傷人」という一節があります。今の『老子』の本で、「申」が「神」になっていることからも、*2かつては「申」が「神」を指す字であったことが分かりましょう。

『説文』「申部」にも「申、神なり」とあり、甲骨文でも金石文でも「申は」神を表わすものとして使われています。「申」に神霊を表わす「示」の部首をつけて「神」とした、つまり「神」はもともと旁《つくり》である「申」から派生した字なのです。「電」も『説文』「雨部」に「電、陰陽の激耀《げきよう》なり、雨に従い、申に従う」とあるようにもともとは「稲光り」の意味で、金石文では「」（畓生簋）、小篆でも同様に「雨」と「申」の組み合わせとなっています。つまり「申」に、「雨」を加え、「稲光り」だけを表わす字としたものでなのです（図1-10参照）。

＊1　馬《ま》王《おう》堆《たい》漢《かん》墓《ぼ》帛《はく》書《しょ》…湖南省長沙の馬王堆遺跡（前漢時代の墳墓）で発見された、布に書かれた書物。

＊2　『老子』章句第六十…「其の神は人を傷《そこな》わずにあらず、聖人亦《ま》た人を傷わず」

図1-10　三星堆祭神玉人

巫覡

「巫《ふ》」と「覡《げき》」はともに、古代、人と神との間をつなぎ、その言葉をやりとりした使者のことです。「巫」の字は小篆体では巫、両方の袖をつかんで舞い踊る一人の人物の姿を表わしています。『説文』「巫部」には「巫、祝《しゅく》なり。女にしてよく無形（神）に事《つか》え、舞うをもって神を降ろす者なり。人の両袖をして舞うの形に象る」とありますが、この『説文』の解釈には三点の問題があります。

（1）「巫」を「女性」としていること（男性の「巫」もいる、後述）

（2）「巫」は神と意思を通ずるものである（神の言葉を伝える使役者に過ぎない）

（3）「巫」と神の交流方法は舞踏である（神降ろしの方法は舞踏には限らない）

「覡」は男性の「巫」。『説文』「巫部」に「覡、能く斎粛《さいしゅく》して神明《しんめい》に事《つか》う。男にありては覡といい、女にありては巫という。巫に従い、見に従う」、徐鍇*1『説文解字系伝』には「能く神を見るなり、会意」とあります（図1-11参照）。

原始的な氏族社会においては、その集団に所属する人の地位は平等で、ひとりひとりがみな、舞踏を通じて神と交流することができましたが、一部の人間の統治による私有制社会が生まれると、統治者は一般の人民が神と通じる権利を剥奪してゆきました。ここにおいて神と意思を通じることをなりわいとする「巫」というものが誕生したのです。最も初期に「巫」の役割をなしていたは部族の長で

図1-11　東漢司命神石像

した。文献にある、商（殷）の湯王がみずから火に飛び込んで雨を祈った、などという説話も、その一証左でありましょう（図1-12～14　参照）。

＊1　徐鍇《じょかい》…五代十国時代の学者で、許慎の『説文解字』を校訂し注を付した。『説文』の版本として、兄・徐鉉《じょこう》の注本が「大徐本」と呼ばれるのに対し、徐鍇の注本は「小徐本」と呼ばれる。

設

「設」の原義は設置すること、陳列することです。『説文』「言部」に「設、陳《ちん》（ならべること）を施すなり、言に従い、殳に従う」とあり、『漢書』「文帝紀」に「故に高帝これを設し以て海内《かいだい》を撫す」とあり、その顔師古＊1の注には「設、置立するなり」と書かれています。于省吾＊2は『甲骨文字釈林』「釈設」で、次のように述べています。「甲骨文において設の字には二種類の意味がある。その一つは、自然界に置かれた予言的なことがら、を述べたもの。当時の人々は、たとえば鳥の鳴き声のような些細なものでも、自然界が用意した、何らかの吉凶をあらわす「きざし」のようなものであり、そうした予兆は上帝（天帝）の意思であると考えていた。故に〝そこに置かれたもの〟と言うのである。今ひとつの意味は、祭祀のときに供物を読み上げる（陳説）ということであった」。

図1-12　戦国信陽楚墓巫師升天図

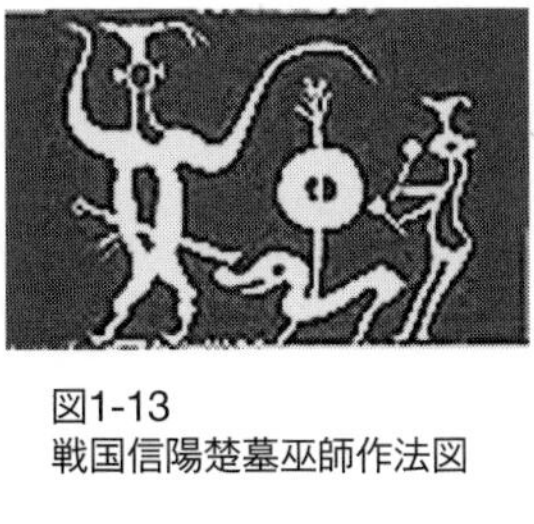

図1-13
戦国信陽楚墓巫師作法図

図1-14
戦国曽侯乙墓巫師撃鼓図

「設」は甲骨文では（乙2687）左にあるは「言」の古い字体。「設」という字が「言」という構成要素から出来ているのは、それが天帝が誰かに吉凶禍福を知らせる目的で「設置」した「予言」であるからです。

『説文』の「示部」に「示、天象《てんしょう》を垂れ、吉凶を見《あら》わす、人に示すの所以《ゆえん》なり」とあるよう、「示す」とは、天が風雨雷雪などさまざまな現象を通して、吉凶を人に知らせようとすることです。「設」の部首が言であるのは、その「示された」ものを現象ではなく「予言」として捉えたため。旁《つくり》の「殳」は「駆使する」という意味で、自然界がそうした予言のためにさまざまな事物を「設置」することを、「事物を駆使している」と考えたものでしょう。

＊1　顔師古《がんしこ》…孔穎達らとともに『五経正義』の注釈者に名を連ねる唐代の大学者。太子の命により『漢書』の注釈をなす。

＊2　于省吾《うせいご》…（一八九六～一九八四年）中国近代の古文字学者。

卜兆占

ある歴史研究者は、商代（殷）を「鬼神の時代」と称しました。これはこの時代、鬼神信仰がとくに篤かったことに因んでいます。鬼神信仰を象徴する最たるものは、「卜占《ぼくせん》」です。この時代、戦争や風雨、作物の生長や実り、病気や夢など、ありとあらゆることが、占いによって、その吉凶を断じられていました。

卜占には、亀の甲羅や牛の肩甲骨が使われました。占いはまず、甲羅や骨の表面に、小さなくぼみを穿つところからはじまります。このくぼみに熱した棒を差し込むと、表面にヒビ割れが生じます。占い師はそのヒビ割れの数や、曲がり方、方向などを見て吉凶を判じました。くぼみを焼くための道具である荊《いばら》の棒は、古い時代「楚焞《そとん》」と呼ばれていました。『儀礼《ぎらい》』「士喪礼《しそうれい》」に「卜人《ぼくじん》先ず亀を奠《まつ》り西塾《せいじゆく》の上に南首《なんしゅ》す、席ありて、楚焞《そとん》、置きて燋《こ》がす、亀は東に在り」とあり、鄭玄の注に「楚、荊《いばら》なり。荊焞《けいとん》とは以て亀を鑽灼《せんしゃく》するの所以《ゆえん》なり。燋は炬《たいまつ》、以って燃火するものなる所以《ゆえん》なり」とあります。「荊」は「いばら」、いばらの棒を燃やし、それを亀甲におしあてて、「鑽灼」すなわち穿ち熱したのです。甲骨文の「卜」の字形は現在のものと変わりません。『説文』「卜部」には「卜、亀を灼剥《しゃくはく》するなり。炙りたる亀の形に象《かたど》る」とあり、「火部」に「灼、炙る也」、「刀部」に「剥、裂けるなり」とありますから、「灼剥」というのは、炙ってヒビ割れを生じさせるということになります。

「卜」の字の「一」は横から見た骨の形、「｜」は「楚焞」で、今まさに骨を「楚焞」で焼いているところを表わしています。段玉裁も『説文解字注』の「卜」の項目で「直なるは亀を象り、横なるは楚焞の亀を灼くに象る」と書いています。

「兆」の字は甲骨文では（乙３１９８）、ヒビ割れの形そのものを象ったものです。「兆」、すなわちヒビ割れは、吉凶を判断するうえでの根拠となるものです

が、逆に言うと、この時点でまだこれは吉とも凶ともされていないわけです。この字が「前兆」とか「予兆」といった語で、何かが起きる前の「きざし」として使われるのは、こうしたところからきています。

「占」の原義は、卜によって吉凶を問うこと。字形は「卜」と「口」を組み合わせたもので、「口」を加えることによって、口頭で吉凶を問うという行為を表わしています。『説文』「卜部」には「占、兆しを視て問うなり。卜に従い口に従う」とあり、『左伝』の『桓公《かんこう》十年』にも「卜は以て疑を決す、疑わずんば何ぞ卜せん」とあります。「卜」は「疑を決す」ためのもの、ここからも当時の人々が、あやふやなことがあれば、これを卜に問い「答え」を得ていた（すなわち「占っていた」）ということが分かります（図1-15、16　参照）。

牲

「牲」の原義は、祭りで供えられるために育てられた牛、羊などの家畜のことです。「牛」が部首なのは「牲」となる家畜の中で最も大きい牛を、「家畜の代表」としたところによります。旁の「生」は「せい」という音を表わす声符です。

呉善述[*1]『説文広義校訂』にも「経書のなかには〝三牲〟、〝五牲〟、〝九牲〟といった語が多く見られるが、これらはみな牛のことなのだろうか？　牲という字に牛

図1-16　商祭祀狩猟涂朱卜骨

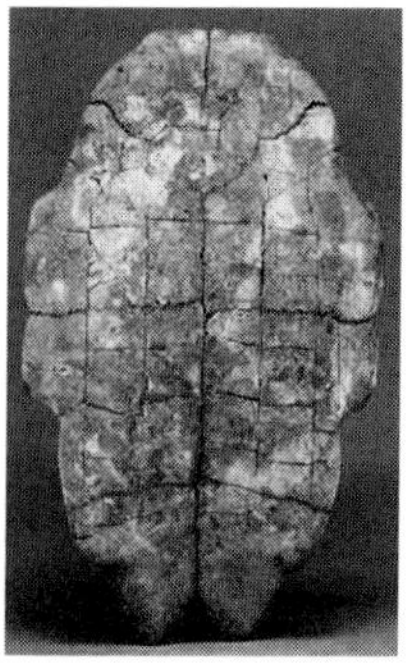

図1-15　商安陽花園村56字狩猟卜亀

がついているのは、牲のなかで牛がいちばん大きいところから、牛と書いただけのこと。『易』に〝大牲を用う、吉なり〟とあるのは、牲に牛を用いること。牛をわざわざ〝大牲〟と称するのは、牲というものが牛だけではなかったからである」とあります（図1-17　参照）。

『周礼』「天官・膳夫」に「凡そ王の饋《き》たるには、食に六穀を用い、膳に六牲を用い…」とあり、鄭玄の注には「六牲は、馬・牛・羊・豚・犬・鶏なり」とあります（図1-18、19　参照）。古代、家畜は「畜」、あるいは「牛」とか「羊」と、単にそれぞれの名で呼ばれていました。祭りの準備期間に供物として選ばれ、専用の檻や囲いのなかで飼われるようになってはじめて、「牲」と呼ばれたのです。『穀梁伝《こくりょうでん》』「哀公元年」には「全《まった》きものを牲といい、傷《そこな》われしを牛という、未だ牲は牛といわず。其れ牛は一なるも、其の牛を異となす所以《ゆえん》なり」とあります。

「犠」は、祖先の祭祀で供えられる家畜のこと。これと合わせ「犠牲」と書いて、祭りに捧げられる家畜一般を指します。『周礼』「地官・牧人」に「凡そ祭祀には、其の犠牲を共す」（共＝供）とあるのがそれです。祭祀に「犠牲」をさしだすという行為は、神聖なる祭祀に寄与するということです。ここから後世、正義のために生命を捧げたものをも、「犠牲」と言うようになったのです。

ふつう書物において「牲」は「祭祀において供えられる牛」と解説されていることが多いのは『説文』「牛部」の「牲、牛にして完全なるもの」からきています。しかしこの解釈は「牲」の「牛」の部分にだけこだわったもので、字形の中に「完

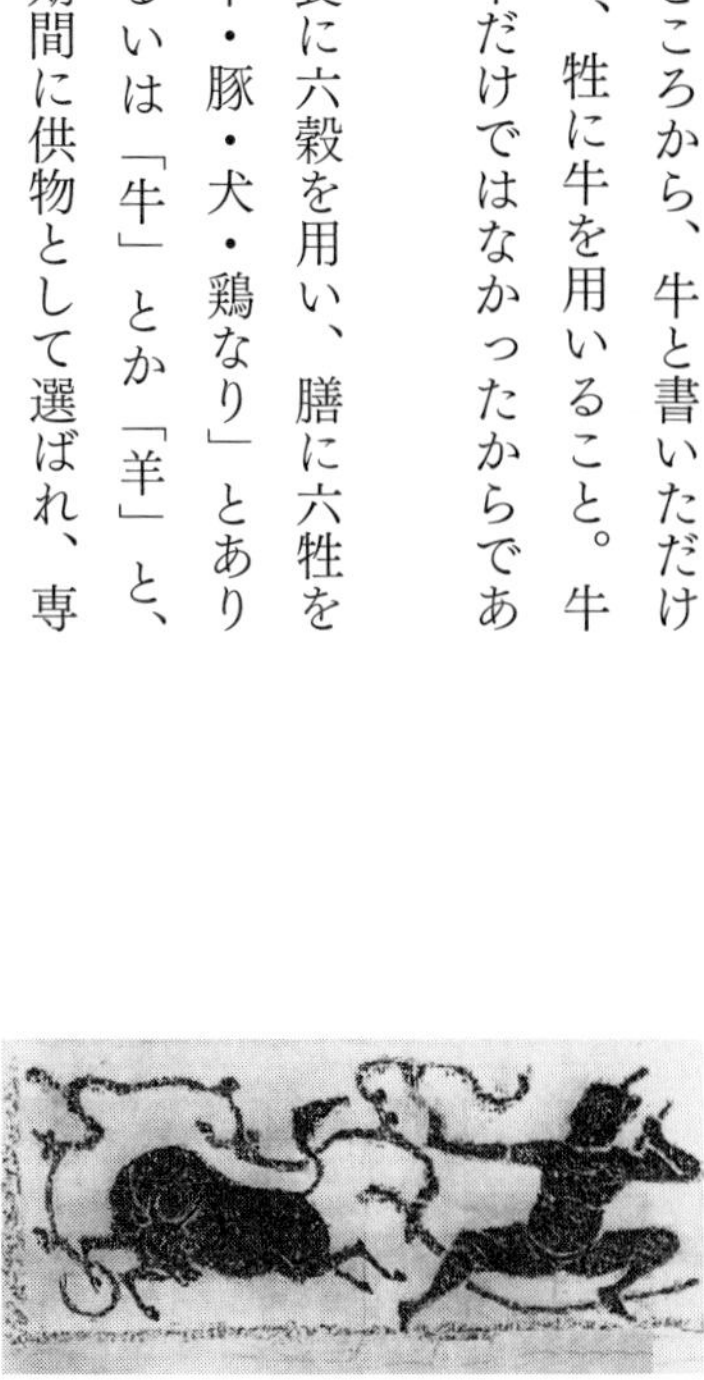

図1-17　南陽漢斗牛画像石

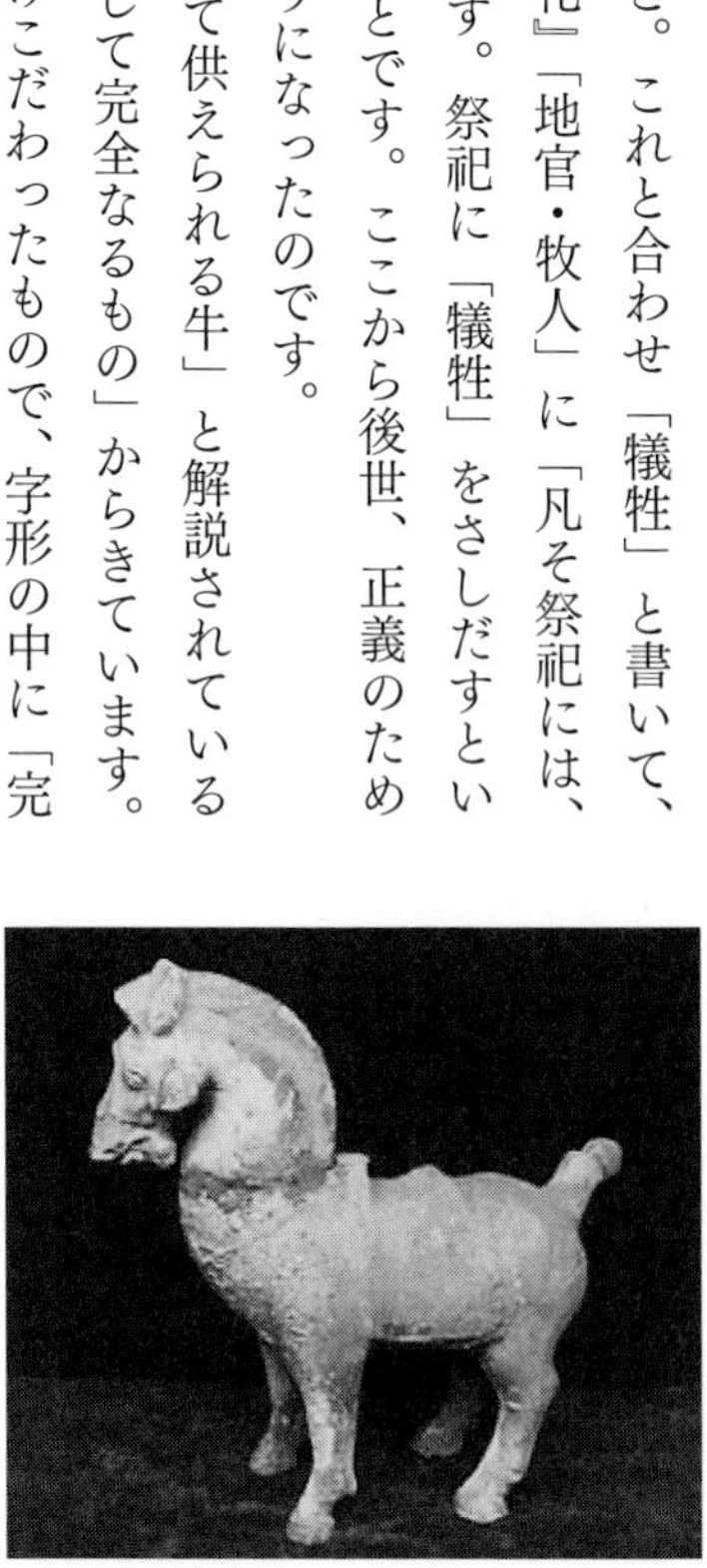

図1-18　漢代陶狗

全」などという要素がないのに、「牛にして完全なもの」などと言っているのは、文字を勝手に創作しているようなもので、同じく『説文』「斉部」で「斉」を「斉、禾麦《かばく》の穂を吐きて上平らかなる、象形」と言っているのと同様、「禾麦の穂」が「上平ら」といった様子を表わすものとして「斉」が使用された例も、実際のところどこにもないのです。

＊1　呉善述《ごぜんじゅつ》…清代の考証学者。訳者はその詳伝を知らないが、その書は同治～光緒年間の刊が多く清末の人らしい。『説文広義校訂』は『説文』の先進的な解釈書として有名。

盟

「盟」は古代に諸侯の交わした誓いの儀式からきています。字形は「明」と「皿」の組み合わせで会意文字ですが、「皿」は字音も表しています。ここにいう「皿」は「盤（はち）」のことで、「盟」を交わすうえでは必要不可欠な器具でした。「盟」というのは共に、神に向かって宣誓することであり、「明」はその対象である「神」のことです。「盟」における「明」が「神」を指しているということは、『釈名』[*1]の「釈言語」に「盟、明なり、其の事を神明に告ぐるなり」『周礼』「秋官・同盟」の項に「司盟《しめい》（役職）は盟載《めいたい》の法を掌《つかさど》る。凡そ邦国に疑有りて会同《かいどう》せば、則ち其の盟約の載《たい》及び其の礼儀を掌り、北にして明神に詔《つ》ぐ」、『左伝』の「襄公十一年」

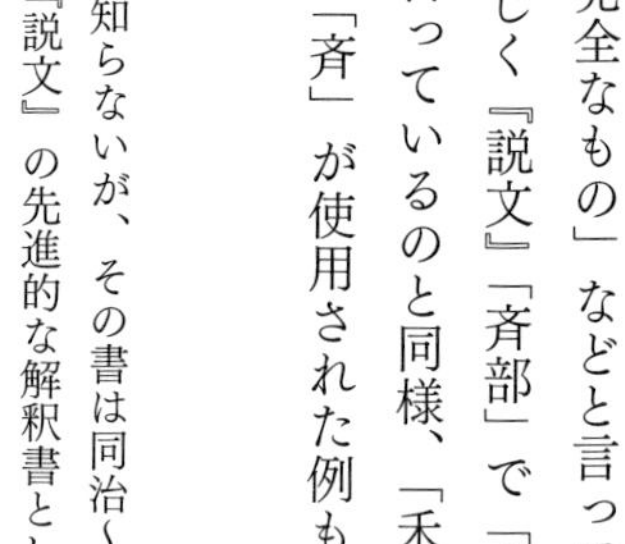

図1-19　漢代陶馬

に「盟」にそむいた者は「明神これを殛《ころ》さん」とあることからも知ることができましょう。盟約における神を「明神」と称しているのは、これがすべてのことを見通す（明察）神である、ということを表わしており、鄭玄も先の『周礼』に注して「明神は、神の明察なる者」と言っています。『左伝』によれば、盟約をささげる神は、司慎・司盟が決めることとなっており、そこには山や川の神と言った群神や、先王や先公から七姓や十二国の祖などといった祖先まで、さまざまな対象が含まれていました。

「盟」の儀式はまず、司盟が盟約の場（盟壇）の北がわに神の位牌を置くところからはじまります。この位牌は長さ四尺の四角い木で、「方明《ほうめい》」と言います。この木は六色あって、東方に青、南方に赤、西方に白、北方には黒のものを、そして壇上には黒、壇の下には黄色のものが立てられました。これらは天地と四方の神々を表わしています。ほかに六種類の玉器が供えられます。壇の上下に「圭」と「璧」、南方に「璋」、西方に「琥」、北方に「璜」、東方に「圭」。これらは神に奉げられる礼物です（参照『儀礼』「覲礼」）。誓いをたてる時には、まず「方明」を拝み、つぎに穴を掘って、その縁でいけにえを殺します。そして宣誓の主導者が、いけにえの左耳を切取り、朱塗りの盤に立てて置きます。再びいけにえの身体から血を取って、玉で出来た「敦《とん》」という器にこれを盛り、このいけにえの血、あるいは朱墨で盟約の言葉を書き記します。この盟約の書は「載書《たいしょ》」あるいは「盟書」と呼ばれます。盟約への参加者は、つづいてこの血を口に含んだり、口のところに塗るように求められます。この行為を「歃血《しょうけつ》」と言います。しかるのち盟書が読み上げられ、いけにえが穴の中へ投げ入れられて、その上に盟書を一部乗せて埋められるのです。盟書には副本があり、これは盟約の主導者のもとに保管されます。一九六五年十二月に山西省の侯馬晋国遺跡で、「盟」の場の遺構が発見されました。いけにえを落とす盟誓の穴は長方形の竪穴で、そのほとんどはきっかり北向きになっており、東や西に向いているものも、その傾きはわずかに五度から十度程度。北がわが広く南がわにすぼまった形をしており、壁面は垂直、壁は底からへりのところまで基本的に同じ高さでしたが、その穴の深さはばらばらで、深いものは六メートル以上、浅いものは四〇~五〇センチほどしかありません。大きさは最大のもので長さ一・六メートル幅六〇センチ、もっとも小さなもので長さ五〇センチ、幅二五センチほどでした。穴の中からは牛・馬・羊、三種類の動物の骨が出土しています。大きな穴には牛・馬、小さな穴には羊が埋められていました。また多くの穴では、北壁がわの底から五~十センチほどのところに「龕《がん》（くぼみ）」が穿たれ、そこに璋や璧などの玉器が、少ないものでも一個かならず、多いものでは八個も入れられていました。わが国でもさまざまな発掘が行われてきましたが、いままで発見された盟書はたったの二種類しかありません。一つがこの山西省の「侯馬盟書」、もう一つは河南省出土の「温県盟書」です。どちらの盟書も材質は細長い玉の石片で、上端が尖り下は少し裙広がりで、玉器の「圭」の形になっています。盟約の言葉は毛筆で書かれており、侯馬盟書では一部黒で書かれているほかは大部分が朱色、温県盟書はすべて黒で書かれていました（図1―20 参照）。

「盟」の参加者を集め、これを主導する人物を「盟主」と呼びました。この語は後に領袖、すなわち人の上に立つ者を意味するようになります。たとえば『三国志』「魏志・武帝紀」には「兵衆各数万、紹（袁紹）をして盟主に推す」とあります。また明・黄宗羲*2の「姜山啓彭山詩稿序」には「太倉《たいそう》（張溥）の牛耳を執《と》ること、海内《かいだい》に其の牢籠《ろうろう》を受けざらん無し」とあります。この「牛耳を執る（牛耳る）」という語も、すでに触れたように、この「盟」の儀式から出たものです。

＊1　『釈名《しゃくみょう》』…後漢・劉熙、八巻、「訓詁書」と呼ばれる文字解説の一書。

＊2　黄宗羲《こうそうぎ》…（一六一〇～一六九五年）明末清初の学者・思想家。考証学の祖とされ、後の中国における思想的ルネッサンスである清朝考証学の基礎を作った一人。

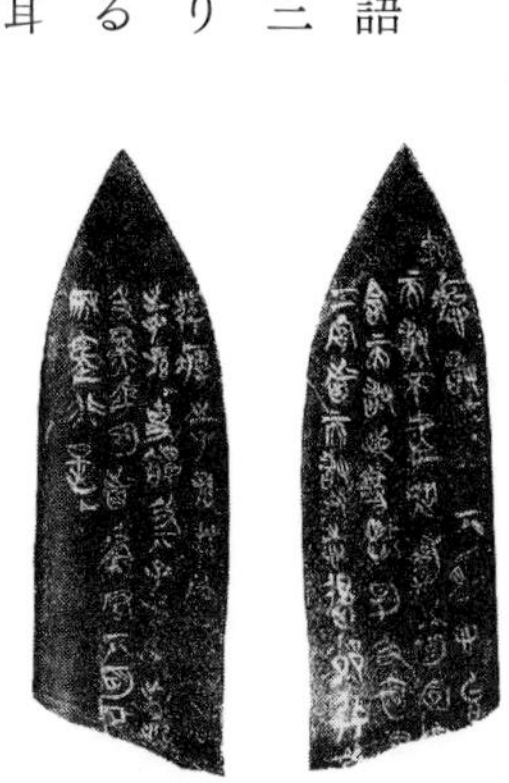

図1-20　候馬盟書

臣妾民宰

封建社会において、「臣《しん》」と「妾《しょう》」とは、どちらも比較的高い地位にある者を表わしていました。「臣」は社会的な統治者であり、「妾」は家庭内において正妻より下ではありましたが、付き人や奴婢を持てる主人側の存在でした。しかし、それよりさかのぼった上古の時代には、「臣」は男性の、「妾」は女性の奴隷のことでしかなかったのです。最初期の奴隷は、戦争における捕虜でした。原始段階晩期は、母ありてその父を知らぬ氏族社会。人類は女性を中心として個々に血縁集団を形成する、いわゆる「女系社会」となっていました。この段階においては、集団内の人間はみな平等であり、ともに労働し、ともに収穫を享受することができましたが、社会が広がってゆけば、そうした小集団の間に、より大きな集団になることを目論み合併・統合のための戦いが起きるのはごく自然で不可避なことです。この種の戦いでは、負けた集団の成人は相手がわに捕獲されて捕虜とされ、彼らのためにさまざまな苦役・労働をさせられることになっていました。これが「奴隷」のはじまりで、この大きくなろうとする集団の人間たちこそが、最初の「奴隷主」だったわけです。同時に、この奴隷主となった集団のなかで犯罪を起こした者は、「奴隷におとされる」というきまりも出来てきました。ゆえに当時「奴隷」「捕虜」「罪人」は、みな同一種の人間のことでした。「臣」「妾」「民」という三つの字は、まさにこうした人々を表わす字だったのです。『礼記』「少儀」「臣は則ちこれを左にす」の、鄭玄注に「臣は囚俘《しゅうふ》を謂う」、孔穎達《くようだつ》は「臣は征伐にて獲られたるところの民虜《みんりょ》を謂うなり」とあります。『韓非子』「五蠹篇《ごとへん》」で「臣虜《しんりょ》の労と雖も、此れより苦しからざらむ」と、「臣」と「虜」を並べているのもその一例。また『詩経』「小雅・正月」に「民の無辜《むこ》なる、并せそれ臣僕《しんぼく》とす」とあるのは、人民には罪がないのに、国が滅びたなら奴隷にならなければならない、ということを言ったものです。『尚書』「商書」「微子」に「商それ淪喪《りんそう》せば、我れ臣僕なること罔《な》けんや」とあるのも、商（殷）の王朝が滅んでしまえば、自分たちはみなよるべのない奴隷におとされるのだ、という意味です。微子は殷の紂王《ちゅうおう》の兄。当時、殷の国は紂王の暴政により滅亡の危機に瀕していました。

『説文』「臣部」には「臣、牽《けん》なり」とあります。楊樹達[1]は『積微居小学金石論叢』のなかで、「臣の原義が〝牽〟であると言うのは、臣がもともと俘虜を指す語あったところからきている」としたうえで、「捕らえた俘虜が一人だけでなかった場合、これを連れてゆく者はかならずや縄でからげて引いてゆくはずである、その行為を名づけて〝牽〟と言い、〝牽〟されてゆく者を〝臣〟としたのである」と言っていますが、『説文』の「臣、牽なり」と言うのは、「臣」を音の近い「牽」で解釈したもの、いわゆる「声訓」です。

「妾」の字を『説文』「产部《さんぶ》」は「妾、罪ある女子なり、これを給事せしめ君に接するを得る者なり」としています。この字は甲骨文では（粋218）、下の部分が「女」上が「产」で、女性が「刀刑」に処されている姿を表わしたものです。罪を犯したものが奴隷の身分におとされるということは、古代ギリシャやローマでも行われていましたが、上古のわが国では、さらにその人間の頭部に、髪型やいれずみなどの細工（刑）を施して、それが「奴隷」であるということを表わしていました。この「刑」を行うための刃物が「产」です。

『周易』の睽（けい）卦に「其の人、天《かみき》られ且つ劓《はなそ》がる」とある中の「天」と「劓」は、ともに頭部に施される「刑」を表わしています。すなわち「天」は額にいれずみをほどこす刑、「劓」は鼻を切り落とす刑です。

「僕」「童」という二つの字も、古代には奴隷を表わすものでした。『説文』「产《さん》部《ぶ》」には「童、男にして罪あるを〝奴《ぬ》〟と曰い、奴を童と曰う。女は〝妾〟と曰う。产に従う、重省《じゅうしょう》の声」とあります。甲骨文では「僕」という字も、人の頭に「产」が置かれた字体で表わされており、「妾」や「童」同様に「刑」を受けた人、すなわち奴隷であることが分かります。当時の奴隷にとって「主人」となる人間は、必ずしも特定の一人でなかったということは、奴隷を「賜予」した、あるいは奴隷が逃亡した、という記事から察することができます。

『尚書』「周書」「費誓」に「馬・牛の其れ風《ふう》し、臣・妾の逋亡《ほぼう》したる、敢えて越逐《えっちく》するなかれ」とあります。孔安国のものと称される偽注[*2]によればこれは「さかりのついた牛馬がいなくなったり、奴隷である臣や妾が逃亡した時には、敷地の境界を越えて追ってはならない」ということ。「雇い人にして賤しい者の男を臣、女を妾という」ともあります。奴隷を「賜予」すなわち褒賞として与えた、という例は金石文資料に数多く記録されています。たとえば「矢令毀《しれいき》」[*3]には「作冊《さくさつ》・矢令、王姜《おうきょう》に尊俎《そんそ》す。姜を商して貝《ばい》十朋、臣十家、鬲《れき》百人とす」と書かれています。ここから、「臣」はほかの器物と同じく、任意で他人に与えることのできるもの、すなわち奴隷であり、その数は「家」、すなわち家族単位で計算されていたということが分かります。このことはまた、当時の氏族社会ではすでに、村落における俘虜の人数や性別などがきっちりと管理把握されていたということでもあります。この奴隷の身分は、親から子へそのまま世襲されるものでした。それは、『詩経』の詩の中にも書かれています。すなわち「大雅」「既酔《きすい》」にある「君子万年《くんしまんねん》、景命僕《けいめいしもべ》つくこと有らしめん。其の僕つけること維《こ》れ何ぞ。爾《なんじ》に士女を釐《あた》えん。爾に士女を釐えて、従うるに孫子をもってせん」。ここでは帝が男女の奴隷を与えるに際し、奴隷の子孫もまたそのまま奴隷として仕えさせると言っています（図1－21　参照）。

　古くは奴隷を意味する語であった「臣」「妾」が、後に統治者がわ、主人がわの人間を指すようになったのは、なぜでしょう。「臣」は甲骨文で（前4・31・3）、字形は後の小篆体でも大体同じですが、これがいったい何を象っているのかについては、さまざまな説が唱えられてきました。『説文』はこれを、人間が「屈服している」姿、王筠[*4]は『説文解字句読』で「跪拝《きはい》（ひざまずいておがんで）」と言い、孔広居の『説文疑疑』は人が、横向きに立って、手を合わせ、頭を下げている様子。『殷契鈎沈』の葉玉森は、人が地面に座っているところで、文字上部はその首に縄が巻きついている様子、中間はそれを引っ張るものの両手で下部は縄でくくられた足である、としています。解釈は数多いものの、いまひとつ要領を得ないものがほとんどです。この中では、郭沫若氏の解釈がもっとも的を得たものだと考えられます。彼は甲骨文のを、縦に描いた片方の「目」であり、この片目をして表わされる種類の人間のことである、と考えました。彼はまた「民」という字も、上古では一種の奴隷を指すものであったとしています。甲骨

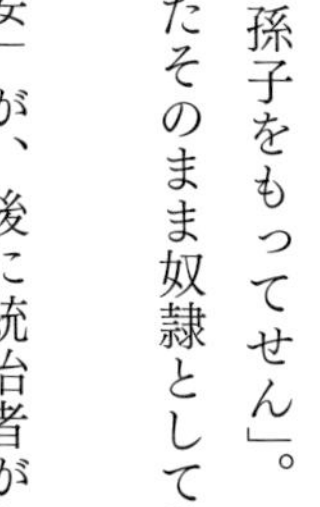

図1-21　商代被綁奴隷石俑

文では「民」に該当する文字がまだ見つかっていませんが、金石文では（孟鼎）。これはなにか尖ったもので左目を刺している様子を象ったものです。「民」と盲目の「盲」が起源を同じくするということは、たとえば『賈子』[*5]「大政下」にある「夫《そ》れ民はこれを言いて萌《ほう》とし、萌はこれを言いて盲となす」という一節で「民」と「盲」が同じものを指す語として使われていることからも明かでしょう。すなわち「民」という字は、目に「刑」を施された奴隷のことなのです。古代には、頭髪を剃ってしまう「髡《こん》」、額にいれずみをする「天《てん》」、鼻を切り落とす「劓《ぎ》」、耳を切り落す「刵《じ》」、足を切る「刖《げつ》」、さらには性器を切り落とす「宮《きゅう》」など、さまざまな刑がありましたので目を刺してつぶすといった刑があったとしても、おかしくはありません。郭沫若[*6]によれば、「おそらく敵囚を〝民〟としたのは周の人々で、その左目をつぶし、奴隷のしるしとしたものであろう。〝臣〟と〝民〟の二字はともに目の形をしている。臣は縦向き、民は横向きで、臣の目はふつうだが民の目はつぶされている。これは俘虜の待遇に差別があったということだ。男性の虜囚の中には従順かつ有能な者もいれば、暴れ者や愚鈍な者もあったろう。従順で有能なものに関しては、これを懐柔して降服せしめ、〝臣〟として使用人とし、暴れ者や愚鈍な者は、最初はたんに皆殺しか、儀式のいけにえとでもしていたのだろうが、やがてこれらにも労働力としての利用価値が見出されるようになり、片目をつぶして苦役に服させることとなった。これが〝民〟と呼ばれる人々だったのである」（『郭沫若全集』考古編「臣・宰を釈す」）。古代では、ひとつの統合戦争が終わると、ある氏族の全員、あるいはある国の全員がみな俘虜となるわけで、その人数は膨大なものです。こうして発生した膨大な奴隷階級の人々の中から、奴隷主となった者たちは才能あり従順な人間を選び出して、自分の身辺や家において小間使いとしたり、あるいは奴隷たちの監督や統領として使って、奴隷たち自身管理をさせたのでしょう。奴隷を統治するうえでは、そのほうが有利だったはずです。「臣」の縦に描かれた目の形は、「望」という字の構成要素と良く似ています。甲骨文で「望」は（掇３３４）。これは人間の頭上に、縦に描かれた目が一つのっている形です。「望」は「遠くを見る」という意味です。遠くを見るためには、目を大きく見張らなければなりません。「望」の目の部分が突出して縦に描かれているのは、まさにその点を強調し、表わしたもの、「臣」が縦描きの目の形なのも、「臣」の大部分がほかの奴隷を監督する、すなわち「見張る」役割に用いられた者だったからではないでしょうか。一方「民」は片方の目をつぶされています。それゆえに横向きの「小さな目」として書いたものだと思われます。

　甲骨文の資料には、「臣」を兵士として敵を討ったという記事は数多くあるのですが、いけにえとしたというような記事はありません。このことからも、「臣」は、ほかの一般的な奴隷と違うものであったということが分かります。一部の「臣」は他の奴隷たちを監督・管理者となり、べつの一部は主人と寝食をともにし、その身辺や家中の世話をする小間使いに――これも実際には、主人の助手と同じようなものです。奴隷制の時代が終わり、人類が封建社会の時代へと入った時、「臣」という語は自然、社会的な統治者がわの人間を指す語となっていったのだと思われます。「妾」も原義は「臣」とほぼ同じですが、性別が異なります。「妾」は、女性の奴隷の中で、聡明で従順な者を選び、主人の家中で働かせたもの。「妾」の仕事は家事ですが、容姿の優れた者は、自然と主人の性的対象となりました。ここから封建社会の時代になり、正妻のほかにいる配偶者を表わすようになったのでしょう。封建社会において、「妾」をめとるという行為は一般的に、儀式・儀礼をともなわないもの、とされていました。『礼記』「内則」には「聘《へい》すれば則ち妻となし、奔《はし》れば則ち妾となす」とあり、『左伝』の「僖公十七年」の「男を臣となし、女を妾となす」という一節の杜預の注にも「聘ならざるを妾という」とあります。「聘」は媒人をたてて正式に妻として迎えることですが、「奔」というのはそうした手続きを踏まない、正式なものではない婚姻関係を指すものです。この習俗もまた、奴隷制時代における「妾」の地位からきているものと思われます。

「宰」は、甲骨文でも「宀」と「辛」の組み合わせで出来ていました。「宀」はむかしの窰洞《ヤオトン》（横穴式住居）のことで、転じて家を示すもの。「辛」は刑罰に用いられる刃物で、ここでは犯罪者を表わしています。すでに述べたよう、古代に罪を犯したものは奴隷におとさました。「宰」というのはすなわち本来は、屋内で働く奴隷、すなわち「家奴」を示す文字であったわけです。『説文』「宀部」にも

「宰、罪人の屋下にありて執事する者。宀に従い、辛に従う。辛は罪なり」とあります。「臣」「妾」同様に、「宰」もまた、時を経てその意味が変わり、後には官吏を指す語となってゆきました。『論語』「公冶長篇《こうやちょう》」の「求や、千室《せんしつ》の邑《ゆう》、百乗《ひゃくじょう》の家に、これが宰たらしむるべし」の何晏注[*7]には、「宰とは家臣である」と言っています。ここにいう「家臣」とは公卿大夫、すなわち貴族の家の「執事」のことですが、実質的な地位はあがっても、そこにはまだ元意に近い「臣」がついており、それは原義の残り香と言えなくもありません。一方『穀梁伝』「僖公九年」「天子の宰、四海に通ず」の范寧注[*8]には「宰は、天官《てんかん》の冢宰《ちょうさい》を兼ねて三公となりし者（同様の説の欠点は、「臣」に文献中で「目をつぶして奴隷におとす」と言う意味で使用された例がないこと、とされている）」とあります。「天官」は天子の相談役。「冢宰」は首相か総理大臣にあたる役職で「三公」は大臣にあたります。ここではもう「宰」は奴隷ではなく、後代の「宰相」と同じような、政治的な統治者となっているわけです。

＊1　楊樹達《ようじゅたつ》…（一八八五～一九五六年）近世の古典・言語文字学者。

＊2　孔安国のものと称される偽注…『古文尚書』の孔安国注。清代、本自体が漢魏のころに作られた偽書と証明され、以降その注は「孔安国偽注」と表記されるようになった。

＊3　矢令毀…「矢令簋《しれいき》」とも、洛陽から出土したとされる西周初期のものと伝えられる青銅器。文意は「史官である矢令は王姜をたたえ、これを賞して貝（貨幣）十朋（貝百枚にあたる）、臣（奴隷）十家、鬲百人を与える」原書中には記されていないが、最後の「鬲」は「有鬲氏」、有力部族だったが周に滅ぼされ、奴隷民とされた。

＊4　王筠《おういん》…（一七八四～一八五四年）清朝の考証学者。「説文四大家」の一人。

＊5　孔広居《こうこうきょ》…（一七三二～一八一二年）孔子七十世の子孫という。清朝の考証学者。

葉玉森《ようぎょくしん》…（一八八〇～一九三三年）近世の甲骨文研究家、詩人であり童謡作家でもある。

『賈《か》子』…『賈誼《かぎ》新書』『賈子新書』あるいは単に『新書』ともいう。漢の劉邦に仕えた陸賈の撰、とされる。一本「夫民之為言暝也、萌之為言盲也」とす。「萌（ほう）」は「萌隷（黎）」と書いて庶民を意味するが、「氓」に通じ、やはり国を失って流浪する民を指す。

＊6　郭沫若《かくまつじゃく》…（一八九二～一九七八年）近代文学者として有名だが、甲骨文研究においても羅振玉に次ぐ大きな業績を残している。

＊7　何晏《かあん》…後漢から三国魏の政治家・学者。漢の大将軍・何進の孫にあたる。『論語集解』を著す。王弼とともに玄学の創始者。

＊8　范寧《はんねい》…東晋の学者。『春秋穀梁伝集解』を著した。現存する『穀梁伝』注釈書の中では最も古い。

辛　僕　童

「辛」は金石文では（司母辛鼎）と書かれていました。これは奴隷制のあった時代、捕虜や罪人に刑罰を施すため用いた、柄のついた刃物を象ったものです。その時代、戦争での捕虜や犯罪者は奴隷として労役に使われていたのですが、奴隷という身分を明らかにするため、またその逃亡予防策として、すべての奴隷は頭や顔にいれずみを施されていました。このいれずみに使う刃物が「辛」です。

ここから後世「辛」は「つらい」こと、すなわち罪や苦痛や苦労といった意味に使われるようになっていったのです。

「僕」は甲骨文で「」（後下・20・10）と書かれていました。左がわは「箕《み》」で、右がわは人。人物の頭上に「辛」があることから、いれずみの刑をうけた者、すなわち奴隷であることが分かります。その「いれずみ」は本来奴隷の身体に施されたものなのですが、それを字の中に表わすのは難しいので、その刑に使われる刀を置いてそれに代えたわけです。また、この人物の尻には尾の飾りがつけられていることから、彼が家畜同様のあつかいを受けていることも分かります。つまり「僕」という字は、「箕」で穀物を簸《ひ》る（ごみやもみがらをとりのぞく）という労務に使われる奴隷の姿を象ったものなのです。「童」もまた、原義は奴隷のことでした。『説文』「产部《さんぶ》」には「童、男にして罪あるを〝奴〟と曰い、奴を童と曰う」とあり『周易』の旅卦に「其の童僕を喪う」とあるのも、そういう奴隷が逃げてしまった、という意味になります。金石文で「童」は「」（毛公鼎）、字の下半分は「重」、上は一つの目と「辛」を組み合わせたものです。この目は頭部を代表するもので、そのうえに「辛」があるのは、これがいれずみの刑を施された奴隷だということを表わしています。「童」は奴隷の意味から、しだいに「愚昧な者」を表わす語として使われるようになりました。『国語』[*1]「晋語」四に「童昏《どうこん》は謀《はかりごと》に使するべからず」とあり、韋昭は注で「童は無智なり」と述べています。幼児期というものは人間の一生の中でもっとも無知蒙昧な段階にあたります、そこからのちに、「童」という字は、子供を表わすものとして使われるようになったのです。ちなみに、現在の「童」という字は、金石文の字体を簡略化したものにあたります。

＊1 『国語《こくご》』…伝・左丘明撰、春秋時代を扱った歴史書。『春秋』の外伝的史書として引用されることが多い。韋昭は三国呉の政治家・学者、『国語注』を著す。

元冠寇

「元」はもと人の頭部のことでした。字体は二つの部分からできており、上の「二」の部分は「上」の字の古い形、下の「儿」は「人」を表わす形。「人の上」にあるもの、すなわち頭というわけです。『左伝』「僖公《きこう》三十三年」には「冑《かぶと》を免《ぬ》ぎて狄《てき》の師に入りて死す、狄人其の元を帰す、面《かお》生きるが如し」という一節があります。これは晋国と狄人の国の間に起きた戦争で、晋の先軫《せんしん》が、兜を脱ぎ捨てて狄軍に突入し戦死したところ。「其の元」とは「先軫の頭」のことで、「元」は「こうべ」と読まれます。『孟子』「滕文公《とうぶんこう》下」には「勇士はその元を喪うを忘れず」とあります、この「元」も頭部の意味で、勇敢なる者は首を切られて死ぬようなことも恐れない、という意味です。国家の最高統治者を「元首」というのも、もっとも上にあるもの、つまり頭である「元」と同じ意味の「首」を組み合わせたと

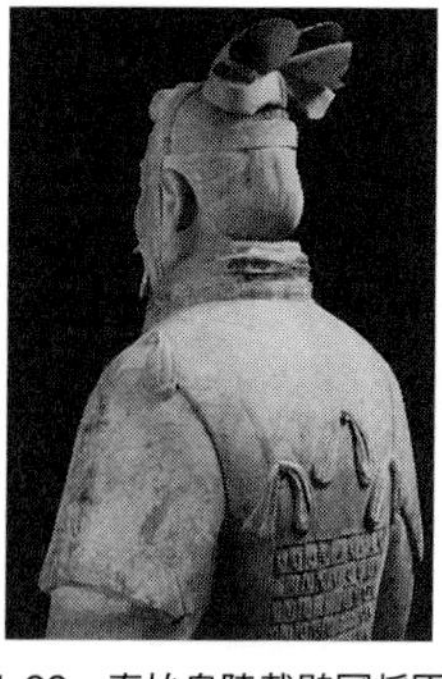

図1-22　秦始皇陵戴鶡冠将軍俑

ころから来ています。

「冠」は「帽子」のこと（図1-22、23 参照）。字は「冖」と「元」と「寸」の三つの部分から出来ており、「冖」は小篆体で、帽子です。「寸」は「又」と同じ（古い字体では「寸」と「又」は互いに通用されていました）、どちらも人の手を表わします。「元」は人の頭部。つまり「冠」という字は、手で帽子を頭にのせているところなのです。古代、男性は二十歳で戴冠の儀式を行って、成人となったことを知らしめることになっており、これを古くは「冠礼」と呼んでいました。

「寇」の原義は暴力・乱暴。『説文』の「攴部」にも「寇、暴なり」とあります。字は「宀」と「元」と「攴」の三つの部分から出来ており、「宀」は家屋、「元」は頭、「攴」は甲骨文では（摭続190）と書き、手に棒を持って打撃している様子を表わしています。すなわち「寇」という字は、強盗が門を破って中に入り、家のあるじを襲撃している様子を表わしているのです。

喪

「喪」の甲骨文は「」（前6・53・7）「」（存1991）、「桑」という字と「口」を組み合わせて出来ており、この「桑《そう》」には、字音とともに意味が兼ね含まれています。落日の比喩となる古語に「桑楡《そうゆ》」という語があります。たとえば王維の

図1-23　西漢高冠舞俑銅扣飾

詩「丁寓《ていう》が田家《でんか》贈る有り」にある「日は映ず桑楡《そうゆ》の暮《くれ》」という一節。趙殿成*1は注で『初学記』を引いて、「日が西にかたむき、影が長く梢までのびる、これを〝桑楡〟という」と言っています。『文選』「雑体詩三十首（謝混）」の「曽《すなわ》ち是れ桑楡に迫る」には呂延済が「今まさに日が落ちんとしている様子である」と注し、『資治通鑑《しじつがん》』*2「漢紀」三十三の「これを桑楡に収む」というくだりについては、胡三省が「夜のことである」と言っています。「桑楡」はまた、人間を表わす語として使われることもあります。たとえば『文選』「答何劭（答何劭二首　張華）」にある「楽を桑楡に取る」について劉良は「桑楡とは日暮れのこと、また年老いた者をも指して言う」としています。「喪」という字が「桑」から出来ているのと、「墓」という字が「莫」という字から出来ているのはまったく同じことで、「桑」「莫」の両方に、「一日のおわり」「人の終わり」という意味が含まれていたからにほかなりません。古代の葬儀では、死者の髪を束ねる「かんざし」に、桑の小枝が用いられました。『儀礼』「士喪礼」にも「髻笄《そうけい》には桑を用う」とあります。「喪」の字が「桑」とともに、数多くの「口」で出来ているのは、親戚や朋友など近しい人々が、その死を哀しんで泣き叫んでいる様子を表わしたものであると考えられます（図1-24）。ここに後世、「亡」が加えられ小篆体では「」と書かれるようになりました。『説文』「哭部」が「喪」の字を「哭に従い、亡に従う、会意なり」としているのは、この小篆体の下半分の字形から解釈したものです。

図1-24　唐哭泣俑

＊1　趙殿成《ちょうでんせい》…（一六八三〜一七四三年）清代の文学研究家。唐・王維の詩集の決定版と言える『王右丞集箋注』を編ず。『初学記』は唐・徐堅の著した類書（百科事典的な本）、三十巻。

＊2　『資治通鑑《しじつがん》』…戦国時代から五代までの通史、全二九四巻、北宋・司馬光編。胡三省は南宋末の政治家・歴史家、『資治通鑑音注』『通鑑釈文辨誤』を著す。

魂　魄

「魂」とは人間の精気、すなわち精神をつかさどっているはたらきのことです。それは身体から離れて漂うこともあり、永遠に滅びず、人の死後は天に還るものとされていました。『説文』「鬼部」に「魂、陽気なり。鬼に従い、云の声」、『太平御覧』巻五四九には『礼記外伝』を引いて、「人の精気を魂という」[＊1]とあります。

「魂」はもともと「鬼《ゆうれい》」と関係がありますので、「鬼に従う」というのは良いのですが、この「云」というのも魂の形が「云（=雲）」に似ているところからきたもの、すなわち前項同様、字音だけでなく意味をも兼ね含めている構成要素なのです。「魂」が「身体から離れて漂う」とされていたことは、たとえば『玉篇』[＊2]「鬼部」の「魂、陽の游気《ゆうき》なり」、または『白虎通義』「情性」にある「魂は猶お伝伝《うんうん》がごときなり、行きて外に休まず」というあたりからもわかりましょう[＊3]。

「魄」は人間の肉体が見たり聞いたりし出来るようにする気、すなわち人の身体を動かしているはたらきのことです。この「魄」は、人の死後「鬼《ゆうれい》」になる、とされていました。よって『説文』では「鬼に従い、白の声」とあり、『礼記』「祭儀」の鄭玄注に「耳目の聡明なるは魄が為《ため》なり」とあるわけです。

＊1　『太平御覧《たいへいぎょらん》』…李昉等奉勅撰。宋代に編まれた一〇〇〇巻に及ぶ大百科事典。内容は詳細で、今は失われてしまった書からの引用が多く、漢文屋の間では「困ったときには御覧《ぎょらん》を御覧《ごらん》」と言われる。ここに引かれた『礼記外伝』は唐・成伯璵撰、四巻あったが現伝は一巻のみ。

＊2　『玉篇《ぎょくへん》』…字書、南北梁・顧野王編。『説文』を凌駕する大部の字書であったが原本は滅び、宋代に重修された『大広益会玉篇』（陳彭年）が伝わる。

＊3　『白虎通義《びゃっこつうぎ》』…後漢・班固撰、四巻。『白虎通』とも。後漢の章帝が学者を集め開催した、儒教経典についての討議の記録。宮中「白虎観」で行われたためこの名がある。「伝伝」は「でん」ではなく「うん」で読む。「云」に同じ、「ふらふら」「もやもや」してあてどもない様子。

葬弔墓墳

葬儀は古代社会において最も重要な習俗行為の一つであり、その形式は地域により時代により、少しずつ変化を遂げてきましたが、古代宗族文化においては基本的に、「死に事《つか》えること、生に事《つか》えるが如く」（『中庸』十九）というのが葬儀の原則とされていました。喪葬の儀礼が複雑なものとなったのは、まさにこれが原因です。しかし、こうした繁雑な儀式・儀礼は、封建政治下における倫理的な需要のもと漸次作り上げられていったもので、それ以前、上古の段階では存在していません。むしろ、上古の葬送儀礼はきわめて簡素なものでだったと言えます。

『周易』「繫辞下伝」には、古い時代の葬儀の次第が記されています。これによれば「古《いにしえ》の葬は、厚くこれに衣《き》せるに薪《しん》を以てし、これを中野《ちゅうや》に葬る、封せず樹《じゅ》せず、喪期《そうき》に数無し」要約すると、柴草で死体をつつみ、荒れ野に投げ捨てていたということです。土もかけないどころか、目印の木も植えません。後代の葬礼において最も大切とされた「服喪の期間」もとくに決まっていなかったのです。漢字の「葬」の字には、そうした古い葬儀の様子が表わされています。小篆体で「葬」は葬、「茻」と「死」と「一」から出来ています。「茻」は草むら、「死」はしかばねを意味します。たとえば『呂氏春秋』[*1]「離謂」に「鄭《てい》の富人《ふうじん》に溺れる者あり、人その〝死〟を得たり、富人これを贖《あがな》わんことを請う」、『左伝』「哀公十六年」「白公、山に奔《はし》りて縊《くびく》る、其の徒これを微《かく》す、生きながら石乞《せっきつ》を拘えて、白公が〝死〟を問う。対《こた》えて曰く、余其の〝死〟の所を知れり、しかれども長者《ちょうじゃ》余をして言うこと勿からしめたり」、この二つの文章で、「死」というのはいずれも「死体」「しかばね」を指しています。そして、残る「葬」の字の中の「一」は、その「死」、すなわちしかばねを、荒れ野まで運ぶのに用いる、木の板の類を表わしています。

このように古い時代には、死体は荒れ野の草むらに投げ捨てられ、野の禽獣が喰らい、啄《つい》ばむままにされていたわけですが、「霊魂」という概念が発生したことで、この状況はほどなく改善されることとなります。「霊魂」という概念が発生すると、人々は死というものをたんなる肉体的な活動の停止で、死んでも魂は永遠不滅であるから、死体を禽獣の喰らうがままに任せなどいれば、霊魂が怒って、生きている人間（とくにその親族）に災いをもたらすだろう、と考えるようになり、また親族のがわでも、以前のように、死体が獣などによって損なわれるのは忍びなくなりもしたわけです。ここにおいて、新たな習俗が一つ生まれます。すなわち死者の親族が弓矢を持って死体のそばにつき、禽獣を追い払うこと。「弔」という字は、これに起源します。

「弔」は小篆体で。人と、一張りの弓によって構成されています。つまりこれは、人が弓を持って、故人の死体を守っている姿なのです。『説文』「人部」には「弔、終りを問うなり。古えの葬は、厚くこれに衣せるに薪を以ってす（前出）、人に従い弓を持ちてまさに禽を毆《う》たんとするなり」とあります。「終りを問う」というのは、「死体を探し見つける」という意味です。『呉越春秋』[*2]にも「弩《ど》は弓より生まれ、弓は弾《だん》[*3]より生まる。弾は古えの孝子《こうし》より起こるなり。古えは人民質朴にして、飢えては禽獣を食らい、渇きては霧露《むろ》を飲む。死すればすなわち裹《つつ》むに白茅《はくぼう》を以ってし、中野に投ず、孝子、父母の禽獣の食らう所となるを見るに忍びず、故に弾を作りて以ってこれを守り、禽獣の害を絶つ」とあります。しかし子が弓矢をもって守ったところで、禽獣の害は完全に防ぎようもなく、そのうえ死体は、日々風雨や日に晒《さら》され、害されてゆきます。そこでまたこれが改められ、土の中に埋葬するという習俗が生まれました。死体を葬る場所を、一般に「墳墓《ふんぼ》」と称しますが、古代において「墳」と「墓」は別のものでした。春秋以前の中原地帯での埋葬方法は、地面に穴を掘って死体を入れ、土をかぶせて平らに埋め戻すという程度の単純なもので、上に土盛りは築きませんでした。この形式の埋葬が「墓」です。『礼記』「檀弓《だんぐう》」にある「墓して墳をなさず」とは、まさにそのことを言っています。これに対して、西周時代の長江下流域・東南地域では、地面を掘ると水が染み出し、溜まってしまうので、埋葬方法も中原地域とは異なり、地面は掘らず、河原の丸石を墓室の範囲に敷き詰め、棺を置き、そこに土砂を大きく盛り上げて埋葬していました。この形式の埋葬が「墳」です。そして春秋時代の中原地帯において、穴を掘る伝統的な埋葬法に、南方の、地面の上に盛り土をするという習俗が合わさり、墓穴も掘り、盛り土もするという埋葬方法となっていったのです。「墓」「墳」の二文字には、いずれも「土」を部首として、「土」に関係するものであることを表わしています。「墳」の旁の「賁《ふん》」は声符ですが、意味もまた兼ね含められています。漢字で「賁」のつく文字は、たいてい「豊満」であるとか「盛り上げる」といった意味を持っています。たとえば「僨」は奮起する、「憤」は怒ること、どちらも心が高ぶっている（＝盛り上がった）様子、「轒」は車の覆いで、これも盛り上がった形。つまり「墳」の「賁」という部分は、これが地面の上に「盛り上がった」、盛り土をする形式の墓であることを、表わしてもいるのです。「墓」の「莫」も声符ですが、ここにも同様に意味が含められています。「莫」は「暮」の本字で、もともと日没の意味、人生の終わりが暗示されているわけです（図1－25～27　参照）。

社会的な風俗習慣というものは、往々にして人の求め必要とするところから生まれ、発展して次第に「礼節」へと変わってゆきます。すなわち人の欲求や必要こそ礼節を生む母体であり、礼節とはそうした必要の延長線上にあるものなのです。「弔う」すなわち、人が弓を持ってしかばねを守るという行為も、もとは禽獣を追い払う必要から出たものでした。土葬の習慣が広まって本来の行為は必要なくなりましたが、その形式は後代の喪葬儀礼の中にも引き継がれています。それが「戴孝《たいこう》」「守喪《しゅそう》」、「服喪《ふくも》」とも呼ばれる習慣です。「服喪」というのは、墳墓のかたわらに仮の住居を建てて、そこに住まうこと。『儀礼』「既夕礼」には「倚廬《いろ》に居り、苫《とま》に寝て塊《つちくれ》を枕とし、経帯《てったい》を説がず、昼夜哭《ぬ》するに時なく、喪の事にあらずんば言う無し」、仮小屋に住み、土塊を枕に薦に寝て、着の身着のまま、昼夜の別なく泣き、葬儀に関すること以外は口にしない、ということです。同じ『儀礼』によれば、服喪の期間は、死者との血縁関係の親疎によって、三ヶ月、五ヶ月、九ヶ月、一年、三年となり、両親の場合は一般に三年とされていました。『晏子春秋』*4「外篇下二」にも「其の母死するに、葬埋《そうまい》ははなはだ厚く、服喪すること三年、哭泣《こくきゅう》することははなはだ疾《はげ》し」という一節があります。

古代には、役人は仕事を辞めて喪に服することになっていました。『後漢書』

図1-25　秦始皇陵封土堆

図1-26　西夏李元昊墓

「桓典《かんてん》伝」にも「典、独り官を棄て斂《れん》を収めて葬に帰す、服喪三年、土を負いて墳を成し、而して祠堂《しどう》を立て、礼を尽くして去る」とあります。ちなみにこうして職を退いた者は、服喪の期間が満了すれば、原職に復帰することができるようにもなっていました（図1-28参照）。

＊1 『呂氏春秋《りょししゅんじゅう》』…秦・呂不韋編、古代のさまざまな思想や自然科学理論がまとめられている。
＊2 『呉越春秋《ごえつしゅんじゅう》』…後漢・趙曄、十巻。呉越の興亡を記す。
＊3 弾《だん》…パチンコ、今で言うスリング・ショットの類。
＊4 『晏子春秋《あんししゅんじゅう》』…春秋時代の斉の宰相、晏嬰の言行録。作者は不明だが、戦国期から秦末の間に成立したものとされる。

禺　偶

「禺」は金石文で（禺邗王壷）、手に「偶人」を持っているところです。この「偶」は『説文』「人部」に「偶、〝桐人〟なり」とあり、「桐人《とうじん》」というのは、木を彫って作った人形のことで、「俑《よう》」とも呼ばれました。古代には、誰かが死ぬといけにえとして人を共に葬る「殉葬《じゅんそう》」の風習がありましたが、社会の進歩にともなって、本物の人間の代わりに木や陶器で出来た人形を共に葬るようになってゆきました。『礼記』「檀弓下」に「孔子、芻霊《すうれい》を為《つく》る者は善《よ》しと謂い、俑《よう》を為る者を不

図1-27　戦国九連墩楚墓墓坑

図1-28　漢代陶镇墓獣

仁と謂う」とあります。「芻霊」は草で作った人形のこと、「俑」は鄭玄の注に「俑は偶、すなわち木の人形である。目鼻がつき、からくりが仕込んであって、生きている人間のようだ」とあります。「禺」はこの「偶」のもともとの字体で、こうした殉葬に使われる木の人形を表わしていました。葬式に使う人形であることから、文字の上半分、顔にあたる部分は「鬼《ゆうれい》」と同じ形になっており、下のほうは棒一本で手足の形は書かれていません。遺跡から出土する「偶人」を見るに、その手足は多く胴体とひとつながりになっています。「禺」は人形であり、姿形は人間になぞらえられていますが、そこに精神や霊性といったものはありません。ここから「愚」という字が生まれ、その「禺」に、生きた本物の人間が相対しているところから「耦」の字が生まれ、やがて二人で並んで畑を耕す、という意味になりました。ここからさらに、二人の人間が出会うことを意味する「遇」、ふたつの壁が直角に交わる（すなわち出会う）「隅」も生れています。さらに人形というものが、生きた人の形象を木に「寄せて」「托した」ものであるところから生れたのが、「寓居」の「寓」です。『説文』は「禺」を「獼猴《びこう》」、すなわち「巨大な猿」の類であるとしていますが、これは後になって出てきた解釈で、「禺」の造字の初意とはまったく関係がありません（図1-29〜31　参照）。

図1-29　戦国彩絵木偶人

図1-30　馬王堆漢墓戴冠偶人

図1-31　戦国荊州雨台山墓木偶

俑

「俑」は古代、殉葬に際して用いられた木製、もしくは陶製の人形のこと。『玉篇』「人部」に「俑、偶人（＝人形）なり」とあります。『説文』「人部」には「俑、痛《つう》なり。人に従い、甬《よう》の声」とありますが、この「痛なり」というのは、字音の一致からきた解釈で、葬儀のときに故人を哀れみ悼《いた》む、「哀痛《あいつう》」の「痛」を、字の意味として当てはめたものに過ぎません。『広韵』の「腫韵」に「俑、木人にして葬いを送る、関《かん》を設《もう》けて能く跳踊《ちょうよう》す、故にこれ名づくと。『埤蒼《ひそう》』（書名）に出ず」とあるよう、古代の「木俑」は一種の「からくり人形」で、歩いたり跳躍したりすることが出来たそうですが、惜しいかな、木で出来ていたため出土例はほとんどありません。『礼記』「檀弓下」「孔子、芻霊《すうれい》を為る者は善しと謂い、俑を為る者を不仁《ふじん》と謂う」の「俑」も、鄭玄はからくり人形のことであると言っています。『孟子』「梁恵王上」にも「仲尼《ちゅうじ》曰く、始めて俑を作る者は、其れ後《のち》無からんかと。其の人に象《かたど》って之を用うるがためなり」とあります。孔子は生きた人間を殉葬する風習に反対していましたが、さらには、こうした人間そっくりの「俑」を殉葬することにも反対していた、ということです。このように、今をさかのぼること二千年以上、孔子の時代にはもう「俑」が殉葬に使われており、遺跡出土品から見るとその風習は、商（殷）の時代にはすでにはじまっていたもの

図1-32　漢陶女俑

と考えられます。安陽の殷墟にある墓からは、手かせをはめられた男女奴隷の俑が発見されていますし、西周時代の遺跡からも、比較的例は少ないものの、陶器で出来た俑が出土しています。この陶器で出来た俑、「陶俑《とうよう》」が大量に現われるようになるのは春秋時代以降の遺跡で、漢代になるとそのさらに倍の陶俑が発見されており、兵隊の姿をうつした「士兵俑」、料理人の「庖厨俑」から、壺を持っている「提壺俑」、机によりかかっている「托案俑」、象に乗った「騎象俑」や、踊ったり音楽を奏でている「楽舞俑」、軽業師の姿をうつした「雑技俑」や、歌手をうつした「説唱俑」、農具を手にした「持農具俑」や力士・武術家の姿をうつした「武士俑」など、当時の暮らしの中に実在していた、各種各類のさまざまな人物が、陶器人形として再現されるようになってきました。こうした楽舞・雑技・説唱（歌手）の俑には、その動きが実に生き生きと捉えられており、この時代の陶工の技の超絶的な高さを、今に伝えています（図1－32～34　参照）。

図1-33　山東危山漢代兵馬俑

図1-34　隋代哀思女俑

第二章

漢字と軍事制度

古代において「狩猟」と「戦争」は密接に結びついており、狩猟は往々にして戦争の演習でもありました。今も昔も、戦争は国の大事です。ゆえに実に多くの言葉が、戦争における風俗や習慣に起源を有していますが、それは同時に、戦争という行為が古来どれだけくりかえされてきたかということをも体現しているのです。「矛・盾」や「張る・弛む」といった字を例に、漢字や言葉自体の原義といま用いられているその意味との関係を、あらためて考えてみましょう。

軍

古代の軍隊は、他国への侵攻や狩猟で野営する時には、不測の事態に備えて、兵や戦車を円形に配置し、囲みを作って、城壁のような役割をさせていました。軍の字は金文で（庚壺）、小篆体では、車と包の略字で出来ており、まさに戦車で円形の囲みを作っている様子そのものを表わしています。

朱芳圃[*1]の『殷周文字釈叢』も「軍の字は、車と勹で出来た会意文字である。古代の戦車を使った闘いでは、軍が休む時には戦車で囲みを作ったからである」とし、『説文』「車部」は「軍、圜圍《えんい》なり。四千人をして軍となす。車に従い、包の省に従う。車は兵車なり」とあります。「圜圍」は囲いのこと、「包の省」とは「包」の中を除いた「勹」を指します。

玄応[*2]の『一切経音義』巻十八に『字林』を引き「軍、囲いなり。四千人を軍となし、二千五百人を師となす」とあるように、古代の「軍」というのは、一つの囲みを作るのに必要な人数の単位でした。軍事的な編成単位としての「軍」とは、「囲み」をいくつ作れるかというのと同じ意味だったのです。「銀雀山漢墓竹簡[*3]」中にある『孫臏兵法』の「十陣」には「疏《そ》にして蹙《せま》るべからず、数《すう》にして軍たるべからず、慎《つつし》みあれ」とあります。この文中にある「軍」は包囲するという意味。散漫な陣形で急襲戦法はとるべきでなく、密集陣形のまま包囲戦を行うものでもないということです。軍隊が囲みを作るのが「野営する」ためであったところから、「軍」には「駐留する」「陣地を築く」といった意味も派生しました。「銀雀山漢墓竹簡」『孫臏兵法』の「行軍」に「凡《およ》そ軍するは高《たか》きを好《よ》しとし下《ひく》きを悪《あ》しとす、陽を貴び、韻を賤しむ」、『左伝』「桓公八年」の「楚子《そし》、隨《ずい》を伐《う》ち、漢《かん》淮《わい》の間に軍す」にある「軍」は、いずれも「駐留する」という意味です。また『左伝』「成公十六年」の「斉・寧・衛、皆軍を失う」について、兪樾[*4]は「軍は営塁《えいるい》（陣地）を謂うなり」としていますし、『国語』「呉語」にある「王、すなわち壇列《だんれつ》に之《ゆ》き、鼓《こ》してこれを行《おこな》う、軍に至りて、罪ある者を斬り、以て徇《とな》えて曰く」は越王自らが軍を指揮し、陣に赴いて、軍律に違反したものを処罰した、ということ。ここでも「軍」は陣営の意味であるわけです。

古代には、兵士の宿舎のことを「轅門《えんもん》」と称しました。『史記』の「項羽本紀」には「是《ここ》において已《すで》に秦軍を破る、項羽、諸侯の将を召見《しょうけん》して、轅門に入る。膝《しっ》行《こう》して前《すす》まず、敢《あ》えて仰ぎ視《み》る莫《な》し」とあり、また兵書の『六韜《りくとう》』「犬韜・分合」にも「大将は営を設けて陣し、表を轅門に立て、道を清くして待つ」とあります。この「轅門」という語もまた「軍すること」、すなわち戦車で囲みを作って野営することからきています。古代、戦車を丸く配置して野営地となる囲みを作った後は、その出入り口になるところに、二台の車を仰向けにして置き、その二台の車の「轅《ながえ》」（馬につなぐ棒の部分）が、向き合う形になっているところを「門」としていました。「轅《ながえ》の門」すなわち「轅門」というわけです。『周礼』「天官・掌舎」

に「車宮《しゃぐう》を設け、轅門とす」とあり、鄭玄の注に「これは王が険阻なところで野営するときのことを言ったものである。非常の事態に備えるため、車を寄せて藩《はん》、すなわち囲いを作り、仰向けた車のその轅《ながえ》をして門としたのである」とあります。この場合は必ずしも軍事的な状況ではありませんが、ここにもまた、やはり「軍」の原義と同じ発想が見てとれます（図2-1、2参照）。

＊1　朱芳圃《しゅほうほ》…（一八九五～一九七三年）歴史・民俗・古文字学者。王国維に師事し甲骨文・金文の研究を進めた。

＊2　玄応『一切経音義』…経文の難語について、発音や意味を解説。唐・玄応の著したもの（玄応音義）と慧琳の著したものがある（慧琳音義）。ここに引かれた『字林』は晋・呂忱の編になる字書。原本は散逸して、こうした引用文のみが残る。

＊3　銀雀山漢墓竹簡…一九七二年に山東省臨沂県の銀雀山一・二号漢墓から発見された竹簡群。『孫子兵法』『孫臏兵法』など、従来ほぼ完全に佚書とされていた貴重な文献が、かなりまとまった形で発見された。

＊4　兪樾《ゆえつ》…（一八二一～一九〇七年）清末の考証学者。章炳麟や呉昌碩の師としても知られ、清朝経学の最後を飾った一人。原作者は出典を「兪樾平議」とするが、おそらくは『群経平議』であろう。

図2-1　秦始皇陵兵馬俑

図2-2　秦将軍俑

兵　戒

「兵《へい》」の原義は人ではなく、武器です。『説文《せつもん》』「廾部」には「兵、械《かい》（武器）なり。廾《きょう》に斤《きん》を持つに従い、力を并するの皃《こ》なり」とあります。甲骨文では（後下29・6）。字の上半分の「斤《きん》」は図2-3にあるような刃物で、もとは樹木を切るための柄のついた道具、すなわち斧《おの》の類なのですが、古代には仕事で使うこのような道具も、そのまま武器として使われていたのです。「兵」の字の下半分は「廾」、すなわち「左右の手」を表わしています。つまりこれは「斤」を両手で持ち上げ、威嚇している姿を象《かたど》って、これが「武器」であることを表現しているのです。「兵」が現在の字形となったのは隷書体になってからで、「廾」の部分はここで「八」と書かれるようになりました。『荀子《じゅんし》』「議兵篇」にも「古の兵は、戈《か》、矛《ぼう》、弓《きゅう》、矢《し》にして已《や》むのみ」と、これを「武器」の意味に使った例が見えます。

「戒」の原義は「警戒する」ということで、甲骨文では（合集706）と書かれます。字の真ん中に立っているのは「戈《か》」という武器（図2-4　参照）、この戈を両手でささげ持ち、いかなる状況にも即時対応できるよう構えている姿を象ったもので、その構成は「兵」の字と良く似ています。『説文』「廾部」には「戒、警《けい》なり。廾《きょう》に戈《か》を持つに従い、以って不虞を戒《いまし》むる」とあります。「不虞」とは「不

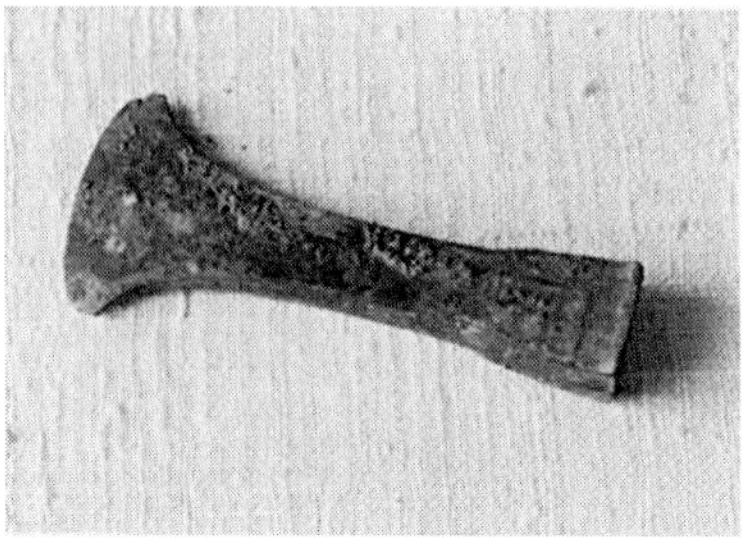
図2-3　戦国銅斤

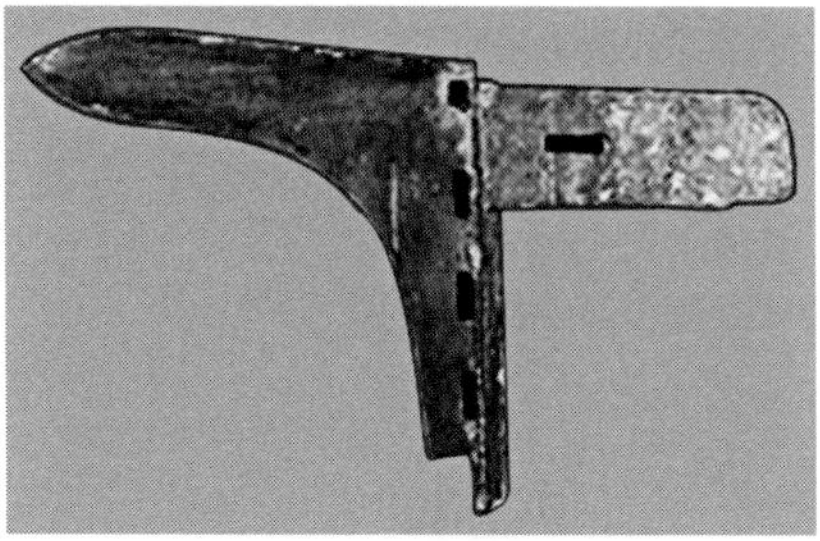
図2-4　戦国銅戈

慮の出来事」などと同じく、思いも寄らない不測の事態を指します。『荀子』「儒效篇」「敵に勝ちて愈《いよい》よ戒《いまし》む」の注で楊倞[*1]は「戒は備えるなり」としています。すなわちこの「戒」も「勝って兜の緒を締めよ」的な意味合いで使われた例であるわけです。こちらは隷書体になって両手の部分がそのまま「廾」に変わり、現在の字形となりました。

＊1　楊倞…唐代の人。伝未詳。現在伝わる『荀子』のなかで最も古い注本である『荀子注』を著した。

戈

「戈《か》」は甲骨文で（前6・38・3）、「戈」というものの形を、そのまま写しています。中央の横線が刃になっている穂先の部分で、縦に走る線が柄、その先端、右斜めに書かれている短い線が柄のキャップにあたる部分、いちばん下の短い横線は「いしづき」の部分を表わしています。戈は殷周時代に流行した武器の一種です。戈の柄の部分は「柲《ひつ》」と呼ばれ、柲の先端には「柲冒《ひつぼう》」と呼ばれるキャップがはめられていました。殷周時代の柲冒は、たいていが柄と同じく木で作られていましたが、少数ながら鋳銅で作った例も発見されています。この柲冒と反対がわの先端にも銅製のキャップがはめられ、こちらは「鐏《そん》（いしづき）」と呼ばれていました。戈の穂先の、長く突き出した、刃になっている部分が「援《えん》」、その茎《なかご》の部分は柄である柲の「うちがわ」に入るものであるところから「内《ない》」と呼ばれました。援の下部、穂先から垂れ下がったようになっている部分は「胡《こ》」と呼ばれました。こちらは獣のあごの下、首のところに垂れている肉の部分を「胡」と言うのにちなんだ呼称です。そして、援の柄に近い根元の部分には、これを革紐で柲に固定するための「穿《せん》」と呼ばれる孔があけられていました（図2-5、6参照）。この「戈」で敵を殺す方法は二種類、かぎ型になっているその先端部分を使って引き倒すのと、「援」の部分で突きつらぬくことで、主要な方法が「引き倒す（鈎挽《こうばん》）」ほうであったところから、「勾兵《こうへい》」とも呼ばれました。戈の穂先は柄に対して直角に取り付けられているので、これを振り回したときには、刃の部分が内側に向き、敵を自分の方へ「引き寄せる（援）」形になります。戈の穂先を「援」というのは、ここから来ているのです。「援」の方向を正確にコントロールするため、柄である「柲」の断面は、円ではなく楕円形になっていました。

『周礼』「考工記・冶氏」の項目によれば、戈の穂先の各部分の寸法は「内」四寸、「胡」六寸、「援」八寸、また同じく『周礼』の「考工記・廬人」によれば、戈の柄「柲」の長さは六尺六寸であったそうです。

図2-5　曽侯乙墓戈

図2-6　戦国無胡銅戈

戟

「戟《げき》」は戈の柄の先端に突刺すための刃をつけた武器ですが、一部では戈と「刀（片刃の刃物）」を合体させたもの、ともされています。『説文』「戈部」に「戟、枝のある兵（武器）なり。戈に従い、倝の声」（「倝の声」の部分は『説文』小徐本より）とあり、段玉裁はこれを「兵とは武器のことである、枝とは木の幹からのびるもの。〝枝のある兵〟とはすなわち、戈のような横向きの刃だけでなく、真っ直ぐ向いた、縦向きの刃もついているところが、木の枝の幹からのび出してゆく様子に似ていることを言っているのである」と解説しています。戟は戈のように敵を引き倒すだけでなく、「矛《ぼう》」のように刺し貫いて突き殺すことも出来る、いわば二つの機能を兼ね備えた武器で、その穂先には、はじめから戈と矛を一体にして鋳造しているものもありました。こうした青銅製の武器を用いた、春秋戦国時代の戦争壁画などによれば、両軍が対峙する時、前列に戟を持つもの、その後に戈を持つものが続くことになっていたようです。戦国時代初期の遺跡である曽侯乙墓からは、「三戈戟《さんかげき》」というものが出土しています。これは先端に一本の矛、柄に三本の戈の穂先をつけたものです（図2-7 参照）。

漢代の「戟」は、この戦国時代のものとは異なり、まっすぐな刃のなかほどから「ト」の字型に横刃が突き出しているものだった[*1]ので、『説文』にある「枝の

図2-7　戦国戟

ある兵」とは、実際にはこちらの「戟」のことだと思われます。

＊1　日本でいう「片鎌鎗《かたかまやり》」の穂先のような形である。

戉鉞

「戉《えつ》」の本義は武器。『説文』「戉部」には「戉、大斧なり」とあります。甲骨文は[illegible]（続4・29・1）で、図2-8のような武器をそのまま象ったもの、羅振玉[＊1]の『増訂殷墟書契考釈』にも「戉は象形文字である」とあります。図2-8は石器ですが、銅で作られることが多かったので、のちに「金」をつけて「鉞《えつ》」の字が作られました。『玉篇』「戉部」や『広韻』[＊2]「月韻」には「戉、また〝鉞〟と作す」とあります。

「鉞」は大きく、また重たい武器でしたので、古代には強大な地位や権力を示す象徴的な武器として作られ、使われました。『尚書』「牧誓」にある「王左に黄鉞を杖し、右に白旄《はくぼう》を秉《と》りて以て麾《なび》く」（「王」の項参照）などがそれです。

一九七七年、河北省平山県の中山王墓[＊3]から出土した一振りの「鉞」には、「天子邦を建て……茲《こ》の軍釿《ぐんせん》を作り、以って厥《けつ》の衆に敬《けい》す」という銘が入っていました。これは天子が鉞を賜与するということは、その者の思うがままに懲らしめ、

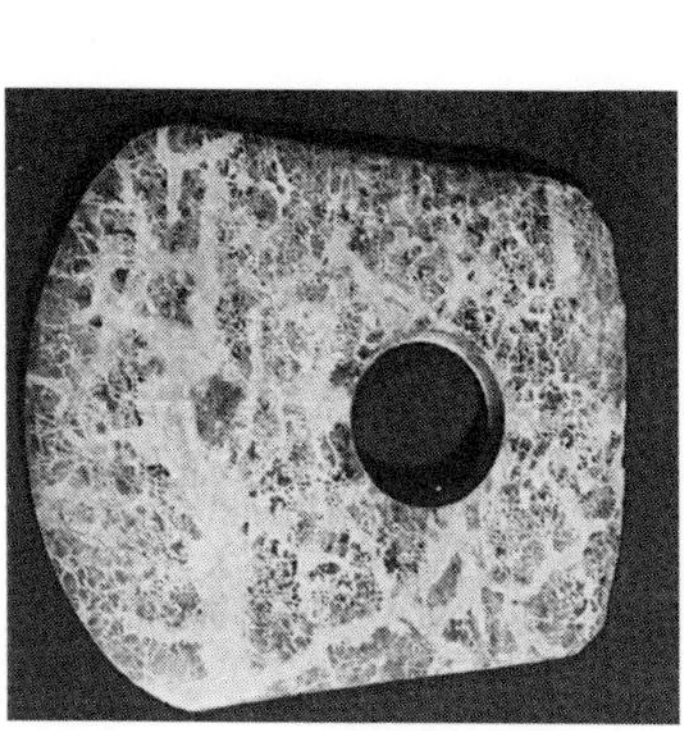

図2-8　新石器時代石鉞

殺す権利を授与するのと同じ、と民衆に「敬」、すなわち「警告」するもの、つまりこの時代の「鉞」とは、後代の「尚方宝剣《しょうほうほうけん》」*4のようなものであったわけです。『後漢書』「西羌伝」に「夷《い》王衰弱して荒《こう》服朝せず、すなわち虢《かく》公に命じて六師を率い太原の戎《えびす》を伐《か》らしむ」という一節があります。ここに出てくる「虢公」か、その関係者の作ったと思われる「虢季子白盤」の銘文には、「戉を用うるを賜り、蛮方を征すに用いらる」と、異民族征伐のために「戉」を賜ったむねが記されており、『礼記』「王制」にも「諸侯、弓矢を賜り、然る後に征す。鉄鉞を賜り、然る後に殺す」とあります。

漢代にはこの制度がまだ残っており、『後漢書』「郭躬伝」には「軍征において、校尉は督に一統す、彭すでに斧鉞なし、専ら人を殺すを得べけんや」という一節があります。これは騎都尉の秦彭が、軍旅の中、自己判断で人を処断したものですが、「彭すでに斧鉞なし」とはすなわち、彼にはその時「人を殺す」権利は与えられていなかった、ということです（図2-9　参照）。

*1　羅振玉《らしんぎょく》…（一八六六～一九四〇年）考古学者。近世の甲骨文字と敦煌学研究における業績が大きい。

*2　『広韻《こういん》』…陳彭年ら勅撰、宋代に編まれた韻書（音引き字書）。

*3　中山王墓…春秋戦国期に、北狄の一流であった鮮虞氏が、東周に倣って建てた国家である「中山国」の陵墓。出土物には北方遊牧民族の特徴が表れている。

*4　尚方宝剣…本来は皇帝みずからの帯剣で、これを授与された者は皇帝の代理とされる。現在も時代物ドラマの名判官ものなどで、007の殺人許可証とか水戸黄門の印籠のよ

図2-9　商代婦好銅鉞

うなものとして登場する。

戊

「戊《ぼう》」は甲骨文で（乙8658）、金石文では（司母戊鼎）で、図2-10、図2-11のような武器の形を写したものです。郭沫若は『甲骨文字研究』「干支を釈す」の章で「戊は斧・まさかりの形を象った象形文字である、おそらく〝戚〟の字の古形であろう」と言っています。原義は武器なのですが、「茂」に通じるところから、甲骨文においてすでに、天干《てんかん》の一つ*1として使われていました。

*1 天干《てんかん》…十干十二支の「十干」というのと同じ、甲・乙・丙・丁・戊・己・庚・辛・壬・癸の十の文字列。子・丑・寅・卯・辰・巳・午・未・申・酉・戌・亥の十二支（天干に対して地支とも言う）と組み合わせて暦のほか方位や時間を示すのに用いられる。「茂に通じる字であるところから」、の部分は訳者補足。『玉篇』などにも「茂なり」と書かれており、「戊」は「茂」に通じ、陽気が満ち溢れ分化してゆく様子であるとされている。

図2-10　商透雕龍紋戊

図2-11　商蛙紋銅戊

戍

「戍《じゅ》」の原義は辺境の衛兵、すなわち「さきもり」のことです。『説文』「戈部」には「戍、辺を守るなり。人の戈を持ちたるに従う」とあります。甲骨文は（甲3510）、金石文は（彔卣）で、人が肩に「戈」を担いでいる姿を表わしています。「人」だった部分が変形して「戍」の字になりました。古代、戈というものはもっともありふれた武器であったので、「戈」と書けば、すなわち武器を指すものとされていたのです。『詩経』「王風・揚之水」という詩に、「彼の其の子、我と申《しん》を戍《まも》らん」とあり、毛亨の注でも「戍は守るなり」とされています（図2-12参照）。「申《しん》」は辺境の国、防人の夫に妻が思いを寄せた歌なのです。

戎

「戎《じゅう》」の原義は武器です。甲骨文は（前8・11・3）、「戈」と「十」から出来ていますが、この「十」は、甲骨文や金石文では「甲」の略字でもあります。事実、「戎」は小篆体で「戈」と「甲」の組み合わせとして記され、『説文』「戈部」でも「戎、兵（武器）なり。戈に従い、甲に従う」とされており、段玉裁は注で「金

図 2-12　秦軍吏俑

図2-13　秦鎧甲武士俑

部に曰く、鎧は甲なり。甲もまた兵（＝武器）の類。ゆえに戈に従い、甲の会意」と言っています。「戎」の中にある「十」の字が表わす「甲」というのは、図2－13や図2－14にあるような、古い「よろい」を指します。『孟子』「梁恵王上」の「塡然《てんぜん》としてこれを鼓し、兵刃《へいじん》既に接す。甲を棄て兵を曳きて走る」*1にあるよう、戦時に「よろいを捨て武器をひきずって逃げる」という行為が罪とされていたことからも、古代には身を守るこの「よろい」も、武器と同等の、貴重な用具と考えられていたことが分かります。『礼記』「月令」に「天子すなわち田猟《でんりょう》を教え、五戎《ごじゅう》を習わしむ」という一節があります。これは「戎」が実際に「武器」の意味として使われていたことを示す例の一つ、鄭玄の注にも「五戎とは五兵（五種類の武器）を謂う。弓矢・殳《しゅ》（後述）・矛・戈・戟なり」とあります（図2－15　参照）。

＊1　「塡然としてこれを鼓し…」…「五十歩百歩」の語源として有名なくだり。

戌

「戌《じゅつ》」は甲骨文で（摭続174）、斧やまさかりの類の武器の形を写していますが（図2－16　参照）、この字を武器の意味で用いた文献資料は未だ見つかっておらず、甲骨文の段階ですでに、十二支の一つ「戌《いぬ》」として使われています。

図2-14
穿甲持戈武士(戦国漆甲)

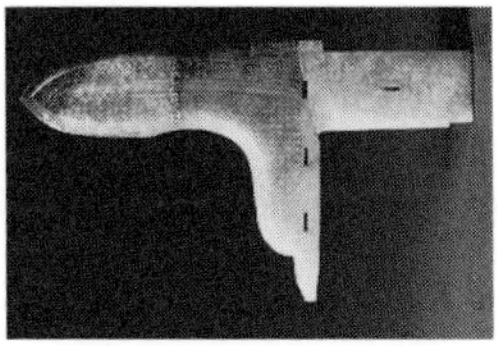
図2-15　西漢玉戈

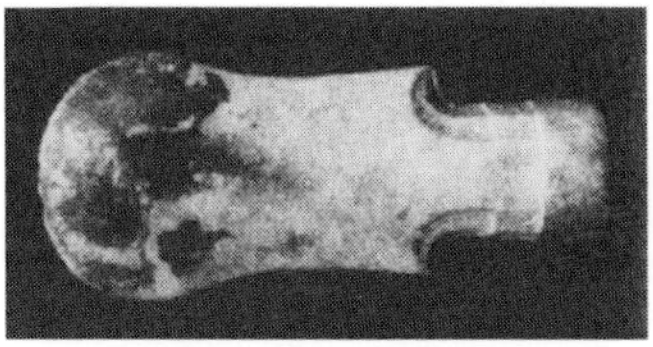
図2-16　戦国銅戌

殳　杸

「殳《しゅ》」の原義は武器。『周礼』「夏官・司兵」の「司兵は五兵を掌《つかさど》る」の注に、東漢の鄭司農は「五兵とは戈、殳、戟、酋矛、夷矛なり」と、この「殳」を「戈」に続く武器として挙げています。ここから「殳」という武器は古代、重要な兵器の一つだったことが分かりましょう。「殳」の甲骨文は（乙8093）、右下は「又」の字、これは手で、すなわち殳を手に持っているところを象《かたど》ったものです。この武器の部分が後代「几」に変化し、現在の「殳」になりました。この殳という武器がどういう形のものだったのか、以前にはよく分かっていなかったのですが、一九七八年に、湖北省随県の曽侯乙墓から二十一本の武器が出土し、うち七本に「殳」と書かれていたことから、現在では古代の殳の形とその構造がはっきりと分かるようになりました。先秦時代の殳には、切れる刃物になった部分があるものと、それを持たないものの二種類がありました。曽侯乙墓から出土したもののうち七本は刃つきの殳で、うち三本には「曽侯邸之用殳」という六文字が篆書で刻み記されていました。刃つきの殳は頭と、柄の部分から出来ており、頭の部分は三叉矛のようで、左右の刃はやや内向きに突き出し、全体では凹のような形になっています。殳頭の基部は八角形の「甬《よう》」（中空の管）で（ただしこの七本のうち一本は、この部分がトゲの生えた球形になっている）、外部には龍の紋様が浮き彫りされ、中は筒状になっていて、柄を接続できるようになっていました。柄はすべて八角形で、木の芯に竹板を貼り、外がわを糸でぐるぐる巻きにしたものに黒漆、さらに朱漆を重ね塗りしてあります（図2−17 参照）。曽侯乙墓から出土したうち、刃を持たない殳は十四本。同じく出土した竹簡文書は、この類の殳を「杸《しゅ》」あるいは「晋杸《しんしゅ》」と記しています。その形は両端に銅製のキャップをはめた長い竿のようなもので、これもまた、木の芯に竹板を貼り、糸で帯状に縛って漆で塗り固められており、上部は不定型な八角形、下部は円形、先端の銅の部分は、筒状の八角形になっています（図2−18 参照）。

『説文』「殳部」には、「殳、杸を以って人を殊《ころ》すなり。礼（『礼記』）に殳は積竹を以ってし、八觚《はちく》、長さ丈二尺、兵車に建て、旅賁《りょふん》以って先駆とす」とあります。「殳＝殊」というのは音通からきたもので、「旅賁」は宮門を守る衛士の長を示す官名です。ここに言う「殳」の形は、出土したものとだいたい一致しています。同じく『説文』「殳部」に「杸、軍中に士（兵士）の所持したる殳なり、木に従い、殳に従う」とあるところからすると、『説文』は「殳」と「杸」を異なる二つの字として考えているようですが、王筠は『説文解字句読』で「杸は殳の重文（同じ字）」としています。秦漢時代の殳は基本的に刃のついていないものだったので、漢代の人々は多く、殳を「刃のない武器」と説明しています。たとえば『詩経』「衛風・伯兮」の「伯や殳を執りて、王の為に先駆けす」について毛亨は「殳は長さ丈二にして刃無し」とし、『釈名』「釈兵」に「殳、殊《ころ》すなり。長丈二尺に

図2-17　曽侯乙墓殳

図2-18　曽侯乙墓晋杸

して無刃」あるのもそれです。

戦

旧字体は「戰《せん》」で、「單」と「戈」二つの字の組み合わせで出来ています。「單」はもともと「干」と同じ字で、狩猟に使う道具（盾《たて》）を表わしていました。丁山[*1]は『説文闕義箋《せつもんけつぎせん》』で「古く〝單〟と書いていたものを、後世〝干〟と書くようになっただけのことで、單と干は同じ字の旧字体と新字体のようなものである」と言っています。單の横に戈の字を並べることで、「ほこ」と「たて」がまさに「干戈《かんか》相打ち、干戈大動《たいどう》す」る様子、すなわち戦闘そのものを表現したのです。これは『左伝』「荘公十年」「公これ（曹劌）に乗を与え、長勺に戦う」（長勺の戦い）にある記述で、まさしく文字どおり「戰」であったと言えましょう。古代には「戦」の構成要素である「干戈」という語自体が、戦いそのものを表わす語としても使われていました。たとえば『史記』「儒林列伝序」の「然れどもなお干戈あり、四海を平定し、また未だ庠序《しょうじょ》の事に暇遑《かこう》あらず」は、平和に学問ができる間もないほど、戦争が続いていた、という意味です。その「干戈」の組み合わせである文字だからこそ、『説文』「戈部」にも「戰、闘うなり」としか書かれていないのです（図2-19参照）。

図2-19　東漢橋頭交戦画像石

＊1　丁山《ていざん》…孟丁山、現代の甲骨文研究家。

韋　違

甲骨文で「韋《い》」は「」（甲2258）、字中央は「囗《い》（くにがまえ）」で、城邑《じょうゆう》（城壁都市）を表わしています。城邑の上下にあるのは「止」で、これは人の足の象形文字、すなわち人間を意味しています。この字は兵隊が城邑を巡回警護している様子を表わしたものですが、注目すべきは、上下の兵士がそれぞれ反対方向に歩を進めていること。一方の「止」が右方向に進めば、他方の「止」は左へとそれぞれ相反する方向へ行進しているところから、背反する、たがえる、の意味を表わすようになりました。『説文』「韋部」にも「韋、相背《そうはい》するなり」とあります。

「違」は、「韋」に「辶」を足しただけで、字義も音も「韋」と変わりません。「辶《しんにょう》」は「辵《ちゃく》」という字の草書体で、部首としては行動・運動といった意味を表わします。「辵」もまた「止」の字の変形ですから、巡回警護と言った意味は変わりません。段玉裁も『説文解字注』の「韋」下文の注で「今字は〝違行〟として〝韋〟の本義廃さる。「酒誥」（『書経』の「酒誥」）に〝韋《たが》えるに薄《せま》る農父〟とあり、馬（馬融の注）云う、〝韋は違行なり〟」としています。

圍 衛

「圍《い》」と「衛《えい》」は本来同じ字で、甲骨文では「」（乙2118）、周代に作られた爵の銘では「」。城邑の守衛、もしくは城攻めの包囲陣を象り、真ん中の四角が城邑で、四方は「止」、すなわち人の足で、人間を示しています。甲骨文では「」を省略して「」（前4・31・6）と書かれることもあったので、のちここに「囗《い》（くにがまえ）」が加えられて「圍」の字となったわけです。「囗」はもともと丸い囲みの意味、『説文』「囗部」には「囗、回《めぐ》るなり。回帀《かいそう》の形に象る」とあり、段玉裁の注に「回は転《めぐる》の意味である。〝圍繞《いじょう》〟、〝周圍〟と言う語がちょうど字義にあたる。〝囗〟を取ってしまうと〝圍行（＝囗）〟の意味となる」とあります。圍の字は囗と韋に従い、音は反切で韋亦《いえき》の声です。「圍」には古くから、城を「守る」ことと、城を「攻める」の二つの意味がありました。『左伝』「僖公五年」に「八月甲午《こうご》、晋侯上陽を圍《かこ》む」とあるのは「城攻め」として用いられた例。『公羊伝』「荘公十年」に「戦は伐とは言わず、圍は戦とは言わず」とあり、何休[*1]の注に「兵をもって城を守るを〝圍〟と曰う」とありますが、これが「守る」ほうで使われた例になります。

「衛」という字は「韋」に「行」を部首として加えたもの。甲骨文の「行」は十字路の象形文字であり、字の構成要素としては一般に動いていること、歩いて

図2-20　持戟揚盾衛吏画像石

いることを表わします。すなわち同様に「かこむ」「めぐる」と言った行為により、城を「守る」もしくは「攻める」ことを表わしたのです（図2–20　参照）。

＊1　何休《かきゅう》…後漢の儒学者。『春秋公羊解詁』を著す。

或　域　国

「或《わく》」は本来、国家を意味していました。甲骨文は「」（後下38・6）、字の右は武器の「戈」（図2–21　参照）、左下は口《こう》ではなく「囗《い》（くにがまえ）」です。孫海波＊1の『卜辞文字小記』には「囗は領域を表わしている。戈《ほこ》がついているのは、それが武器によって守られるべき領域であるということ、すなわち国という意味である」とあります。およそ国家というものには、それを護衛するための軍隊がつきものです。「囗」で表わされる領域があり、それを守る「戈」、つまり軍隊のあるところ、すなわち国家ということです。『説文』「戈部」には「或、邦《くに》なり。囗に従い、戈に従い、以って一を守る。一は地なり。域、或のまた土に従うもの」とあります。ここにいう「一」とは、「或」の字の左下についている「一」ですが、甲骨文を見て分かるとおり、これは後になって追加されたもの。『説文』のこれを「土地」の意味にとったのも比較的納得のゆく解釈ではありますが、金石文で

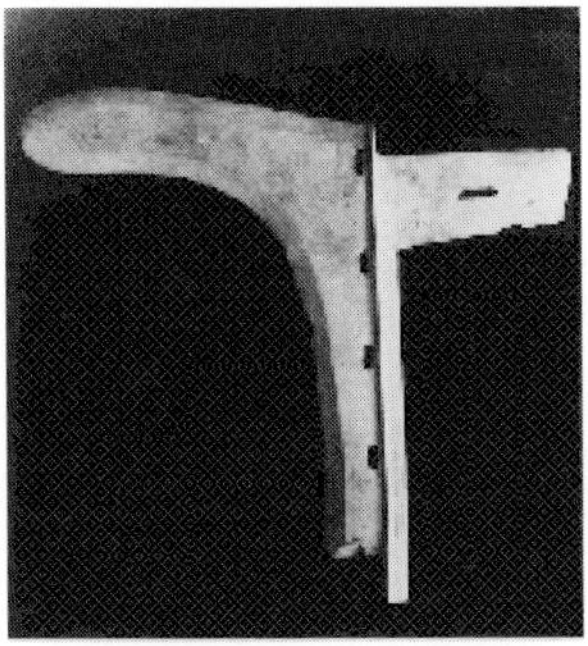

図2-21　呂不韋銅戈

「〓」（保卣）、「〓」（班簋）、「〓」（毛公鼎）などと書かれるところから見ると、この「一」は、城邑のさらに外にある境界、勢力圏の境目となる辺境域を表わしているものと考えたほうが良いでしょう。

「域《いき》」は「或」に「土」が付いただけで、実質的には同じ字です。ゆえに『広雅』[*2]「釈詁四」にも「域、国なり」とあり、『詩経』「商頌・玄鳥」、「古えの帝、武湯《ぶとう》に命じて域《さか》いを四方に正《おさ》めしむ」の注で鄭玄は「（天帝が）これに使いして長く邦の域いあり、政《まつりごと》を天下になすなり」としています。『説文』が或の「一」の字を「地なり」としたのは、むしろこの「域」の字の土偏に影響されたのかもしれません。域は土と或に従い、音は反切で或亦《いきえき》の声です。

「国」は旧字体で「國」。『説文』「口部」には「國、邦なり。口に従い、或に従う」とあります。「國」という字が現われたのは、或や域よりも後のことで、段玉裁『説文解字注』「或」下文の注にも「けだし或と國は、周の時にありて古今の体となる。古文にはただ〝或〟の字あるのみにして、既にすなわち復た〝国〟の字を制す」とあり、徐灝[*3]『説文解字注箋』にも「邦をこれ国と謂う、封彊《ほうきょう》の界《さかい》をこれ〝域〟と謂う、古えは但だ〝或〟の字を以ってこれとなす。その後、口を加えて〝國〟となし、土を加えて〝域〟となす、而して分かれて二字、二義となる」とあります。「封彊」は天子より封じられた領土の境界のことです。[*4]

*1　孫海波《そんかいは》…（一九一一～一九七二年）近代の古文字学者。

＊2　『広雅《こうが》』…字書。魏・張揖　編。
＊3　徐灝《じょこう》…十七世紀清朝の古文字学者。
＊4　「邦」と「国」日本語ではどちらも「くに」でしかない。後世の字義的には「国」は境界から見た領土・領地なのに対し、「邦」は「封」に通じ、天子より与えられた領地を指す。

師官館

「師《し》」は甲骨文で「」(鉄100・4)、これは今の「師」の左がわにある「𠂤」なのですが、一体何を象ったものだったのでしょうか。李孝定は『甲骨文集釈』のなかで、これを横向きにして「切り立った丘や山」であるとし、日本の加藤常賢も『漢字の起源』の中で「」を「」と横書きにして、人間の臀部を表わすとしており、徐中舒主編『甲骨文字典』は「加藤説が正解に近いだろう」としていますが、筆者はどちらも間違いだと考えます。

そもそも、甲骨文で「」の字が横に書かれた例は一つもないのに、「横向きにして」というのはどこから来た発想なのでしょうか。よしんば加藤説のように書かれた例が本当にあったとして、ではどうしてこれが「縦向き」に書かれるようになったのでしょう。甲骨文の文書の中で「」は、多く征旅中の軍隊の宿営地、もしくは駐留地を表わすものとして使われています。そこから筆者はこれを、

「立てて置かれた馬の荷鞍」[*1]の形なのではないかと考えています。古代の馬の鞍は、一般的に外郭が木製の半円形で、その前後両端の内がわには綿を入れ、皮あるいは布で包んで、家畜の皮肉を傷つけないようにしてありました。前後から見たその形はまさしく甲骨文の「」の字と同じです。馬や驢馬に荷物を積んで運ぶ時には、目的地に着くとかならずその鞍をはずし、家畜を休ませるとともに、鞍を干し乾かします。馬から鞍をおろす時には、片手で鞍の前後どちらかの端を持ち、もう片方で鞍の背の部分をつかむので、地面におろす時には、鞍の前後どちらか一方が先に地面につきます。まさしく鞍が「立つ」わけです。

馬というものは人類が最も早くから飼い馴らしていた家畜の一つであり、軍旅途上の休息や駐留の場を表わすものとして、「立てて置かれた鞍」というものは最も分かりやすい標識であったことでしょう。古代では建物が少なく、軍の駐留地といってもたいていは原野の只中でした。そこでこの「立てて置かれた鞍」を置き、軍が休息もしくは駐留中であること、あるいは駐留地であることを表わしたものだと思われます。

周代の甲骨文字には「」（探46）という字形も見られます。「𠂤」と「帀」を組み合わせたもので、現在の「師」の原形にあたりますが、これもすなわち、現在部首とされている「帀」から出たものではなく、「立てて置かれた鞍」である「𠂤」に「帀」が足されたもの、と考えたほうが良いでしょう。「帀《そう》」というのは、『説文』「帀部」に「帀、周《めぐ》るなり」とあるよう、ぐるぐるめぐるという意味で、『後漢書』「中長統伝」に「溝池環帀《こうちかんそう》し、竹木周布《ちくぼくしゅうふ》す」はその意味で使われた例の一つです。「師」にこの「帀」が加えられたのは、荷馬の部隊が駐留する時に、馬の鞍を円環状に並べ、不測に備える囲いを作って宿営地としたためでしょう。後の時代、軍が止宿する時に、戦車で囲みを作って宿営地としましたが（「軍」の項目参照）、それと同じで、おそらくそれもかつて馬の鞍を立てて止宿の地としたのを引いているのだと考えられます。古代、軍隊が駐留する時には、決まった編成単位ごとに囲みを作り、宿営地としていました。軍としての「囲み」を示す文字であることから、「師」は、軍隊を編成することを意味するようになり、やがては軍隊そのもの、あるいは軍官の称号とされるようになったわけです。

「官《かん》」の原義は官舎、すなわち公的な建物です。『管子』「入国」に「上《かみ》は収めてこれを疾官《しっかん》に養いこれに衣食す」とあり、「疾官」について兪樾は『諸子平議』で「疾官とはすなわち疾ある者を居らしたる所、舘舎」と言っています。もともと「官」という字は、国によって街道筋に設けられた駅舎を指すものでした。上古より休息や止宿の地だったような場所に、後世、雨露を防ぐための小屋が建てられ、やがてこれが官舎となったわけです。この「官」の字もまた「𠂤」から派生したもの。鞍を意味する「𠂤」に、建物の象形である「宀」が付けられた字だと考えられます。

「館《かん》」は「官」から派生した字です。『説文』「食部」には「館、客舎《きゃくしゃ》なり」とあります。「官」が食事と宿泊の場所であったところから、食偏を加えてこれを表わしたのです。「官」というのはもともと公的なもので、役人が住み宿る場所でした。このゆえに後世「官」は官舎、官吏など公的な建物や役人そのものの意味で用いられるようになり、本来の意味にはもっぱら、「館」の字が使われるようになったわけです。

＊1 ここにいう鞍は、人間が家畜に跨って乗るためのものではなく、荷物を積むための「荷鞍《にぐら》」をいう。古代、中原地域では当初、戦争はチャリオットによる戦車戦が中心で、人が直接乗馬して戦う騎兵戦法はなかった。したがって馬は車をひく挽馬か、荷物を直接載せて運ぶ駄馬として用いられていた。

戚 鏚

「戚《せき》」の原義は斧の類の武器。「鉞《えつ》（まさかり）」のような形をしており、「鉞」は大きく「戚」は小さい（図2-22、23 参照）。『説文』「戉部」には「戚、戉《えつ》なり。戉に従い、尗《せき》の声」とあります。斧の「戚」は「鏚」とも書きます。これは後に金偏を付けたもので、『集韻』[*1]「錫韻」には「戚、説文戉なりとす。或いは金に従う」、すなわち時に金偏が付く、と書かれており、『玉篇』「戉部」も「戚、戉なり。或いは鏚に作る」としています。また『詩経』「大雅・公劉」「弓矢斯《こ》れ張り、干《かん》戈《か》戚揚《せきよう》」、毛亨の注にも「戚は斧、揚は鉞《おおおの》である」とあります。「戚」は比較的小

図2-22　夏二里頭玉戚

さいものだったので、実用的な兵器として以外にも、武舞・剣舞の道具として用いられました。『礼記』「楽記」に「音を比《なら》べてこれを楽《かな》で、干戚羽旄《かんせきうぼう》に及ぶを、楽《がく》と謂《い》う」とあり、鄭玄は「干は盾、戚は斧、武舞で手に持つもの」としています。同じく『礼記』「祭統」にも「入りて舞うに及ぶに、君干戚を執りて舞位に就く」、すなわち君主が舞う時に持つもの、とあります。

＊1　『集韻《しゅういん》』…宋代・丁度等によって編まれた勅撰字書。字形ではなく音引きの「韻書」と呼ばれる字書の一つである。

箙

「箙《ふく》（えびら）」とは矢を入れる筒形の器のこと（図2-24参照）。『周礼』「夏官・司弓矢」に「中春《ちゅうしゅん》に弓弩《きゅうど》を献じ、中秋《ちゅうしゅう》に矢箙《しふく》を献ず」とあり、鄭玄は「箙、矢を入れる器である。獣の皮をもってこれを作る」としていますが、『説文』「竹部」には「箙、弩《いしゆみ》の矢の箙《えびら》なり。竹に従い、服の声」とあり、段玉裁も「もともとは竹や木で作ったものなので、竹冠の字となったのだ」と言っています。

先秦期の文献では、「箙」の代りに多く「服」の字が使用されています。『荀子』「議兵篇」に「十二石《こく》の弩を操り[*1]、服矢《ふくし》五十腰を負う」とあり、清代の王筠『説文解字句読』にも「案ずるに『詩経』采薇（小雅）に〝象弭魚服《ぞうびぎょふく》〟[*2]とあり、〝服〟

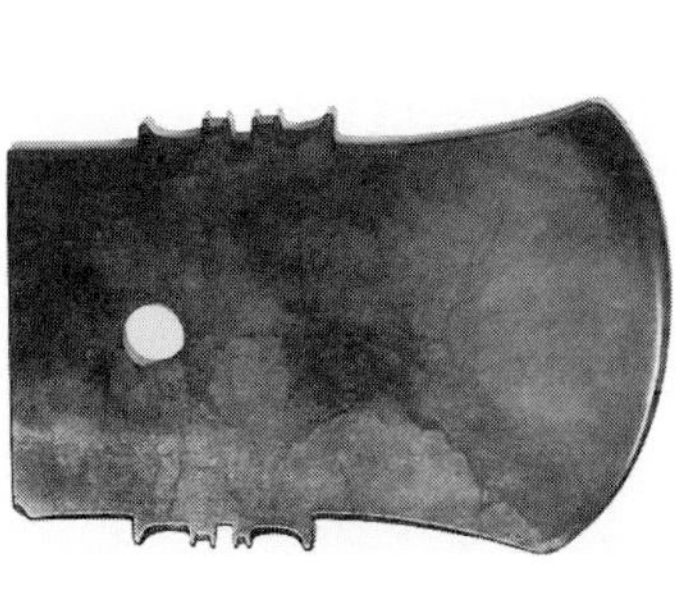

図2-23　商玉戚

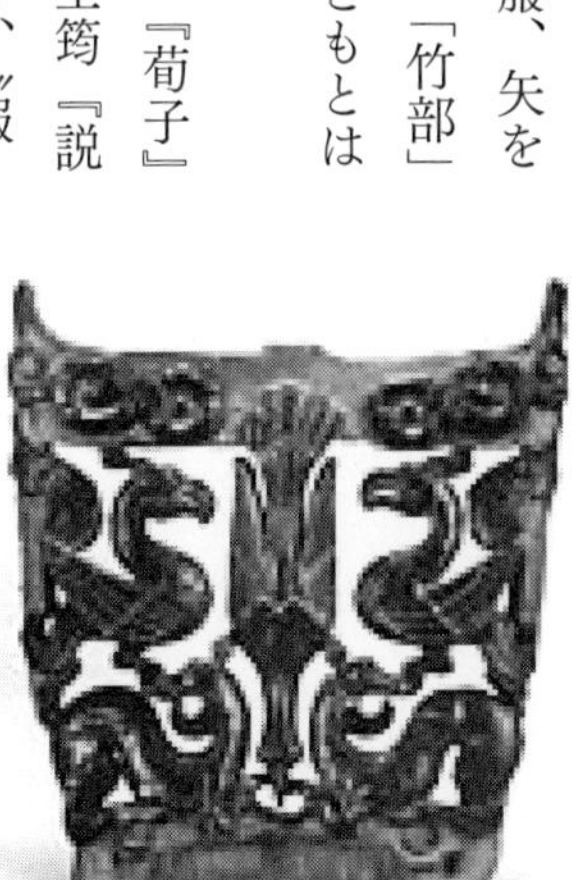

図2-24　戦国矢箙面板

は古字にして、〝箙〟はすなわち、後に作りてこれを専《もっぱ》らとするの字なり」とあります。

しかしながら、甲骨文でこの字は「」（粋533）、「」（戩44・13）。いずれも図2-25のように、箱の中に矢が入っている象形文字になっています。すなわち「服」は「箙」の仮借文字として使われていただけで、「箙」は必ずしも「服」から出た字ではないと考えられます。この矢の棒の部分、すなわち「矢がら」は多く「竹」で作られますし、古代の箙には実際、竹や木で作られたものも、皮で作られたものも両方あるので、「竹木で作られていたから竹冠」ということもないわけです。戦国時代初期の曽侯乙墓の竹簡文書には「箙五秉《へい》」という語がよく見えます。一秉は十本の矢ですから、当時の矢筒には一腰あたり五十本の矢が入っていたことになります。先に触れた『荀子』の「服矢五十個」というのは、この「五秉の箙」に符合するもののことを言っていると考えられます。

＊1　十二石の弩…石はここでは弓の強さの単位、1石約三十キロ、すなわち三六〇キログラムの張力を持つ強力なボウガン。

＊2　象弭魚服…象牙で弭《ゆはず》（弦をかけるところ）を飾った弓と、アザラシなど海獣の皮で作った箙《えびら》。

図2-25　戦国矢箙

弓

「弓《きゅう》（ゆみ）」は、甲骨文で「」（前5・7・2）もしくは「」（後下13・17）と書かれ、前者は弓弦《ゆづる》を張った状態（図2-26　参照）、後者は弦をはずした状態の弓の象形です。すなわち現今の「弓」という字形はこの後者、弦のない状態の字を原形としているわけです。古代の弓には、弦が弓本体に固定されている型と着脱可能になっているものの二種類がありました。固定されたタイプのものは、弓の両端に糸を巻きつけ漆を塗ったところに、弦の端を縛りつけてありました。この類の弓を「縁《えん》」と言います。もう一方の類の弓には、両端に弦を装着するためのキャップが付いていました。このキャップは、骨や角、もしくは銅で作られ、「弭《び》（ゆはず）」と呼ばれました。この弭の、弦をかけるくぼみを「彄《く》」と言い、『説文』「弓部」に「彄、弓弩《きゅうど》の耑《はし》、弦の居る所なり」とあります。この手の弓では、弾力を保持するため、使用するごとに弦を付け外しします。「」という甲骨文字はおそらく、そのために弦を取り外した状態の弓を写したものと考えられます。

『爾雅』「釈器」には「縁あるを弓と謂い、縁無きを弭という」とあります。郭璞注に「〝縁〟とは、これを繳纏《しゃくてん》（くくりつける）したるなり」とあり、『左伝』「僖公二十三年」、「其の左に鞭弭《べんび》を執《と》る」の杜預注に「弭は弓の末だ〝縁〟なきもの」、孔穎達注には「孫炎曰く、縁とは繳束《しゃくそく》（くくりつける）してこれを漆したるを謂い、

図2-26　隋虞弘墓射獣浮雕

弭とは以って繳束せず、骨にて両頭を飾りたるを謂う」とあります。戦国時代の曽侯乙墓から出土した弓は、両端に「弭」のあるタイプでした。この弭は角の類で出来ており、虫の蝉のような形をしています。弭の腹は弓に貼り付けられるよう平たくなっていて、蝉の胴体にあたる部分は表向きで、頭にあたる部分には一本の横溝、すなわち「彄」が刻んでありました。『釈名』「釈兵」に「弓、穹《きゅう》なり。これを張れば穹隆然《りゅうぜん》たるなり。その末を簫《しょう》と曰《い》う、簫は梢《こずえ》を言うなり。またこれを弭と謂う、骨を以ってこれを為す、滑弭《かつび》の弭なり。中央を弣《ふ》と曰う、弣は撫《ぶ》なり、人の撫して持つ所なればなり。簫弣の間を淵《えん》と曰う、淵は宛《えん》なり、宛曲《えんきょく》なるを言うなり」とあります。弓を立てて見ると、中央の「弣《ふ》（ゆづか）」の部分は左向きに湾曲し、端に近い「淵」の部分は右向きなので、[*1]まさしく甲骨文字と同じ形になります。出土品の弓の弦は一般的に、革紐かあるいは撚り合わせた糸で作られており、弓本体は最も古いもので丸のままの木、後代には二枚あるいは何枚もの板材を合わせたものも出ています。曽侯乙墓から出土した弓は、三枚のハリエンジュのような木を貼り合わせて作られていました。三枚のうち、長いもの二枚は一定のカーブを描くように撓められており、一端を厚く他方を薄く削って、薄いほうの端を弓の中央部で重ね合わせています。この重ね合わせ部分は、人から見て外向きのカーブを描くようになっており、ここにもう1枚の短い板を足して、「弣」、すなわち弓を射るときに握る「ゆづか」としていました（図2-27参照）。

図2-27　秦陵立射俑

矢箭

「矢《し》（や）」は弓や弩（いしゆみ）によって放たれるもの、『説文』「矢部」にも「矢、弓《きゅう》弩《ど》の矢なり」とあります。甲骨文は「」（甲317）、矢そのものの象形文字です。戦国時代の曽侯乙墓からは実に四五〇七件もの矢が出土していますが、その中には矢じりの部分が扁平で、刃の部分が斜め後ろに延びた双翼型、すなわち甲骨文字とそっくりなものがあります（図2-28　参照）。その矢がら（矢の棒の部分）は竹に、糸を巻いて黒漆で固めたもので、末端には「矢はず」として燕尾状の切込みが入れられていました。これも象形文字のいちばん下の部分の形状と一致します。矢はずの上、矢がら全体から見て五分の一ほどの範囲には羽毛が残っているので、もとはここに鳥の羽が糸でくくりつけられていたことが分かります。古代の矢にはみな、尾部にこうした矢羽根が飛行中の揺れを防ぐ目的で取り付けられていたのです。甲骨文字でいちばん下の「」のすぐ上にある「」は、まさしくこの矢羽根を表わしたものです。

甲骨文字には「」（前4・49・1）、「」（甲1976）といった字形も見られます。二里頭文化*1の遺跡からは、後者の頭の部分にそっくりな、円錐形で幅が広く、

*1　中国の弓は、単純な弧形に近い日本の弓道の弓と違って、両端の湾曲が深い。

図2-28　曽侯乙墓箭

後鋒のない矢じりが出土しています。前者はこれを簡略化した文字で、中央に引かれた横線は、矢じりの脊《せき》（中心部）と鋌《こみ》（なかご）との分かれ目「関《かん》」を示しているものと考えられます。この「」が金石文で「」（駏侯鼎）と変わり、現今の「矢」の原型となったのです（図2-29参照）。「箭《せん》（や）」は、もともとある種の竹を意味していました。『説文』「竹部」にも「箭、矢竹なり。竹に従い、前の声」とあります。矢がらをこの竹で作ったところから、矢そのものをその竹の名で呼んだのです。『方言』巻九に「箭、関（函谷関）より東は〝矢《し》〟と謂い、江淮の間には〝鏃《ぞく》〟と謂い、関の西には〝箭《せん》〟と曰う」とあり、郭璞《かくはく》の注に「箭とは竹の名前である、材の名前にちなんで矢を表わしたもの」とあり、また『太平御覧』巻三四九に北魏・陽承慶の『字統』を引いて「大身大葉なるを〝竹〟と曰い、小身大葉なるを〝箭〟と曰う。箭竹は主に矢をなす、因《ちな》みて矢を謂いて箭となす」とあります。また、沈括の『夢渓筆談』[*2]「謬誤」にも「東南地方で美しいものに、会稽の竹箭がある。竹は竹、箭《やだけ》は箭で別物だ。今も箭を採って矢を作る。矢は箭《せん》とも言われるが、これはその竹の名前に因んだのである」とあります。「矢」を「箭」とも呼ぶようになったのは、おそらく漢代ころからのことでしょう。

＊1　二里頭文化《にりとうぶんか》…一九五〇年代に河南省偃師県の二里頭村で発見された二里頭遺跡を代表とする、黄河中〜下流域で新石器〜青銅器時代の初期にかけて栄えた文化。

＊2　『夢渓筆談《むけいひつだん》』…随筆集。著者の沈括は北宋中期の政治家・学者、博学をもって知られ、自然科学や技術に関する事柄への興味深い言及が多い。

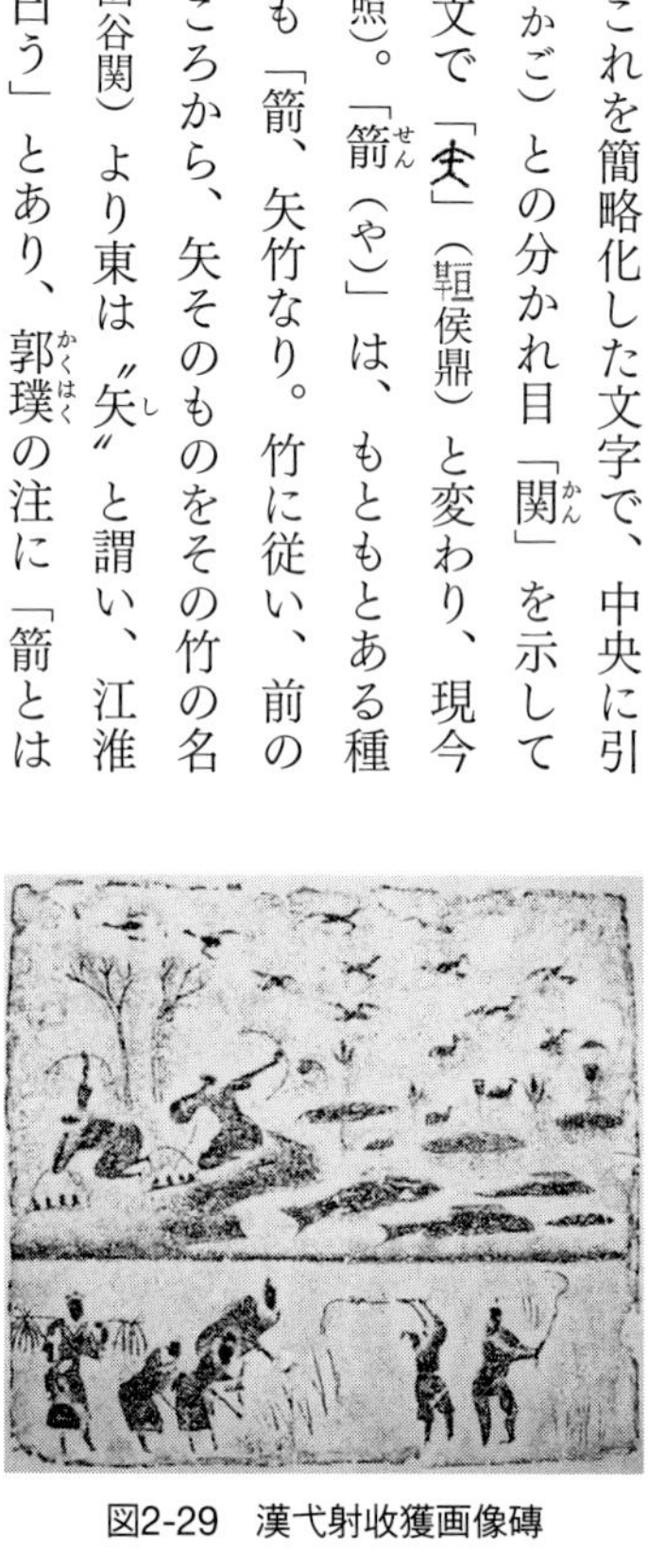

図2-29　漢弋射収獲画像磚

族　鏃

「族《ぞく》」の原義は「矢じり」。『説文』「㫃部」には「族、矢の鋒《さき》なり。これを束ぬること族族《ぞくぞく》たるなり。㫃に従い、矢に従う」とあります。甲骨文では「」（京津4387）、左上が「㫃」、すなわち旗のひるがえっているさまを表す字で、旗そのものを示し、下が「矢」の字です。この字は、矢を持った兵隊が旗の下に集まっているところを表わし、そこから、軍隊で重要な武器であった弓矢の矢じり部分を表わす字となったわけです（図2-30、31参照）。

『説文』にある「これを束ぬること族族」というのは意味を音から解釈したもので、段玉裁『説文解字注』に「族族とは兵が集まること」とあるよう、人がつぎつぎと集まってくる様子の表現です。古代、軍兵の持ち歩く矢は、本数が一律に決まっており、それぞれに預けられるその一束を、「束矢《そくし》」と称していました。『周礼』「秋官・大司寇」には「束矢を朝に入れ、然る後にこれを聴く」とあります。これは大切な武器である矢を差し出すことで、偽りをなさない誓約の証しとしたもの。『詩経』「魯頌・泮水」「角弓《かくきゅう》それ觩《きゅう》たり、束矢それ捜《しゅう》たり」の毛亨注に「五十矢を〝束〟となす」とありますが、実際に戦国時代の曽侯乙墓でも、矢はある分量ずつ、だいたい五十本で一まとめになっていたそうです。甲骨文字の「族」には「」（京津2101）という字形もあります。旗の下にある二本の矢、

図2-30　商代銅鏃

図2-31　曽侯乙墓銅鏃

これもその「束矢」を表わすものと思われます。

段玉裁『説文解字注』、「族」の下注に「今用いられる〝鏃〟の古字が〝族〟である」とあるように、矢じりを表わす字としては、後「鏃《ぞく》」という字が用いられるようになりました。「族」に金偏をつけたもので、音は「族」と同じです。

弓矢は人類がもっとも早くに手にした道具の一つで、最初のころの矢じりは木か竹でした。旧石器時代の峙峪遺跡からはすでに燧石で作られた矢じり「石鏃」が出土し、新石器時代・仰韶文化の遺跡からは「骨鏃」が青銅製の矢じりは夏王朝の時代の二里頭文化の遺跡あたりから現れてきます。

矢じりの各部にはそれぞれ名称があります。先端の尖った部分が「前鋒《ぜんほう》」、左右に広がった部分が「翼《よく》」、翼の縁の鋭利な部分を「刃《じん》」、翼の間にある盛り上がった中心部を「背《はい》」、翼の後部に垂れ下がり逆刺《さかとげ》のようになったところを「後鋒《こうほう》」、後鋒の切込みが背と合わさるところを「本《ほん》」、矢じりを矢がらにさしこむ茎《なかご》の部分が「鋌《てい》（やごみ）」、背と鋌の境目を「関」と言います。

矛盾

「矛《ぼう》（ほこ）」は敵を刺し殺すために使われる武器。『周礼』にも、これを称して「刺兵《しへい》」とする、とあります。金石文の「」（戜簋）はその頭部の象形文字です。

古文字学者・于省吾は『駢続《べんぞく》』の中でこの金石文字を「上は矛の先端部分、中間はその身にあたる部分で、下部は〝銎《きょう》〟と呼ばれる、柄にはめこむ部分である。銎の一方には耳のような突起が付いており、穴があけられている。おそらく矛先が棒からはずれないよう、ここに縄を通して柄に巻きつけたのだろう。両則に耳のあるものもある」と解説しています（図2-32、33　参照）。

　古代の矛は刃の部分と「骹《こう》」の部分が分かれていました。「骹」は「銎」すなわち、矛先を棒に装着する部分のことです。骹には半環形の鈕《ちゅう》がついています。背の高いものもあれば低いものもあり、片側だけのものもあれば両側についているものもありますが、この部分に縄を通し、柄に巻きつけることで矛先と柄の結合を強固にしていたのです。矛の刃は多く、幅の広い木の葉型をしており、両側は翼のように広がっています。春秋晩期以降の矛先には「血槽《けっそう》」[*1]が彫られています。その柄は一般に木の棒を籐巻きにしたものでしたが、細く割いた竹や、糸で巻いて漆で塗り固めているものもあります。

「盾《じゅん》（たて）」は防具です。湖北省随県の曽侯乙墓からは四十九件の盾が出土しています。ここから出た盾はだいたい同じ形状をしており、上部は丸い団扇型、間にくびれがあって、中央部は下部のすこしすぼまった四角形で、段差があってその下はやや広まった四角形となっています（図2-34　参照）。長沙五里牌にある戦国時代の墓から出た盾や、西漢時代の臨淄斉王墓から出た盾も、基本的な形状は同じです。曽侯乙墓の盾の柄[*2]は木で、背面中央に下端まで一直線に通り、中央

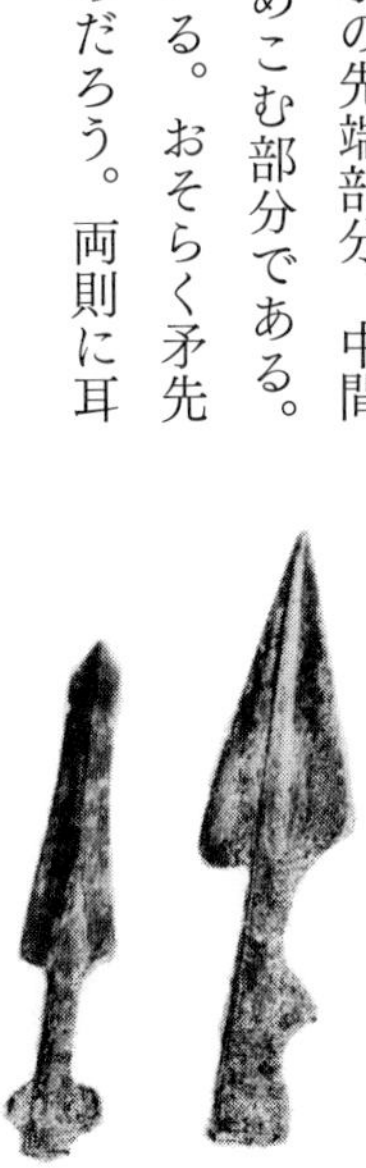

図2-32　商代銅矛

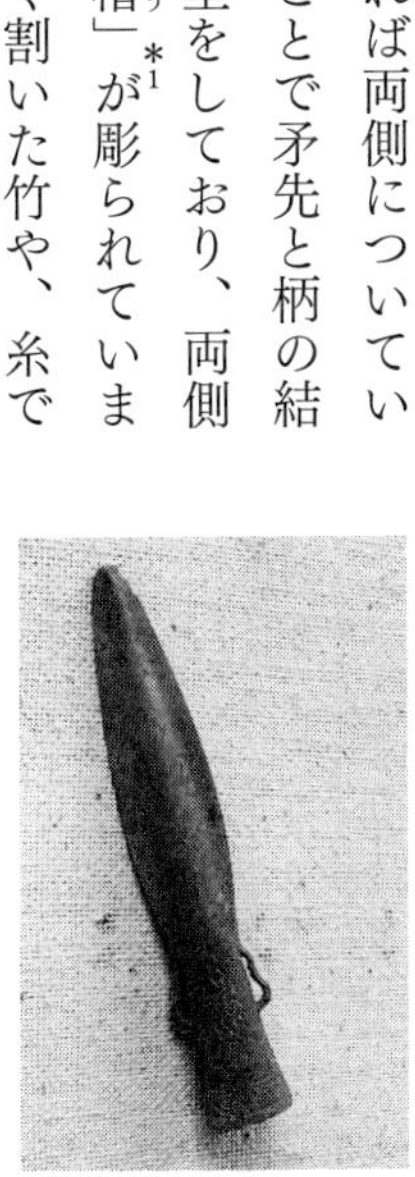

図2-33　戦国銅矛

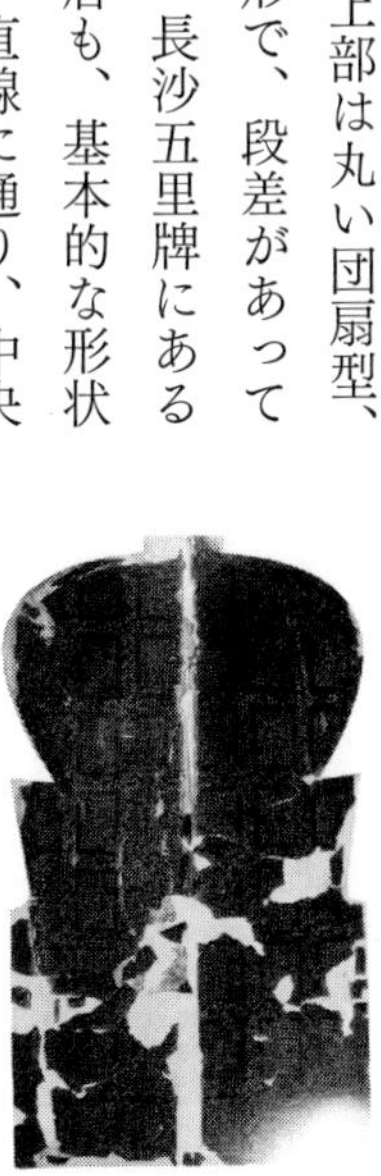

図2-34　曽侯乙墓漆盾

部はアーチ型に盛り上がった握りになっていました。『釈名』「釈兵」に「盾、遯《に》げるなり。其の後に跪《ひざまず》き、刃を避け以って隠遯《いんとん》す」とありますが、金石文では盾が「〓」(師史㲃)と書かれることがあります。これは上部が人、下の部分は盾で、すなわち『釈名』の言うように「人が盾の後ろに隠れている」ところを表わしているわけです。現在の「盾」という字は、おそらくこの字体に起源するものと思われます。漢代以前、盾には基本的に、革で作られたものと木で作られたものの二種類しかありませんでした。『釈名』「釈兵」にも「犀皮《さいひ》を以ってこれを作るを〝犀盾《さいじゅん》〟と曰い、木を以ってこれを作るを〝木盾《ぼくじゅん》〟と曰う、皆な用うる所に因みて名となすなり」とあります(図2-35、36 参照)。

古代の盾は矢を防ぐほか、矛の攻撃を防ぐのが、主要な役割でした。ここから生まれてきたのが「矛盾《むじゅん》」という言葉です。『韓非子』「難一」に曰く「楚の人に楯と矛とを鬻《ひさ》ぐ者あり。これを誉めて曰く、吾が楯の堅きこと、能く陥《とお》すもの莫《な》しと。またその矛を誉めて曰く、吾が矛の利《するど》きこと、物において陥さざる無しと。或るひと曰く、子の矛を以て、子の楯を陥さば何如《いかん》と。其の人、応《こた》うること能わざりき。それ陥すべからざるの楯と、陥らざるなきの矛とは、世を同じうして立つべからず。今堯舜《ぎょうしゅん》のふたつながら誉むべからざるは、矛楯の説なり」。

＊1　血槽《けっそう》…西洋のナイフなどではフラー(Fuller)、日本刀では「樋《ひ》」と言う。刀身に彫られた溝で、肉に刺したとき抜けやすくする工夫。

＊2　盾の柄…中国の盾は背面にT字型の柄がついており、そこを握って戦う。

図2-35　戦国漆盾

図2-36　西晋持盾武士俑

張弛

古代の弓の両端には、動物の角や骨、あるいは銅製の「弭《び》（ゆはず）」という部品が付いていました。弭には弦をかける溝があり、弓を使う時にはここに弦をひきとき結びのようにして掛け、使わない時には弓の弾力を保つため弦をはずしておきます。『礼記』「雑記」の鄭玄注には「弓弩《きゅうど》、久しくこれを張れば則ちその力絶え、久しくこれを弛《ゆる》むれば則ちその体を失う」とあります。弓というものは、弦をかけたままにしておくと弾力を失って威力がなくなるし、弦を張らないでいると変形してしまう——すなわち弓は、使う時に弦をかけ、使わない時には弦をはずしておく道具とされていたのです。明・方以智[*1]の『東西均』「張弛」にも「弓のこれ弓たるや、これを張らんと欲するに非ずや。然るに必ずこれを弛めてその力を養えば、すなわちこれを張るによくその用を尽くさん」とあります。「張《ちょう》」という字は、もともと弓を使うときに弦をかけることを意味し、「弛《し》」はその逆、弓を使わない時に弦をはずしておくことだったのです。

『説文』「弓部」には「張、弓弦《きゅうげん》を施《ほどこ》すなり。弓に従い、長の声」とあります。「弓弦を施す」というのは弓に弦をかけること、ゆえにその字形には義符として「弓」が付けられ、「長」は字音を表わす声符ですが、「のばす／はる」という意味も表わしています。『詩経』「小雅・吉日」に「既に我が弓を張り、既に我が矢を挟《たばさ》みて」とあります（図2-37参照）。また『老子』七十七章に「天道はそれ猶お弓を張《は》るがごときか、高き者はこれを抑え、下《ひく》き者はこれを挙ぐ」とあります。ここには弦のかけかたが説明されています。すなわち、弓の上端にかけるときは弦を下に引っ張ってゆるまないようにし、下にかけるときには弦を上に引っぱりあげる、ということです。作られたばかりの弓に弦をかけることも「弓を張る」と言い、『韓非子』「外儲説左上」には「それ工人の弓を張るや、檠《けい》に伏すこと三旬《さんじゅん》にして蹈弦《とうげん》す」とあります。「檠《けい》」は「ゆだめ」、すなわち細板をたわめて弓の形を作り出すための道具です。あたらしく作った弓に弦をかけるのは、弓を三旬すなわち三十日ゆだめにかけ、じっくり矯正してから、ということです。

　また『礼記』「檀弓上」に「琴瑟《きんしつ》張りて平ならず[*2]」とあるよう、楽器に弦をかけることも「張る」と言いました。「弛」を『説文』「弓部」は「弛、弓を解くなり。弓に従い、也の声」とし、徐鍇は注で、これを「弦を去る（はずす）なり」としています。「張弓」「弛弓」という語は、そのままでそれぞれ「弦を張った弓」「弦をはずした弓」を表わす名詞としても使われています。たとえば『儀礼』の「郷射礼」に「遂に命じて勝つ者に張弓《ちょうきゅう》を執《と》らしめ、勝たざる者に弛弓《しきゅう》を執らしむ」とあるなどがそれで、鄭玄の注にも「〝張弓を執らしむ〟とは、これの用う能うことを言うなり」「〝弛弓を執らしむ〟とは、これの用う能わざるを言うなり」とあります。

　甲骨文・金石文ともに「弓」という字には、弦を張ってあるものと、弦をはず

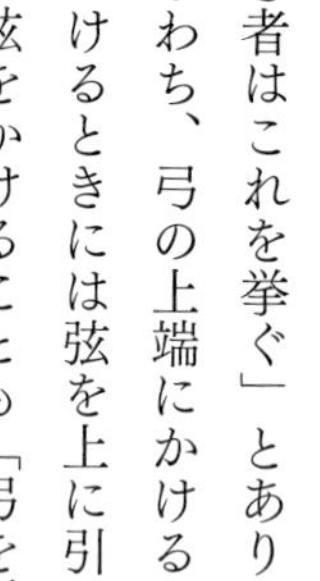

図2-37　蹶張画像石

してあるもの二種類の字体が存在しています。たとえば甲骨文の「　」（前5・7・2）と金石文の「　」（弓父庚卣）はいずれも前者の、甲骨文の「　」（後下13・15）や金石文の「　」（遣曹鼎）は後者の象形文字であるわけです。

古代の人々は「弓を張る」「弓を弛める」という行為を、喩えとしてよく使っています。『礼記』「雑記」の「張りて弛めざれば、文武も能《あた》わず。弛めて張らざるは、文武も為さざるなり。一張一弛《いっちょういっし》、文武の道なり」*3などがそれです（図2-38参照）。

*1　方以智《ほういち》…（一六一一〜一六七一年）明末・清初の思想家。従来の国学では足らずとして宣教師からも西洋の知識を取り入れ、独自の思想をなした。その著作の大半は散逸したが、思想から医薬・物理学に渉る広範なものが多い。

*2　「琴瑟張りて平ならず」…「琴」も「瑟《おおごと》」も弦が張ってあるが、調律が合ってないので音が和さない。

*3　「張りて弛めざれば…」…「一張一弛」の語源として知られる。ここに言う「文武」は周の文王と武王、民心に対する政治的なバランスのありかたを説いたもの。

甲

「甲《こう》」は、植物が芽吹く時の種の様子を表わす文字でした。『説文』「甲部」には「甲、東方の孟《はじ》めなり、陽気萌動《ようきほうどう》す。木の孚甲《ふこう》を戴《いただ》くの象に従う」とあり、『釈

図2-38　秦陵跪射俑

名』「釈天」にも「甲、孚甲なり。万物孚甲を解きて生ずるなり」とあります。「東方の孟め」は春のこと、「孚甲《ふこう》」というのは、植物の種の外皮のことです。『周易』「解」卦辞の象伝に「雷雨作《おこ》って百果草木皆な甲坼《こうたく》す」とあり、孔穎達《くえいたつ》は「雷雨すでに作《おこ》れば、百花草木、皆みな孚甲開坼《ふこうこうたく》して、解け散じざるものは莫きなり」としています。「甲坼」「開坼」ともに「裂けて開く」と言った意味です。

「甲」は甲骨文で「十」、種の外皮に開いた裂け目を表わしたものです。戦国時代後期の「詛楚文」*1では「〓」、同じく戦国時代の秦国の虎符*2には「〓」とあります。上の丸い部分が「孚甲」で、まさしく草木が地下から芽を出したところを象ったものです。「芽吹く」というと、上方向へだけ伸びるもののように思ってしまいますが、ご存知のように、植物の種子というものは土の中にあって芽吹く時、まず下方向へと根を伸ばし、然る後その頭部に種子の殻をのせたまま、地面の中から現れてきます。地面から顔を出してしばらくは、その種子の殻を戴いたまま成長し、葉が開いてようやく、それがぬけ落ちます。先に示した二字はそうした、植物の成長の一段階を、見事にとらえたものなのです。

古代の戦争で軍人は特製の防護服を着ていました。これははじめ皮革で作られ、のちに金属で作られるようになりました。出土品から見るに、この種の防護服の多くは上着だけの、今でいうエプロンのようなものか、その両肩に防護部分を追加しただけのものでした（図2-39、40参照）。「甲」がこうした防護用の衣服を表わすようになったのは、この種の服を着ている様子が、植物の萌芽して

図2-39　秦陵石質甲

図2-40　秦陵著甲彩絵俑

まだその種子の殻を戴いているところと似ていたからでありましょう。『釈名』「釈兵」にも「甲、似たる物に孚甲あり、以って自ら禦《ふせ》ぐなり」とあります。甲に似たものは種の外皮、どちらも自分を守るもの、ということです。

＊1　詛楚文《そそぶん》…北宋時代に発見された石塊に刻まれていたとされる石刻文字。内容が統一前の秦国にとって最大のライバルだった楚国を呪詛したものなため「詛楚文」と呼ばれる。原本は残っておらず、拓本の形で伝わる。石鼓文と並んで、秦による統一前の文字形を伝える貴重な資料だが、その成立年代や真贋については完全に解明されてはいない。

＊2　虎符《こふ》…虎の形をした割符、軍を動かす時に指揮官に渡される。

〈訳注〉この項目では触れられていないが、「甲」は十干の一つとして、方位や時間を表わす字としても使われている。前半部分の引用文は軍器である「甲」ではなく、そちらの「甲」に言及したものが多い。

冑

「冑《ちゅう》（かぶと）」は、古代の軍人が戦争の時にかぶったヘルメットです。春秋戦国以前にはただ「冑」とのみ言っていましたが、秦漢以降は「兜鍪《とうぼう》」とも呼ぶようになりました。ゆえに『説文』「冃部」に「冑、兜鍪なり」とあるのは、秦漢以降の解釈によります。冑ははじめ皮革で作られていました。『説文』の引く『司馬法[*1]』で字形が「韋」となっているのはそのため、字の下半分になっている「革」というのは、表面の毛をとりさった獣皮を指します。殷の時代にはすでに銅製の冑が存在していました。「冑」の字は金石文では「」（孟鼎2）「」（戜簋）、字の最上部がその頭に戴いた冑の形です。古代の冑はその頭頂部中央に、武威を誇示するための紐飾りが付けられていました。字上部中央に見えるでっぱりはその飾りを表わしたものです（図2-41参照）。このころの冑は、頭頂部のみを保護する程度のものでしたので、ふつうはこれに顔面を護るためのマスクをつけて使用していました。字の中間部分は、そのマスクを表現したもの。こうした冑をかぶってしまうと、外から見えるのは、目だけということになります。よって字の下部には、一つの目玉が書かれているのです。古代の冑はただ頭にかぶせているだけのものでした、このことは以下の記事から知ることが出来ます。

　葉公《しょうこう》また至る。北門に及ぶに、あるひとこれに遇いて曰く、君胡《なん》ぞ冑きざる。國人君を望むこと、慈父母を望むが如し、盗賊の矢もし君に傷《あた》らば、是れ民の望み絶うるなり、それ何ぞ冑きざる、と。すなわち冑きて進むに、又一人に遇う。曰く、君胡ぞ冑きたる。國人君を望むこと歳《さい》を望むが如し、日日以て幾《こいねが》う、もし君の面を見れば、これ艾《やす》きを得ん。民死なざることを知りては、それまたそれぞれに奮心《ふんしん》有りて、なお将《まさ》に君を旌《あらわ》し以って國に徇《とな》えんとす。しかるにまた面を掩《おお》いて以って民の望みを絶つとは、また甚《はなは》だしからずやと。すなわち免冑《めんちゅう》して進む（『左伝』「哀公十六年」）。

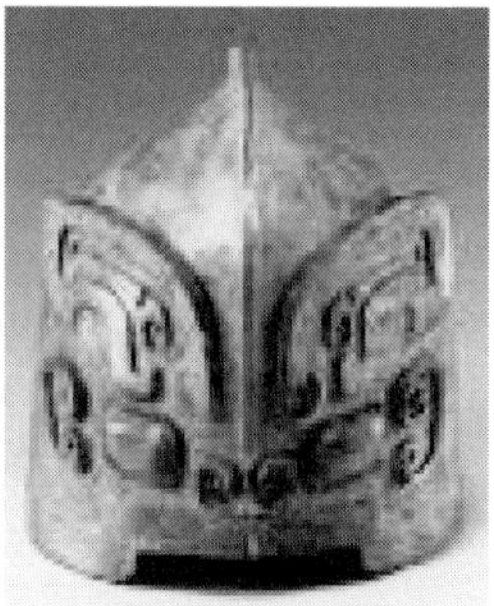

図2-41　商代銅冑

「歳」は一年の収穫。「君を旌し以て國に徇えんとす」というのは「あなたを旗印に国に一身を捧げようと思う」という意味です。この一段は春秋時代に楚国の大夫、白公勝《しょう》が軍勢を率いて呉国の軍勢を打ち負かした後、都へもどってそのまま反乱を起こしたのを、民心を掌握した葉公子高が平定したという事件の記述です。このとき葉公がかぶっていた「冑」というのは、図2-42や図2-43に見えるようなものだったはずです。冑をつけると顔が見えなくなるわけですが、古代には冑をかぶっていても、もし年長者や目上の者に遇った場合は、これを脱がなければなりませんでした。先の『左伝』にもあるよう、この行為を「免冑《めんちゅう》」と言います。『国語』「周語中」で、秦の軍勢が周の都の北門を通り過ぎるとき「左右みな免冑して下拝」したとあり、韋昭は注に「免は脱ぐこと、冑を脱いで天子を敬ったのである」と言っています。また『左伝』「成公十六年」にも「郤至《げきし》三たび楚子の卒に遇う。楚子を見れば必ず下り、免冑して趨風《すうふう》す」とあります。郤至は晋の将軍、楚子は楚の共王です。この鄢陵《えんりょう》の戦いの逸話も、「免冑」という行為が目上の者に対する尊敬の念を表わす行為だったことを示す一例でありましょう。

「冑簋」の銘では、「冑」が「」となっています。これは先の金石文字からマスクの部分を省略したものですが、現在の「冑」の字は、この字形のヘルメットの部分が「由」、眼の部分が「月」となって出来たものと考えられます。

図2-42　西周銅盔

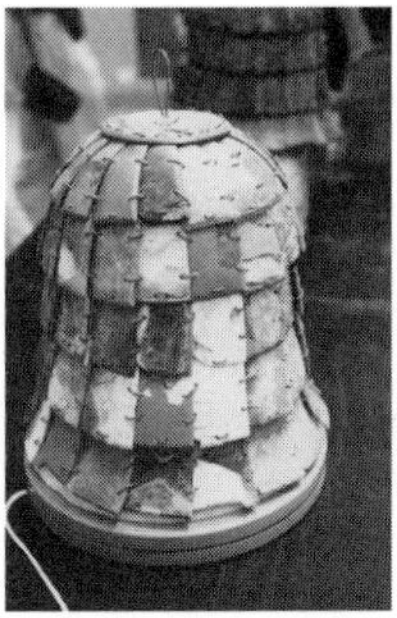

図2-43　秦陵石質冑

＊1　『司馬法《しばほう》』…兵法書、武経七書の一。伝・司馬穰苴著。司馬穰苴は斉国の人、戦国時代末期に編纂されたものとされる。

畢

「畢《ひつ》」という字はもともと鳥獣を捕獲するための狩猟道具を意味していました。現在、子供たちが蝶やトンボのようなものを捕まえるために使う捕虫網のようなものです。金石文では「」（永盂）、上は「田」の字で、これはこの道具が狩猟用のものであることを表わしています。「田」の原義は狩りをすること、明代の字書である『字彙』＊1「田部」には「田、猟なり」とあり、『周易』「恒」「田して禽なし」の孔穎達注にも「田は田猟《でんりょう》なり」とあります。字の下部分「」が、その狩猟道具を象ったものです。上部が網、下はその柄を表わしています。図2-44、上段中央の人が持っている道具が、おそらくこれにあたるものと考えられます。

＊1　『字彙《じい》』…明・梅膺祚の編んだ字書。画数順に部首をならべる現在の漢字字典で基本的なやり方は、この書からはじまったもの。梅膺祚は万暦年間の人。

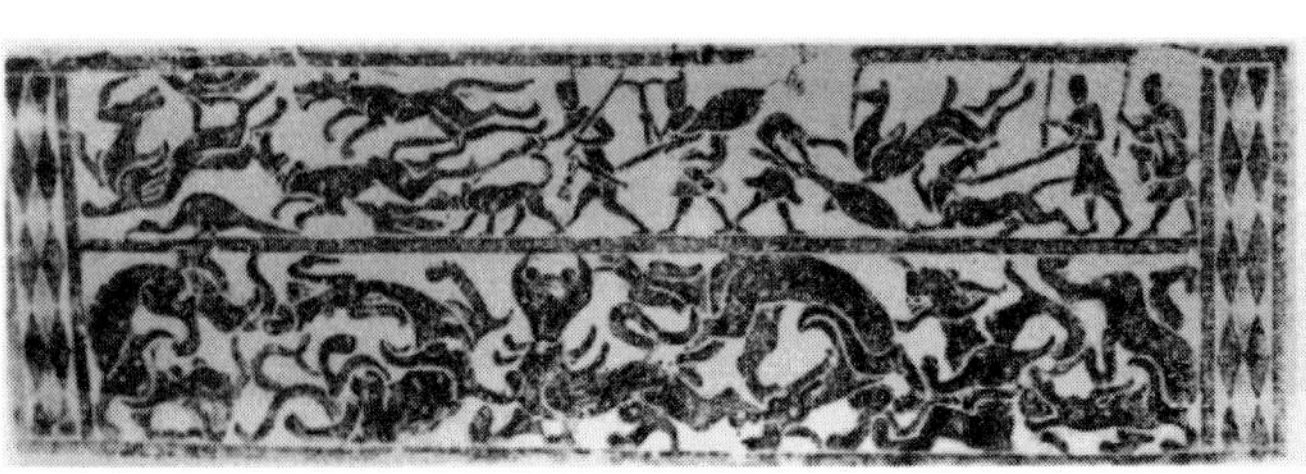

図2-44　東漢狩猟画像石

焚

「焚《ふん》」は「林」と「火」の組み合わせで、原義は森林に火をつけることです。では何のために森林を燃やすのかというと、これは古代の狩猟方法の一つに由来しています。「焚」は『説文』「火部」に「焚、焼田《しょうでん》なり。字は火に従い、林を焼くの意なり」[*1]と解説されています。ここに言う「焼田」という語の「田」は、農地ではなく、狩猟をすること、すなわち「畋《でん》(かり)」の古体です。『周易』「恒」「田して禽なし」の孔穎達注に「田とは田猟なり」とあり、明代の『字彙』の「田部」にも「田、猟なり」とあります。『説文』の「焼田」に対し、清朝の考証学者・王筠は「宿草《しゅくそう》を焼き、以って田猟するなり」としています。すなわち「焚」という字はもともと、森林に火をつけて行う形式の狩猟を意味していたわけです。山林や草原に火を放ち、逃げてくる野獣を追い回し、包囲して捕獲することは、原始時代から重要な狩猟方法の一つでした。そのため「焚」の字は甲骨文字中にすでにあり、甲骨文の文中にも、そうした焼き狩りの記載が数多く出てきます。たとえば『甲骨文合集』一〇一九八片の「翌戊午、焚、禽(擒)」、これはおそらく、「明日焼き狩りを行うのですが、禽獣を多く捕らえることができましょうか?」と神に伺いをたてたものと思われます。『周礼』「夏官・大司馬」の項にある「遂に蒐田《しゅうでん》するを以って、司表貉《しひょうかく》あり、民に誓い、鼓し、遂に圍禁《いきん》し、火弊《かへい》して、禽を献じて以て祭社《さいしゃ》をなす」は中春に行われる儀式的な焼き狩りについて述べたもの、『管子』「揆度」の「山林を焼き、増薮《ぞうそう》を破り、沛沢《はいたく》を焚いて、禽獣を逐《お》う」なども焼き狩りについて述べています。先の『周礼』にもあるように、文献によるとかつては、焼き狩りは、春と秋そして年末の三度行われることになっていました。少数民族、たとえばオロチョン族（北方のツングース系民族）などでも、解放前には焼き狩りが行われていたそうです。しかし、山林に火をつけて獣を追うこの種の狩猟では、時として火の勢いが強くなって収拾がつけられなくなり、人身家財に危険がおよぶことがありました。『韓非子』の「内儲説上」にも、そうした模様が記載されています。すなわち、魯国《ろこく》で焼き狩りを行っていたところ、忽然と北の風が吹き、火はたちまち南へと燃え広がって、魯の都に迫りました。魯の哀公はこれを大いに危惧し、みずから宮殿の使用人や警備の将を率いて消火にあたろうとしましたが、そのほかの貴族たちはみな、火から逃げ惑う野獣を狩るのにかまけ、誰も消火の役を引き受けようとしません。哀公はなすすべもなくなって、孔子に教えを請います。孔子が言うには「火の勢いがはなはだ強いので、多くの人の助けが必要である。しかし、消火のため褒美を与えるには、国の財源が足りない。従ってここは消火にあたらせるため、懲罰をもってするのがよろしかろう」。哀公はこれに同意し、孔子はすぐさまこう命を下しました。「消火にあたらなかった者は、敵前からの逃亡罪に処し、野獣を追って捕まえようとする者は、王室の狩場への不法侵入罪に処すものとする」。この禁令が出るや否や、大

図2-45　李家山騎士猟鹿扣飾

火はたちまちに消し止められたということです（図2-45　参照）。

＊1　「…林を焼くの意なり」…原注「玄応『一切経音義』の引くところにより改む」とある、現行の『説文』にはなく、大徐・段注本ともに「火林に従う」とのみなっている。

干　単

「干《かん》」と「単《たん》」はもともと同じ一つの字でした。甲骨文では「」（鄴三下・39・11）、上が二股に分かれた木の棒で、野獣を捕獲するための道具です。この種の道具は主として落し穴による狩猟で使われました。すなわち、獣が落し穴に落ちたところを、こうした道具によって殺すわけです。「干」の金石文は「」（毛公鼎）。形状的には先の甲骨文の横棒が、点に変わっただけです。これが隷書体になって、上部の二股部分が書きやすいようまっすぐな横棒に変わり、現在の「干」という字になったわけです。のち、『説文』「干部」に「干、犯すなり」とあるよう、「侵犯する」「忌諱に触れる」といった意味でも使われるようになりました。

甲骨文の「干」は、時に「」（乙3787）と書かれることがあります。これが「単」の字の原形です。「単」は旧字体では「單」、「單」で口になっているところ、甲骨文字で二股になった枝先についている円は、威力を増すため「干」にくくりつけられた石を表わしています。

今「単」は、単独とか奇数などの意味にしか使われませんが、古い「狩」や「戦」の字体に「單」の形が含まれているのは何故なのかは、この「單」の原義からうかがい知ることができましょう。

禽 擒

甲骨文で「禽《きん》」は「」(後下1・4)、鳥や獣を捕まえるための狩猟道具を象っています。下部が柄、上部が網で、ちょうど今の子供たちが蝶やトンボを捕まえるのに使う、捕虫網のようなものです。甲骨文で書かれた文章の中で、この文字は「捕獲する」と言った意味で使われています。金石文ではこれに「」が加えられ、「」(禽簋)という形になりました。この「」は「今」の字で、読みを表わす声符です。古代の文字というものは数が少なかったので、一つの字が名詞としても動詞としても使われる、すなわち動作そのものと動作の対象が同じ文字で表現されることがよくありました。この「禽」の字も、もともとの「捕獲する」という意味としても、またその対象である鳥獣そのものとしても使われていたのです。今の「禽」という字形は小篆体をもとにしています。ここで下部の「十」が「禸《じゅう》」に変わりました。何故「十」が「禸」に変わったのかと言うと、それはこの「禸」というのが、禽獣の類を指す共通の符号だったからに他なりません。

猛獣を表わしていた「离」、虫の名だった「萬」や「禹」など、みな下部に「禸」が用いられていたのです。下部が「禸」となることによって、動詞から名詞としての「鳥獣」を表わす字となったのです。その後、字の横に動作を表わす手偏を加えることによって「擒《きん》（とらえる、とりこにする）」の字が作り出され、もとの「禽」が担っていた動詞としての意味を引き受けるようになったのです。

取　聝（馘）

「取《しゅ》」の原義は「捕獲する」こと。『説文』「又部」には「取、捕取するなり。又に従い、耳に従う」とあります。『詩経』「豳風・七月」に「彼の狐狸《こり》を取って、公子の裘《かわごろも》を為《つく》る」とある「取」も、捕獲の意味で使われています。「取」は「耳」と「又」との組み合わせで、甲骨文では「」（珠152）、「又」の部分は手、すなわち手で耳を持っているところを表わしています。「手で耳を持つ」のが「取る」となった背景には、古代の狩猟と戦争における習俗が関係しています。古代、狩猟あるいは戦争において、獣あるいは敵を捕獲もしくは殺した場合には、その左耳を切り取って専用の袋に入れ、狩猟あるいは戦闘の終わった後に、その耳の数によって功賞を定める、といったことが行われていました。すなわち、耳の数の多い者は功績大、耳の数の少ない者は功績少なしとされたので、耳というものは、狩猟の成果や戦闘における勝利の証として、欠くべからざる指標の一つであったわけです。『周礼』「夏官・大司馬」の「大獣はこれを公《おおやけ》にし、小獣はこれを私《わたくし》にす、獲る者は左耳を取る」は、狩猟時に野獣の左耳を切り取ることを、『左伝』「昭公二十六年」の「林雍《りんよう》、顔鳴《がんめい》が右《う》たることを羞《は》じて下り、苑何忌《えんかき》その耳を取る」は、戦争の中で敵の左耳を切り取ったことを書いています。

切り取られた耳は「聝《かく》」と呼ばれました。『説文』「耳部」にも「聝、軍戦して耳を断つなり」とあります。「耳」は義符、「或」は声符です。「聝」という名は「獲得」の「獲」から来たもので、戦利品を意味します。

「聝」は「馘」とも書かれ、『説文』にも異体字として列記されています。『詩経』「魯頌・泮水」に「泮にありて馘《かく》を献《たてまつ》り」とあり、鄭玄はこれを「格闘して倒した者の左耳」と解いています。また『左伝』「僖公二十八年」には「俘を献じ馘を授《じゅ》し」とあり、杜預は注で「授」を「数えること」としています。すなわち切り取った耳を数えたということです。『左伝』「宣公二年」には「大棘《たいきょく》に戦う、宋の師敗績《はいせき》す。華元《かげん》を囚え、樂呂を獲《え》、及び甲車四百六十乘、俘二百五十人、馘百人」とあります。末尾に列記されているのは、戦争終結後の戦利品の統計ですが、この中にも「馘百人」と、切り取った耳の数が項目の一つとして挙げられています（図2-46　参照）。

図2-46　漢田猟画像

臧

「臧《ぞう》」とはもともと、戦争中に捕らえられ、奴隷とされた人間のことでした。甲骨文は「」(菁8・1)、左がわは「臣」の字で「臣」の原義は戦争捕虜でした。『礼記』「少儀」「臣は則ちこれを左にす」の鄭玄注に「臣とは囚俘《しゅうふ》を謂う」、孔穎達の注に「臣は、征伐して獲《え》たる所の民にして、虜《とりこ》なる者を謂う」とあります。字の右がわの「戈」は、古代における主要な兵器の一つです。すなわち「臧」とは、「戈」と「臣」が向き合っているところ、現在の戦争で勝利者が捕虜に銃を突きつけているのと似たような光景を表わしたものなのです。

『漢書』「司馬遷伝」に「且つそれ臧獲婢妾《ぞうかくひしょう》すらなお能く引決す」とあり、顔師古は注に晋灼『漢書集注』の説を引いて、「臧獲とは、敗敵の虜獲を被むりたるを奴隷となす者なり」としています。『楚辞』「哀時命」にも「管《かん》・晏《あん》を釈《す》てて臧獲を任ず、何ぞ権衡《けんこう》をこれ能く称《はか》らん」[*1]という一節がありますが、王逸[*2]は注で「臧とは、人の賤《いや》しく繋れたる所となすなり、獲とは、人の係《とらわ》れたるを得る所となすなり」、すなわち「臧」は捕われて賤しい身分に落とされること、「獲」はそうした人を奴隷として得ること、合せて捕虜奴隷であるとしています。

臣と戈の組み合わせだったこの字に、金石文になって、字音を表わす声符の「爿」が付けられ、今の字体となりました。後に「臧」は良いこと好ましいことの意味で使われるようになりましたが、これについて言語学者の楊樹達は『積微居小学述林』「釈臧」の中で、「戦さで敗れ捕虜となった奴隷は（打ちひしがれているので）、わがままを言ったり反抗したりしないものである。ここから〝善い〟という意味になったのである」と述べています。

＊1　「管・晏を釈てて臧獲に任ず…」…管仲・晏嬰のような賢人を捨てて、奴隷のような賤しい者を用いる。そんな者にどうして人の能力の良し悪など分かろうか。管仲・晏嬰ともに斉の名宰相。

＊2　王逸《おういつ》…後漢の人、『楚詞章句』を著す。

獣　狩

「獣《じゅう》」は旧字体で「獸」、甲骨文では「」（拾6・3）となっています。文字の左がわは狩猟道具、右は「犬」を表わしています。人類が狩りに犬を用いるようになった歴史は古く、殷代にはすでに、狩猟にかかわる役人を「犬」と称していました。文字の左がわが狩猟道具というのは、この犬が狩猟用の猟犬であることを示しています。古代では名詞や動詞の区分が曖昧で、往々にして動作とその動作の対象となるものが同じ字で表現されることがあります。この「獣」の字も、狩りをするものという意味と同時に、その狩りの対象である「けもの」をも指すようになったのです。「獣」が、野生動物をあらわす字となった理由はおおよそそのようなものですが、字の左側、狩猟道具の下に「口」が付けられるようになったのは、比較的後になってからのことのようです。現に両漢代の馬王堆遺跡から出土した「帛書」には、「口」の付いているものとないもの両方の字体が見られます。三国魏の頃の「三体石経」で「獣」は「獸」と書かれ、左下は「口」ではなく「内《じゅう》（ぐうのあし）」になっています。「禽」や「禹」「萬」などにあるよう、「内」は禽獣の類を表わす文字要素です。「獣」の左下の「口」も人の口ではなく、「内」と同じく、動物を表わすためにつけられた文字要素であろうと考えられます。このことは『説文』「内部」に「内、獣足の地を蹂《ふ》むなり、象形」とあり、また「獣」の字の下注に「耳を象る、頭足の地を内《ふ》むの形」とあることからも証明できましょう。

古文献において「獣」は、つねに「禽」と対で使われています。『爾雅』「釈鳥」に「二足にして羽あるを禽と謂い、四足にして毛あるを獣と謂う」とあるとおり、「禽獣」と言った時の「禽」は二本足で羽根があり飛ぶことのできるもの、「獣」は四つ足で毛の生えている類を指しますが、単独で使用される時の「禽」は動物全般を指す語です。『説文』「内部」に「禽、走獣《そうじゅう》の総名」とあり、『白虎通』「田猟」でも「禽とは何ぞ。鳥獣の総名なり」とされています。しかしながら「獣」の字は単独でも四つ足の動物しか意味しません。飛ぶ鳥は含みません。これはおそらく「禽」と「獣」の字形の中に含まれてところの「狩猟道具」に関係あるものと思われます。「禽」はもともと「擒(とらえる)」という動詞的な意味で使われていた字で、字形は長い柄に網をつけた狩猟道具を象っています。この種の道具は飛ぶ鳥を捕まえるのにも、四つ足のけものを捕まえるのにも使われましたので、「禽」はそれら獲物となる動物全般を指すようになりました。他方、「獣」に含まれている狩猟道具は、四つ足の動物にだけ用いられるものであったので、「獣」の字も四つ足の動物しか表わさないようになったのではないでしょうか。

では「獣」の左がわにある狩猟道具とは如何なるものだったのかというと、おそらくは落し穴と組み合わせて使われるような、あらかじめ設置しておくタイプの捕獲器具だったのではないかと思われます。落し穴猟では、まず先にそうした仕掛けをしておいてから、猟犬を放ち、狂奔する野獣を追い込んでこれを捕獲します。宋兆麟《そうちょうりん》『中国原始社会史』に「クッォン人(中国西南の少数民族)は、熊を狩るのに竹槍を用いる。熊の通る道筋にシーソー型の仕掛けを置き、熊が仕掛けに触れて板が倒れ、慌てて逃げようとするところを竹槍で刺し殺す」とありますが、おそらくはこうした仕掛けだったのではないでしょうか。

『説文』「嘼部」の「獣、守備なり、嘼《きゅう》に従い、犬に従う」は今も正確には解釈されていません。たとえば徐鍇は「獣は山を守る」と言い、段玉裁も「よく守りよく備えること虎豹の山にあるがごとし」としていますが、みな間違いで、許慎が「守備」と言っているのは、字音からの解釈、すなわち「獣」を「守」で解した声訓です。清・桂馥《けいふく》の『説文解字義証』にも「獣と守の声は相近い。南宋時代の『異苑』に〝張茂かつて夢に大象をみ、以って万推に問う、万推曰く、まさに大郡の守たるべし。〟という話がある。象は大きな獣であるから、その音をとって、大象＝大獣＝大守としたのである。つまり獣とは守であるわけだ」という説がありますが、「獣」の音が「守」からとられたのは、この猟法が「守備」を主眼としたものであったところからきているものです。「守」は見守ること、『韓非子』の「五蠹篇《ごとへん》」に「事異なればすなわち備え変ず」とあるよう、「備」とは、事態を予測して行う用意のことです。実際「守」を使った「狩」の字は、「獣」から出来た文字とされています。朱芳圃《しゆほうほ》の『殷周文字釈叢』は「〝獣〟は〝狩〟の原字」とし、商承祚の『殷墟文字類編』でも「〝獣〟と〝狩〟は同じ一字である」としており、楊樹達の『積微居小学述林』「釈獣」には、これらよりいくぶん詳しく書かれています。『説文』「犬部」には「狩、犬田《けんでん》するなり」（大徐本）とあります。「犬田」というのは犬を用いた狩猟のこと。これは「狩」「獣」二字に共通した意味です。「狩」の字は「犬」を部首としています（犬が「犭」と書かれるようになったのは、隷書体以降）。これはこの猟が、犬の参与するものであったためです。旁の「守」は字音を表わす声符ですが、同時に意味をも兼ね含んでいます。すなわち「守備」すること。前もって仕掛けを備え、これを「見守る」という、この狩猟法の特徴をも表わしているのです（図2-47　参照）。

図2-47　春秋狩猟画像豆

田

甲骨文で表わされた占いの言葉「卜辞」の中で、「田《でん》」という字は多く「狩猟」の意味で使われています。『説文』段注本の「犬部」には「狩、火田《かでん》するなり」とあります。「火田」というのは古代の狩猟方法の一つで、火をもって山林を焼き、包囲して野獣を捕まえるという狩猟法を指します。『詩経』「鄭風・大叔于田」には「叔《しゅく》が藪に在る、火烈具《かれつとも》に挙ぐ。襢裼《たんせき》して虎を暴《てう》ちにし、公の所に献《たてまつ》る」とありますが、これもそうした焼き狩りについて述べたものです。「田」の字は、その猟における包囲の様子を象ったもの。大きな囲みのなかを分割し、その中にさらに小さな囲みを作って、水も洩らさぬ包囲の陣としているわけです。農耕社会に移行し、狩猟と農耕の間には密接な関係が生じました。『春秋』「桓公七年」には「咸丘《かんきゅう》を焚く」とあって、杜預はこれを「焚とは火田するの意味」としています。『説文』「田部」「畱《りゅう》」の字の下注には「火種《かしゅ》なり」とあります。まず山林に火をつけ、「火田」を行って獣を獲ってから、種を播いて耕作する。つまりこの種の狩猟が焼畑農法の一工程であったところから、「田」の字は、「狩りをすること」から耕作をすることへと意味を変えていったわけです（図2-48 参照）。たとえば『漢書』「高帝紀」の「民をしてこれを田するを得」の「田」は「耕作すること」の意味で使われています。「田」はやがて農地そのものを指す語となっ

図2-48　南北朝狩猟図

てゆきました。後世、「田」が農地を指すのみの字となると、もともとの狩猟の意味での「田」は、「畋」と書かれるようになり、「田」からはその字が作られたときの意味が、まったく失われてしまったわけです。

檄

「檄《げき》」の原義は軍隊の状況を伝達するための文書、ここにはまた徴兵の命令や敵情報告、敵との応酬というような意味も含まれています。「檄」の字が木偏なのは、『漢書』「申屠嘉伝」の顔師古注に「檄は、木書なり」とあるよう、古くはそれが木片に書かれたものであったためで、旁の「敫」は字音を表わす声符です。檄の長さは一説に漢尺で二尺（四十六センチほど）。一尺二寸（二十八センチほど）とする説もありますが、居延で出土した「侯史広徳坐不循行部檄[*1]」には、漢尺にすると三尺を超す八二センチもの長さのものもあり、おそらく檄の長さにはもともと厳格な規定はなかったと思われます。檄とはもともと急を伝えるためのものですが、特に緊急を要する場合には、その上に羽毛を挿し、その表示としていました。後代、書信に鶏の羽根を添えて急報の印としたのは、この古代の檄の遺俗であるわけです。『漢書』「高帝紀」に「吾れ羽檄《うげき》を以って天下の兵を徴《め》すに、未だ至るあらざる者あり」とあり、顔師古の注に「檄は、木簡をもって書となすもの、長さ尺二寸、(兵を)徴召するに用ゆ。それ急事あらば、すなわち鳥の羽を以って加えてこれに挿し、速の疾なることを示すなり」とあります。また明・徐師曽『文体明辨』[*2]の「檄」の項目にも「『釈文』に〝檄、軍書なり〟とあり、『説文』に〝木簡を以って書となす、長さ尺二寸〟とある。用い以って号召す。若し急あらば、則ち鶏羽を挿してこれを遣わす、故にこれを羽檄と謂い、飛ぶが如くの疾きことを言わんとす」とあります。現代の研究により、檄には「板檄《ばんげき》」と「合檄《ごうげき》」という二つの種類があることが分かりました。「板檄」は公開文書で、封のない大衆に知らしめるためのもの「合檄」は機密文書で、文書を書いた板の上にもう一枚板をのせてこれを覆い、縄でくくった上に封泥を施して、途中で盗み見られることを防止したものです(図2-49、50 参照)。

*1 侯史広徳坐不循行部檄…一九三〇年代に中国の内モンゴル自治区から甘粛省酒泉の東北部にかけて分布する遺跡から見つかった一万枚を超える漢代の木簡、居延漢簡の一枚。

*2 『文体明辨《ぶんたいめいべん》』…文章理論書、さまざまな文章詩賦の文体詩格の源流を実例を挙げて論じたもの。徐師曽は十六世紀明代の官吏・学者。博学で経学から医卜・陰陽の道にまで通じていたという。

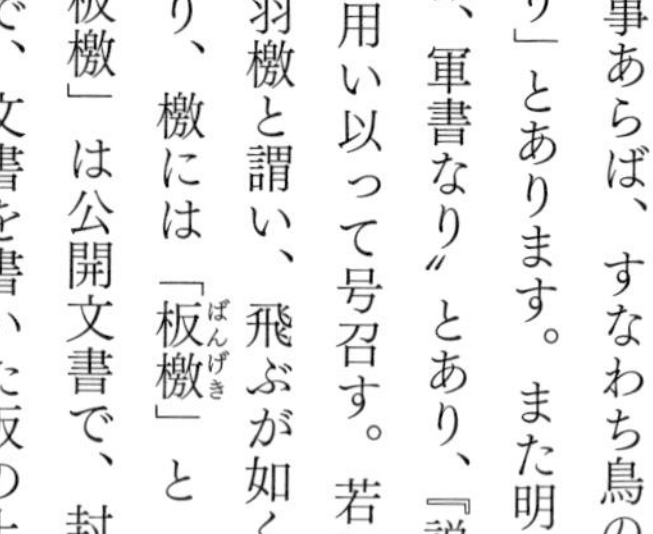

図2-49 漢代封泥

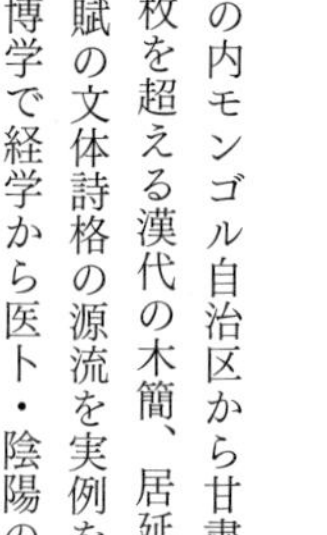

図2-50 睡虎地秦简法律文書

旋 旅 旗 旌

「旋《せん》」の原義は回転すること、甲骨文では「」(後下35・5)、字形は「㫃」と「足」の組み合わせで、「㫃」は旗が翻っている様子、字の左がわは先端に飾りのついた旗ざおで右は風になびいている旗布です。「足」は人間を表わし、これによって人が旗を持って振り回している様子、そこから「回転する」という意味になりました。現在の字形は「足《そく》」が「疋《そ》」に変化してなったものです。「疋」は「足」の異体字の一つ、古い文字では「足」と「疋」に区別はありませんでした。

「旅《りょ》」は軍隊の編成単位を表わすものでした。『説文』「㫃部」にも「旅、軍の五百人を旅となす」としかありません。『尚書』「大禹謨」の「師を班《か》えし振旅《しんりょ》す」の「旅」も軍隊の意味です。「旅」の甲骨文は「」(佚735)、字の左がわは「㫃」すなわち旗、その旗の下に二人の人間が相随っているところで、軍旗を先頭に、軍隊が行進しているさまを表わしています。

先秦時代、「旗《き》(はた)」とは、熊や虎の図像の描かれた「軍旗」のことでした。熊や虎が描かれたのは、その勇猛さにあやかったもので、またこの旗ざおの先端には、牛の尾や鳥の羽根で作った「」という形の飾りがついていました。旗というものは古来、人々を召集したり指揮するための重要な道具でした。旗を表わす形が、文字の構成要素としていろいろな字に使われているのはそのためです。

『説文』「手部」、「麾」の下注に「旌旗《せいき》、指麾《しき》するの所以なり」とあり、『左伝』「成公二年」で張侯が「師の耳目は、吾が旗鼓に在り、進退これに従う」と言っているのも、旗と言うものが本来指揮をする道具であったことを示しています。「旗」の字は「㫃」と「其」を組み合わせたもので、「㫃」は旗そのもの、「其」はその字音を表わしています。

「旌《せい》」は、軍旗に付けられる三叉の羽飾りを指しています。古代、城攻めの際、勇士がよくこの「旌」を、背にたばさみ頭につけて、城壁をよじのぼって戦ったところから、「背羽《はいう》」とも呼ばれました。『国語』「晋語一」には「郤叔虎《げきしゅくこ》、まさに城に乗《のぼ》らんとす、その徒曰く〝棄政《きせい》して役するや、その任にあらざるなり〟。郤叔虎曰く〝既に老いて謀《はかりごと》なし、而してまた壮事《そうじ》無くんば、何を以って君に事《つか》えん〟と。羽を被《いただ》き先《さきがけ》て昇り、遂にこれに克つ」という一節があります。ここでは晋の老将・郤豹が、部下がとめるのを振り切って、「旌」をつけ、城攻めの先駆けをつとめています。中国の芝居の中で、武将はよく背に小さな旗を挿していますが、起源はまさにこの「旌」であるわけです。「旌」の右がわの「生」も、字音を表わす声符です。

法

「法」は古字で「灋」、小篆体では「」と書かれ、原義は刑法です。刑法はもっとも公明正大でなければならないもの、ゆえにその字形もまた、公正で均等なもの、すなわち「水」と「廌《ち》」と「去」の三つによって形作られています。まず「水」は万物の中でもっとも均しく平たいものです。古くから人々はその特性に気づいており、古代にはすでに、水を使って水平を出す測量法が知られていました。たとえば『周礼』「考工記・輪人」には「これを水にして以ってその平沈の均しきを視るなり」とあります。「輪人」は車大工、賈公彦はこれに注して「両輪ともに水中に置いて、車輪の四畔《まわり》に入ってくる水が均等か否を観察する、もし平深があれば車輪の一部を削って均しくする」のだと言っています。また同じく『周礼』の「匠人」には「匠人、国を建つるに、地を水するに県を以ってす」とあり、賈公彦はこれを「国の都を置かんとするならば、まずは水平な土地を探し出す。四方の高下が均しく平らな場所でなければならない、然る後に城郭の造営をはじめるということ」と解釈しています。「県」というのは木を四隅に挿し、木と木の間に溝を切ること、そこに水を張って「四方の高下が均しく平ら」かどうかを確認するわけです。『説文』「水部」には「水、準なり」さらに「準、平なり」とあります。古代、裁判官を「準人」とも称したのは、このように公正均等である、というところから来ています。

二番目の構成要素「廌《ち》」というのは一種の神獣で、またの名を「解廌」「獬豸《かいち》」とも言います（図2-51～54　参照）。『説文』「廌部」には「廌、解廌、獣也。山《さん》牛《ぎゅう》に似て、一角。古え訟を決するに、不直《ふちょく》なるに触れしむ」とあり、漢・楊孚の『異物志』には「東北荒中《とうほくこうちゅう》に獣あり、獬豸と名づく。一角、性忠なり、人の闘うに見えば則ち不直なる者を触《つのつ》き、人の論するを聞けば則ち不正なる者を咋《くら》う」、『晋書』「輿服志」には「獬豸、神羊《しんよう》なり、よく邪佞を触《つのづ》く」とあります。古代、裁判において判断の難しい時には、この「廌」によって判決を出していたと言われています。すなわち、この獣の角で突かれた者が有罪、というわけです。この審判法については、文献中に数多くの記載がありますが、比較的詳細なものとしては、『墨子』の「明鬼下」があげられます。記されているのは一つの裁判例です。すなわち、斉の荘公のもとに二人の大臣がおりました。一人は王里国《おうりこく》、一人は中《ちゅう》里徼《りしゃく》という名前で、二人は訴訟をおこして争い、各々自己の理を呈し、三年の長きに渡って裁判をくりひろげてきましたが決着がつきません。斉の荘公は悩みます。二人とも殺してしまえば、無罪の者も殺してしまうことになり、二人とも赦してしまえば、有罪の者を釈放してしまうことになるからです。荘公は結局、「神羊（＝廌）」によって結審しようと決断し、準備をしました。裁判が開始され、王里国が訴状を読み始めます。読み終わるまで廌はぴくりとも動きませんでしたが、続いて中里徼が訴状を読み出すと、そのなかばまでもいかないうち、廌は突

図2-51　木雕獬豸

図2-52　魏晋銅獬豸

如奮い立って中里繳を角突き、倒してしまいました。三年の訴訟も一日で決着がつき、荘公も愁いが霧散して、中里繳は即座に処刑となったといいます。このように「廌」は、つねに重大な案件を決する重責を担わされるものでした。そこから古くはこれを「任法獣」とも称し、法を司る者の戴く冠はこの「廌」の角の形になっていました。よってこの「法冠」は「獬豸冠」とも称しました。『後漢書』「輿服志」下には「法冠、一に柱後《ちゅうこう》と曰う。高さ五寸、纚《し》を以て展筩《てんとう》とし、鉄柱を卷く。執法の者これを服《き》る、侍御史・廷尉正監平なり。あるいはこれを獬豸冠と謂う。獬豸、神羊、よく曲直を別するものなり、楚王かつてこれを獲らう、故に以て冠と為す」とあります。

「法」の字にこの「廌」と「去」がともに含まれているのは、法を司る廌の力で犯罪を「除去」せんという意思の表われで、さらにそこに「水」を加えることにより、その行為が公正であることを強調したです。廌に判決をとらせるというのは、原始の、人が神の力に頼っていたころの遺俗です。そうした古代の習俗が、この「法」というたった一字の中に、きっちりと保存されたまま、今日にまで伝わっているわけですが、この時の流れの変化を、楊樹達先生は次のように評しています。「解廌の角突くところ必ず不直ならざるなし、とはいうものの、不直なる者ほど解廌の角突く所とならないことは、今日にあっては人皆が知るところであるが、原始の人々にあっては、その常識もいまだ周知されていなかったものと見える」(『積微居小学金石論叢』「説廌」)。

図2-53　漢玉獬豸

図2-54　陝西綏徳漢

執 圉

「執《しっ》」は甲骨文で「」（合集578）。字の左がわは「幸」の字。「幸」は甲骨文で「」（京津1508）、「」（京津1548）、「」（前7・24・1）などと書き、手かせの類の刑具を表わす象形文字です。殷墟から出土した陶俑（陶製の像）にも、この種の刑具をはめたものがあり、女性の像は胸の前で、男性の像は背後で刑具の上に手をのせています。これらから見るに、古代の「幸」とは、「」のようになった二つの部品の中心、丸く円状のところに両腕を入れさせ、これを合わせて、その両端を縄で縛って使うものであったようです。

この種の刑具は後代、「梏《こく》」と書かれるようになりました。『説文』「木部」に「梏、手械《てかせ》なり。木に従い、告の声」とあり、『周礼』「秋官・大司寇」の鄭玄注には「木の足にあるを桎《しっ》と曰い、手にあるを梏と曰う」とあります。「梏」の字音は「告」、木に従う、というのはそれが木を材料として制作されるものであったことを表わしているわけで、後代、銅や鉄など金属を材料にしたものには、「銬《こう》」という字があてられました。

『説文』「幸部」に「執、罪人を捕らうなり」とあり、『礼記』「檀弓下」の「而して妻妾執らわれんとす」の鄭玄注に「執、拘《とら》えるなり」とあるように、「執」の原義は犯罪者を捕まえること。犯罪者を捕まえて最初にするのは手かせをかけることです。甲骨文の「」の右がわは、抵抗をやめてひざまづいている人。すなわちこの字は今まさに、犯罪者の手に手かせがかけられようとしているところを象ったもので、今もなお同じようになされてるその情景が、甲骨文字の中にすでにありありと見てとれるというわけです。

「圉《ぎょ》」の原義は牢屋、甲骨文では「」（前6・53・1）と書きます。「囗」は「囲」の古い字体、手かせをかけられた犯罪人が、四面を壁で覆われた牢屋の中に入れられているところを象った文字です。『説文』「幸部」には「圉、囹圄《れいぎょ》、以って罪人を拘《とど》むる所なり」とあります。「罪人を拘むる所」とはつまり「犯罪者をとじこめておく場所」ということです。甲骨文でこの字は「」（前4・4・1）とも書かれました。これはいわゆる簡写体で、字形から人間を表わす部分を抜き、手かせを表わす「幸」のみで「犯罪者」の代わりとしたのだと思われます。現在の「圉」の字は、この字形をもとにしたものです。

獄

「獄」の原義は訴訟して争うこと。『説文』「犾部」には「獄、确なり」とあります。「确」は較べること、競うことです。『国語』「周語」には「夫れ君臣に獄なし」とあり、韋昭の注に「獄、訟なり」とあります。昔は君臣関係を結んだ者の間で、互いを訴えるといったことは行われなかった（今はある）、と言ったくだりです。清・朱駿声の『説文通訓定声』も同様に「獄、訟なり」としています。

「獄」は金石文で「」（召伯簋）、字形は「㹜」と「言」を組み合わせたもの。『説文』「㹜部」には「㹜、両犬相い噛むなり。二犬に従う」とあります。犬というものは争いを好みます。すなわち「二匹の犬」とは、訴訟において双方が言い合うさまを、犬同士が噛み合うさまに喩え、さらにその訴訟の激烈さをも表わしているわけです。また「言」を構成要素としているのは、これが実際に殴りあうような争いごとではなく、「訟」の字が言偏であること同様に、言葉を闘わせるもの、すなわち「訴訟ごと」であることを示しています。隷書体以降、左右の「犬」のうち、左がわは部首の「犭」で書かれるようになり、現在の字形が出来ました。「犭」は「犬」の異体字の一つなのです。

第三章

漢字と婚姻・家庭

上古の中国は宗族文化社会。そこでは家庭というものが、社会の最も中心的な地位に位置づけられていました。婚姻や子供の誕生・養育といった事柄に関係する字形を分析してゆくと、古えの人々が、家庭や家族、またその関係といった観念をどのように捉えていたのかが見えてきます。当今希薄になりつつある、こうした観念や習俗の原義を知るというのも、至極意義のあることかと思われます。

安定

「安《あん》」の原義は「安定」です。字は「宀」と「女」の組み合わせで、「宀」は家を表わす象形文字、つまり、一人の女性が家の中にいるところを表わしています。清代・徐灝の『説文解字注箋』では「女性が家（夫の家）にあり、男性が室（妻子のいる部屋）にあることは、互いに安心できる状況である。ゆえに〝安〟は女の宀の下にあるに従う、女性は夫の家（＝宀）に帰属するものだからだ」と解釈されています。

「定《てい》」の原義も「安」と同じく安定した状況を表わします。『説文』「宀部」に「定、安なり。宀に従い、正に従う」とあるよう、「定」の中にある「⺪」は「正」の異体字で、その原義は偏らず斜めならず真っ直ぐなことを、すなわち「定」とは、家内に波風なく平穏安定していることを表わしているのです。

このように「安」も「定」も、ひとしく家庭内の安寧を表わすことで「安定」という意味としているわけですが、それぞれ何をもって「安定」としているかが、その字が造られた当時の社会的な状況によって違っているのです。夏王朝の時代は原始的な共有社会から財産の私有制への過渡期で、殷の時代になるとほぼ完全に私有制の社会へと移行していました。私有財産制のもと、少数の者が特定の人々を支配する奴隷主となり、大多数の者は自由民となり、みなが財産を共有していた社会、「村」を中心とした価値観が瓦解したわけです。しかし奴隷主となった者にも自由民たちにも、ひとしく家庭内の営みはあり、そこからやがてより細やかな、「家」を一切の基点・中心とする考え方が生まれてきました。

甲骨文における「安」「定」の字形は、現在のものとさほど変わりがありません。これはこの二字がいずれも夏の末から殷代のはじめ頃にはすでに造られていたものであることを示しています。それは「安」「定」の字形に、殷代の社会制度と日々の営みが、反映されているから。すなわち、この字が造られた当時の人々の心の基点、価値判断の基準が「家」であった、ということから説明されます。『周易』「家人」の卦辞「家正しくして天下定まる」。これなどはまさに、「定」の字形とその意味合いを、正しく説いているものなのではないでしょうか。

妻娶婚

アメリカの著名な人類・社会学者で、マルクスとエンゲレスにも高く評価されたルイス・ヘンリー・モーガンは著書『古代社会』のなかで、人類の婚姻制度の発展に五つの段階があったとしています。中国ではその第一段階は「血族婚」、これはともに血縁関係にある近親と、その傍系の集団に属する兄弟姉妹が相互に婚姻関係を結ぶ、というものです。その次の段階が「集団婚」、男女の集団同士が婚姻を結ぶという点では前段階と同じですが、血縁関係にある兄弟姉妹間の通婚はすでに禁忌となっており、血縁関係のない男女の集団間で婚姻がかわされました。第三の段階は「偶婚」、一夫一妻で成り立っていますが、必ずしも配偶者が同居しているとは限らない婚姻形態で、その婚姻関係は、双方が思う限りの間だけ維持されます。第四の段階は「父権制婚姻」、これは一夫多妻、すなわち一人の男子が複数の女子との間に婚姻関係を結ぶもの。そして第五の段階が「専偶婚」、いわゆる一夫一妻制で、配偶者同士はかならず同居するという形式です。[*1]

この第三段階、すなわち「偶婚」の段階は、まさに母系社会と父系社会の過渡的段階と言えます。これ以前までの婚姻は女性を中心に行われるもので、男女の結婚生活には二種類の形式がありました。その一つは「走婚《そうこん》(通い婚)」、すなわち男性が、女性の部屋を訪なうことによって成り立つ婚姻関係で、男女双方にはそれぞれ母親を中心とした家庭があり、ふだんはそれぞれ、その母親の家で日々の営みを行い、生まれた子供も母方の家で養育されます。いわゆる「ただ其の母を知り、其の父を知らず」[*2]という社会であったわけです。中国でも、雲南省のナシ族や四川省のプミ族などで、かつて「阿注《アチゥ》」と呼ばれる、この種の形式の婚姻が行われていました。もう一つの形式が「対偶婚《ついぐうこん》」です。これも婚姻とはいえ、その関係は堅牢なものではなく、ほかの異性との性的交渉に関して制限がないところも同じですが、一方が嫌になれば即座に解消できました。ただしこの形式では、男性は女性の家に入ります。すなわち婚姻関係が続いている間、男性は妻子の家に住み、そこで日々の生活を送り別れた後も、妻子は母方に帰属します。この段階の後期、男性の経済的地位と社会的地位が大きくなるに従って、婚姻に対しても、女性の意思によることが多いのに男性の不満が生まれてきて、しだいに自分たちを中心に据え、女性自身を自分に帰属させることを求めるようになりました。もちろんこれに対し、女性たちも自らの地位を軽々と放棄したようなわけはありません。

　こうした状況の中、男が女性に勝る「力」を頼みとして、武力を用い、女性をさらって自分の家に連れてゆき、むりやり結婚関係を結ぶといったことが行われるようになりました。この種の行為から発展したのが、「略奪婚」と呼ばれる結婚儀式の一つです。エンゲルスは『家族・私有財産および国家の起源』の中で、原始的な氏族社会において、男性が女性の家に行って同居していたのが、逆に女性が男性の家に同居するようになったのは、人類が経験してきた中でも革命的な変化の一つであったと。また、対偶婚というものは「野蛮時代」と互いに対応するものであり。女性が略奪されたり売り買いされたりするといった現象は、まさにこの対偶婚の発生とともに出現したもので、その発生はまさに、後世へとつながる多くのそして大きな変化への兆しとなった出来事だったのだ、とも言っています。中国古代の略奪婚に関しては、早くも『周易』の中に記載があります。「屯」の爻辞に「屯如《ちゅんじょ》たり邅如《とんじょ》たり、馬に乗りて班如《ばんじょ》たり、寇《あだ》するに匪《あ》らず、婚媾《こんこう》せんとす」とあるのがそれで、屯如・邅如・班如はいずれも、これより略奪婚せんと企む者が、抜き足差し足、あたりを見回しながら進んでゆく様子を説明しています。つまり「馬に乗った集団が鞭声粛々進んでゆくが、彼ら目的は盗みではなく(寇するに匪らず)、婚姻である」、という意味です。また『周易』「睽」の爻辞には「家《いのこ》の塗《どろ》を負い、鬼を載すること一車なるを見る。先には之が弧《ゆみ》を張り、後には之が弧を説く。寇するに匪ず、婚媾なり。往きて雨に遇えば則ち吉」とあります。文意は、「数輌の馬車が道をやってくる、一輌には大きな豚が、べつの一輌には化物に扮した奇怪な人々が乗っている。一人は矢をつがえて弓を構え、一人は矢はずをはずしている、もともと彼らの目的は強盗ではない、化物の扮装で驚かせた隙に娘を連れ去って婚姻を結ぼうというのだ。相手をさらう間に雨が降れば吉、雨にまぎれて逃れうる、まさに天の賜うる好機である」ということ。いずれの爻辞にも、古代の略奪婚の様子がありありと描写されているわけです。

「妻《さい》」「娶《しゅ》」「婚《こん》」など、婚姻に関わる字を分析すると、これらの字がじつに、略奪婚という歴史現象を見事に記録していることが分かってきます。「妻」の甲骨文は「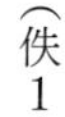」(佚181)、字の左がわは髪をのばした女性の姿(図3-1参照)、上部はその髪形を表わしています。右にあるのは一本の手、つまりこれは手で女をさらわんとしている様子を象ったもの、すなわち「妻」とは、さらわれてきた女性のことだったというわけです。古文字学者・徐中舒が主編した『甲骨文字典』にも「上古には婦女をさらって配偶者とする俗があった、これを掠奪婚という、甲骨文の〝妻〟の字はすなわちこの掠奪婚を反映したものなのである」とありま

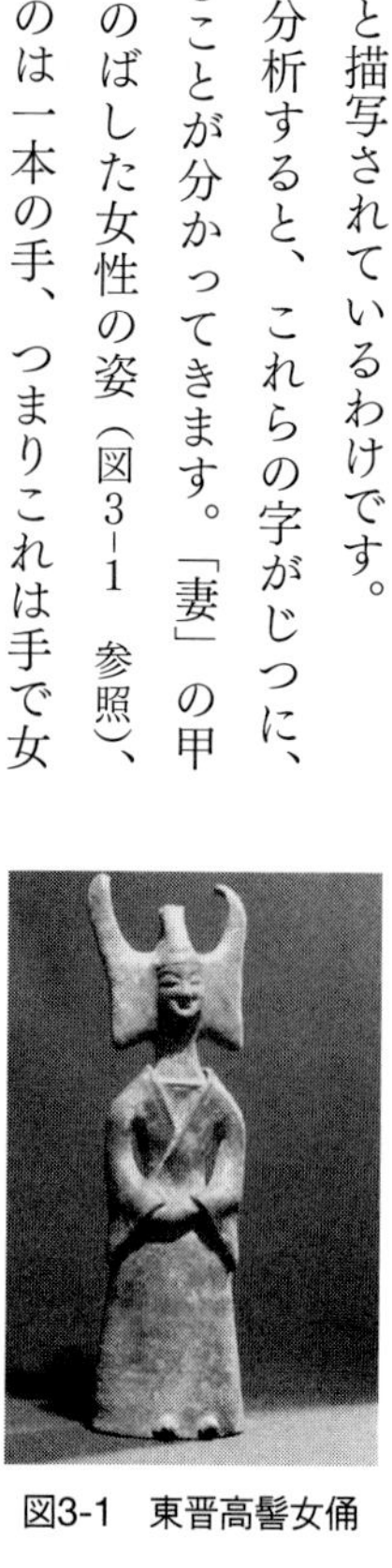

図3-1　東晋高髻女俑

す。後世この甲骨文字の長い髪を表わしていた部分が「十」となり、右にあった「又（手を表わす）」が中間に挿入されて出来たのが今の「妻」の字です。「娶」は初期の文献ではただ「取」の字で書き表わされていました。たとえば『詩経』「斉風・南山」という詩には「妻を取ること如之何《いかが》せん、媒《なかだち》匪《あら》ざれば得ず」、『史記』「呉起伝」にも「呉起、斉女《せいじょ》を取りて妻となす」とあります。「斉女」は斉国の公女、すなわち王女のことです。「取」という字のもともとの意味は、いま一般的な「取ってくる」ということではなく、「略奪する」とか「奪取する」ということでした。ゆえに『説文』「又部」では「取、捕取するなり」とあり、『左伝』「隠公三年」には「鄭の祭足《さいそく》、帥師《すいし》して温の麦を取る。秋、また成周《せいしゅう》の禾《いね》を取り、周・鄭、交々《こもごも》悪し」とあります。これは鄭国の祭足（祭仲）の兵士がまず温国の麦を、ついで成周国の穀物を略奪したというくだりで、いずれの「取」も、まさしく略奪行為にほかなりません。このように「捕獲する」「略奪する」といった意味だった「取」が、「親《しん》を取る」こと、すなわち略奪婚を表わすようになったのも自然な流れというものでしょう。

文献の上でも、春秋期以前には、戦争までして妻を略奪するといった記事がしばしば見られます、有名なところでは夏の桀王が有施氏を討って妹喜（末喜《ばっき》）を妃とした例、殷の紂王が蘇を討ち、妲己《だっき》を妃とした例、周の幽王が褒の国を討って、褒姒《ほうじ》を妃とした例、晋の献公も驪戎《りじゅう》を討って驪姫《りき》を妻として迎えています。こうした歴史的事件の中には、美女を妻とせんがためだけに他国に戦争を仕掛けたものもあれば、他国を征伐した結果としてその国の美女を妻として娶ったというものもありますが、争いごとと婚姻が互いに連携して一つになっているという点では、略奪婚の遺風よりほかの何物でもありません。

「娶」は「取」の意味合いをベースとして、そこに「女」を加えたものです。このことは、この字が生まれた時にはすでに略奪婚の影響はなく、たんに婚姻の意味で一般的に用いられる文字が必要とされる状況下にあったということを表わしています。逆に言えば、先秦時代の文献で「取」の字のみが使われていたということは、その時代にはまだ、略奪婚そのものもしくはその遺風が残っていたということです（甲骨文字中にも「娶」の使用例が一つありますが、後世の「娶」とは、意味が違っています）。

「婚」の字はかなり後代になってから作られたもので、もとはただ「昏」と書き表されていました。『詩経』「邶風・谷風」に「爾《なんじ》の新昏《しんこん》を宴《たのし》んで、我を屑《いさぎよ》しとし以《とも》にせず」とあり、『礼記』「経解」に「昏姻の礼は、男女の別を明らかにするの所以なり」とあるのは、それぞれ「新婚」「婚姻」と同じ意味です。

男女の結婚を「昏」と称したのはなぜなのでしょう。これは古代、嫁取りの儀式が黄昏時に行われていたことに由来しています。『説文』「女部」、「婚」の下注に「〝礼〟、婦を娶るは昏時を以ってすとす、婦人は陰なり、故に婚と曰」[*3]とあり、『白虎通』「嫁娶」にも「昏時に礼を行う、故に婚と曰う」とあります。『説文』の解釈は、女性というものは「陰」に属し、夜もまた陰だから、黄昏時になった、と言うものですが、これは漢代以降、陰陽説が流行してからの解釈であって、婚姻の儀式自体は、陰陽説以前からあったもの、いわゆる牽強付会《けんきょうふかい》というものに過ぎません。婚礼の儀式が黄昏時に行われるのも、略奪婚の遺風なのです。略奪などという行為は、日の光の燦々と照らす昼日中に行われるわけは当然なく、かならず日が落ちるのを待って行われます。ゆえに『礼記』の「郊特牲」は、婚礼中には太鼓や鳴物は不用である、とし、『儀礼』の「士昏礼」でも、嫁を迎えに行く時の婿がわは「墨車《ぼくしゃ》」と称される黒い車に乗り、全員が黒い衣服を着るようにと規定されています。こうしたきまりごともみなすべて、略奪婚の名残りであると言えましょう。わたしたちは、今現在行われている儀式や風習を常のものとし、その由来についていちいち考えることは滅多にありませんが、今なお行われている儀式や祭りや風習の中に、こうした深遠な歴史文化が内包されている例は実際少なくないのです。たとえば、現在も中国の結婚式では、「蓋頭《カイトウ》」と呼ばれる大きな赤い布で、新婦の頭をすっぽりと覆い隠してしまう風習のある地方がありま す。西北の民謡に「あなたの蓋頭をめくってよ」とあるのがそれで、この蓋頭は、新婦が寝屋に入って新郎がこれをめくるまで、はずさないことになっていますが、これなども、略奪婚の遺風の一つと考えられます。女性をさらう時に、その頭を布で覆って目隠しをしてしまえば、たとえ逃げられたとしても、元の家に容易にはたどりつけないからです。また婚礼の儀式として、新婦が夫の家の門前に着いた時には、新郎が新婦を抱きかかえて輿からおろし、時にはそのまま家の中まで連れて行くことになっていますが、これも最初は、新婦の両足を縛っておいて、その抵抗と逃走を防止したところからきたもの、すなわち略奪婚の名残であったものと考えられます。

「略奪婚」という形式の婚姻は、中国の少数民族の間ではかなり最近の時代まで行われていました。清初の曹樹翘（曹春林）は『滇南《てんなん》雑志』のなかで、爨族[*4]の間で行われていたという略奪婚の風習を克明に書きとどめています。「将に娘の嫁せんとする三日前になると、新婦の家では山に行き、葉つきの松の枝を伐ってきて、家の門外に仮小屋をつくり、そのなかに娘を座らせる。その周りに米浙（洗い米）数十缸を並べ、娘の親族は柄杓や杓文字を手に、環になってこれを守るのだ。婿とその親族のがわは新しい着物を着、顔を黒く塗って乗馬し、同じような器や道具を武器として手にし、笛や太鼓で女家に至って、これと闘う。婿が松の仮小屋へ突入し、新婦を抱えて馬に乗り、疾駆すると、新婦の父母は手にした器や柄杓で、婿に洗い米をまきかけ、大声で親族を呼んで娘のあとを追い、追いつけなくなったところで怒りながら帰る。新婦は途中で三度、わざと馬から落ちてみせ、新郎は三度、これを抱きかかえて馬上にもどす……新婦が婚家の門をくぐるとき、新郎の弟たちは新婦を持ったままの新郎を抱きすくめてひき倒し、人々は布一枚と扇一本を拾って引き退がってゆく……」雲南のチンポー族やリス族、タイ族の間では、こうした略奪婚を真似た形式の婚姻儀礼が、一九四九年の新中国解放直前の頃まで、実際に行われていたそうです。

＊1　「中国ではその第一段階は」…原文からするとモーガンの「家族発達五段階」について言っているようだが、おそらくこれは原作者の考える中国的婚姻感の発達段階で、モーガンの家族発達五段階そのものではない。モーガンは乱婚（同一集団内の雄と雌がとにかくくっつく）＞血族婚＞プラヌア家族（親友婚とも）＞対偶婚家族＞一夫多妻制家族とする。ただし現在では人類学的な研究から、乱婚段階の存在は疑問視、もしくは否定されている。

＊2　原文「只知其母、不知其父」…中国で母系社会を指す常套句。『白虎通義』第一巻「号」の項目にある「古之時未有三綱六紀、民人但知其母、不知其父、能覆前而不能覆後、臥之言去言去、起之吁吁、饑即求食、飽即棄余、茹毛飲血而衣皮葦」より来ている。

＊3　『説文』「女部」、「婚」下注「礼娶婦以昏時」…『説文』には「礼に」とあるが、三礼（『周礼』『礼記』『儀礼』）の本文中にはこれと同じ語はない。十三経注疏『儀礼』「士昏礼」巻首の注に「鄭目録に云う、士、妻を娶の礼、昏を以って期となすに因みて名づく。焉ぞ必ず以ってすや。昏は陽往きて陰来る、日入りて三商を昏となす…」というあたりから来たものと思われる。

＊4　原文「対魏晋以後我国爨族…」…爨族《さんぞく》とは三国の頃中国西南部にあった勢力、蜀の武将・爨習の子孫と称する。曹樹翹が『滇南雑志』（巻九・夷婚）で「爨僰《さんきょく》」と言っているのは、西南地方の民を古めかしく言っているだけで、「魏晋のころの話」というわけではない。以下の部分は原書引用に誤字や間違いがあるので、原典を参考に直接訳した。

嫁

「嫁《か》」の原義は女性がとつぐこと、字は「女」と「家」の組み合わせで出来ています。古くは「家」は夫を、「室」は妻を指していましたので、「女」と「家」の組み合わせとはすなわち、女性が夫の家にある、という意味となるわけです。『国語』「斉語」に「罷女《ひじょ》に家無し」とあり、韋昭は「家は夫の称」としています。「罷女」とは道徳観念に欠ける女性、「家無し」とはすなわち、夫がない、独身であるということです。『礼記』「曲礼上」の「三十を壮と曰う、室あり」に対し、鄭玄は「〝室あり〟とは妻がいるということ。妻を〝室〟と称す」と言い、『左伝』「桓公十八年」には「女に家有り、男に室有り、相瀆《みだ》ること無き、これを礼有りと謂う。此を易《たが》えば必ず敗れん」、『孟子』「滕文公下」にも「丈夫生まるればこれがために室有らんことを願い、女子生まるればこれがために家有らんことを願う」とあります。妻を「室」と称し、夫を「家」と称することは、古代における男女の家庭内での役割分担に起源しており、先にあげた『左伝』「桓公十八年」で、孔頴達はこれを「〝家〟とは家屋の内外を大きく言い、屋内のことは〝室〟という。男子は一家の主であり、その内でも外でも仕事をする、ゆえに夫を〝家〟と言い、婦人はおもに屋内の仕事に関わる、よってこれを〝室〟と言うのである」としています。

夫

もともと「夫《ふ》」とは成年に達した男子の通称でした。甲骨文では「」。「大」と「一」を組み合わせたものです（前5・32・1）。大は人間を正面から見た姿、「子」の反対で成人を表わします。古代、男子は未成年の間は髪を結っておらず、二十歳になると「冠礼」、すなわち成人式を行って、成人したことを表明し、このときはじめて髪を結うのですが、この、髪をたばねたり冠をつける時には「簪《さん》（かんざし）」というものが用いられました（図3-2参照）。「夫」の字の「大」の上にある「一」は、すなわちその「簪」を表わしています。清・徐灝の『説文解字注箋』は「夫」について、「男子已冠の称なり」、つまりすでに「冠礼」をすませた男性のこととしています。また『詩経』「秦風・黄鳥」にある「維《こ》れ此《こ》の奄息《えんそく》は、百夫《はくふ》の特」の「夫」も、成年に達した男子を指す語です。周王朝時代においては、「未成年の身長」を「五尺」とするのが一般的で、ゆえに「五尺童子」といえばまだ成年に達しない者を指していました。同様に、成人は一般に身のたけ「一丈」とされていました。そこから、「丈夫」といえば成人男子を、「大丈夫」といえば英雄的な人物を称するようになったのです。

〈訳注〉原作では「周の時代には…」と言っているが、三礼をはじめ度量衡を規定した周代の書

図3-2　新石器時代良渚文化玉簪

にかくいう数値があげられているわけではなく、『戦国策』「楚策」に「夫の五尺童子たるを知らず」とあり、『孟子』「滕文公上」に「五尺の童をして市に適かしむ」とあり、朱熹の注に「五尺の童、幼少にして無知なるを言う」とある。また『荀子』「仲尼篇」にも「仲尼の門人、五尺の豎子をして、言に五伯を称するを羞ず」とあるあたりから敷衍したものと思われる。これらが「子供」を指す語なのは間違いないが、みな身長のことを言ったもので、具体的な年齢について述べたものではない。現在多い「五尺童子」を「十二～三才」とする記述の多くは、明・陸深の『春風堂漫筆』に「仲尼の門、五尺童子をして五霸を称すを羞ずとなん。古えは二歳半を以って一尺となす、五尺と言うは、是れ十二歳以上。十五歳を則ち六尺と称す、若し晏嬰身のたけ三尺に満たざれば、是れ律を以って尺を起こすなり。周尺は今の八寸に準ず、二尺四五寸、豈に形体を成すは、まさに是れ極言にして其れ短きのみ」によるものかと思われる。

姑舅

「姑《こ》」「舅《きゅう》」は、ともに親族関係を指すもの。「姑」は「女」と「古」の組み合わせで、古は声符、女は義符、女性の親族を表わす語となっています。古代の漢語において「姑」は三種類の親族を指していました。

一つ目は現代中国語で言うところの「婆婆《ポオポ》」、すなわち夫の母親。『説文』「女部」に「姑、夫の母なり。女に従い、古の声」、『爾雅』「解親」にも「夫の母を姑と称す」とあります。二つ目は父親の姉妹。『爾雅』「解親」に「父の姉妹を姑とな

図3-3　東晋彩絵女俑

す」とあり、また『詩経』「邶風・泉水」、「我が諸姑《しょこ》に問い、遂に伯姉《はくじ》に及べり」の毛亨の注に「父の姉妹を姑と称す」とあります。中国では現在もこの意味で使われています。三つ目が岳母。すなわち妻の母親。『礼記』の「坊記」に「昏礼に壻親を迎し、舅姑《きゅうこ》に見《まみ》ゆれば、舅姑、子《むすめ》を承《すす》め以って壻に授く」とあり、鄭玄はこれを「舅姑、妻の父母なり」と注しています（図3–3　参照）。

「舅」は「臼」が声符、男が義符。男性の親族を表わし、こちらも古代には三種類の親族を指していました。

一つ目は母親の兄弟。『詩経』「秦風・渭陽」に「我れ舅氏《きゅうし》を送りて、曰《ここ》に渭陽《いよう》に至る」とあり、毛亨の注に「母の昆（＝兄）弟を舅と曰う」とあります。現在も使われているのはこの意味です。二つ目は現代の中国語で言うところの「公公《コンコン》」、すなわち夫の父親。『爾雅』「解親」に「婦は夫の父を曰いて舅と称す」とあります。三つ目が岳父、すなわち妻の父親。『三国志』「蜀志」の「先主伝」にある裴松之の注に「けだし古えに丈人の名なし、ゆえにこれを舅と謂うなり」*1とあります。

親族内での呼称には、当然、現実世界における親族内部での関係性が反映されています。「姑」「舅」の先に並べた例からは、「血族婚」（「妻　娶　婚」の項参照）の行われていた古代、血縁関係にある親族間で婚姻をむすぶ際には、二種類の方法があったということがうかがい知られます。

一つ目の婚姻関係は、図3-4のようなもの。この場合、生まれた子が男子なら父親の姉妹の娘と婚姻を結びます。男性から見れば、結婚後に「姑」となるのは妻の母親で自分の父方の「おば」ですが、女性のがわから言うと、結婚後「姑」となるのは夫の母親であるわけです。原始社会においてこの種の婚姻はごくありふれたものでしたので、このような呼称となったのでしょう。

第二の婚姻関係は、図3-5に示したものです。

ここでは生まれた子が男子ならば、母親の兄弟の娘と婚姻を結びます。この場合、結婚後に彼の「舅」となるのは妻の父親で自分の母方の「おじ」、女性の場合は夫の父親が「舅」となります。中国で俗に「表親婚《ピャオチンフン》」と称され、「親上加《チンシャンジア》親《チン》」とも言われたこの種の婚姻、すなわち父もしくは母親の兄弟姉妹の子、いとこ同士が結婚するという形式は、解放直前までなお存在していました。

＊1　原文「蓋古無丈人之名、故謂之舅也」…車騎将軍董承が後漢・献帝の（曹操誅伐の）密詔をひそかに拝受したところにある注。原文中で「献帝舅車騎将軍董承」と書かれている。董承は娘を献帝の側室にしていた。「丈人」は妻の父親を指す語。これより以前、春秋戦国の晋の文公（重耳）も側近の狐偃（子犯）の娘を妻としたところから、これを「舅犯」と呼んでいたとする説がある（『史記』「晋世家」「狐偃咎犯文公舅也」「我食舅氏之肉」）。

〈訳注〉ここでは「姑」「舅」について、意味上の解釈は行われているが、ではなぜ「こ」なり「きゅう」が「おじ・おば」を指すのかの説については述べられていないので、いちおう参

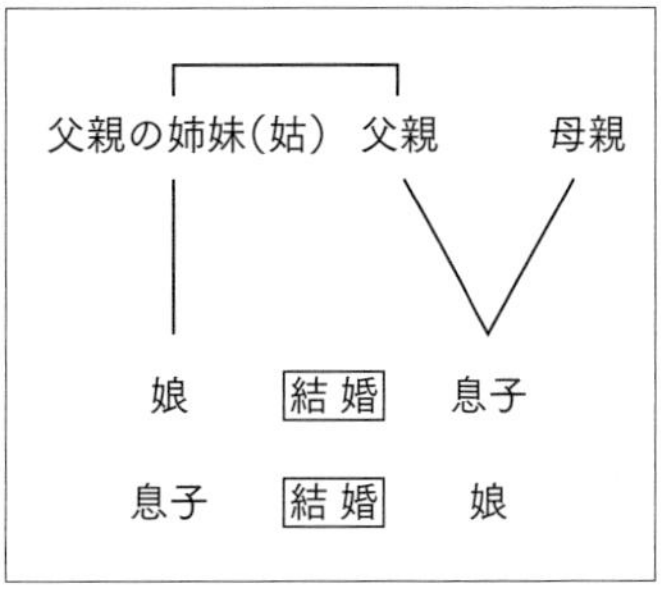

図3-4

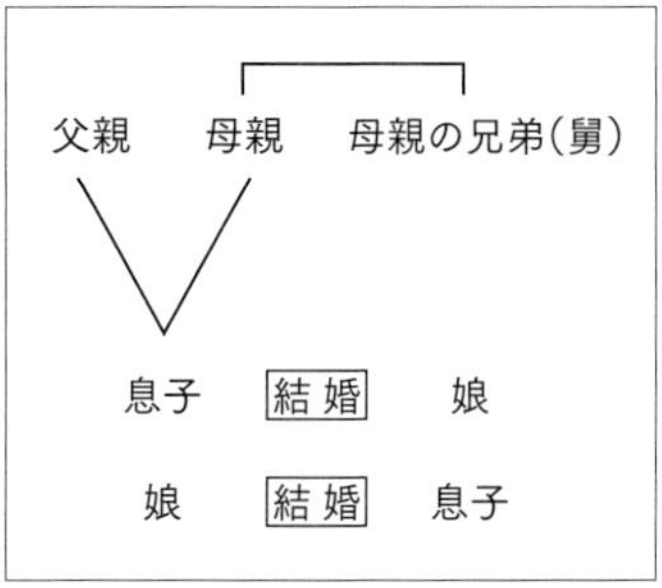

図3-5

考までに。『説文』段注「姑」の項に「舅は〝舊（＝旧）〟なり、姑は〝故〟なり、舊故の者、老人の称なり」という説が引かれている。『釈名』「釈親」では「姑＝故」は同じなものの「舅」に関しては「舅は〝久〟なり、久は老を称すなり」としている。

身孕

「身《しん》」と「孕《よう》」は、もともと同じ一つの字で、原義はどちらも妊娠していることを表わすものです。甲骨文では「」（佚586）、大きな腹をした人の形を象っており、腹の中には「子」の字、すなわち胎児が入っています。明代の『正字通』「身部」にも「女の懐妊したるを身と曰う」とあり、『詩経』「大雅・大明」「大任、身に有りて此の文王を生めり」に、毛亨は「身、重なり」と注しています。これを、後漢の鄭玄は「重、とは懐孕するを謂うなり」、唐の孔穎達は「身中に復た一身あり、故に〝重〟と言う」と解釈しています。現在の「身」という字は、金石文の「」（叔向簋）という字体が変化して出来たものであることは間違いありません。この金石文では、腹の中に点を一つ打つことで、「子」の字に代えていますが、これが後に横線に変わったわけです。妊娠した女性は腹部が大きく膨らみ目立ちます。ここから「身」という字は、その人体の胸から腹部にかけてを指すようになりました。たとえば『論語』の「郷党篇」の「必ず寝衣《しんい》あり、長《たけ》は一《いっ》身有半《しんゆうはん》」について、清代の王引之は『経義述文』で「頸以下、股以上をまた身と謂う」としています。*1 胸部から腹部にかけて、すなわち胴体というものは、人間の肉体において最も範囲が大きく中心的な部分であるところから、身はやがて身体、すなわち全身を指す語として使われるようになったのです（図3-6 参照）。

「孕」の字が先にあげた甲骨文の字形からきたものであることは間違いないでしょう。ただ原形となった字はじつに絵画的で、そのままでは書きにくいため、省略して「乃」と「子」の二字の組み合わせとして書くようになったものと思われます。古代の文字はまだ高度に系統化されていなかったので、一つの字には多くの異体字がありました。やがて、そうした異体字を利用して、本来一つの字で表わされていた色々な意味が、それぞれ別の字として表わされるようになったわけですが、これは漢字の歴史を考えるうえで、重要な法則の一つです。

*1 王引之『経義述文』（巻三十一「通説上・身」）では「人は頂より踵までを身だと謂うが」からはじまり、「郷党篇」にある「寝衣」を「被」掛け布団の類ではなく、肌着であるとするところから、「一身半」の「身」を「頸以下股以上」と推測・仮定している。単純に「身＝頸以下股以上」と断じているわけではない。

図3-6　新石器時代孕婦塑像

后育

「后《こう》」と「育《いく》」は、古くは同じ一つの字でした。甲骨文では「」（後上20・11）で、お産をしている人の姿を象っており、字形左がわが人の姿、右にある「古」は「子」の字を上下さかさまに書いたもの。人間の子供は産まれる時、頭から出てくるものだからです。周王朝の始祖の王を「后稷」と言い、伝説の禹王は「夏后」氏を名乗り、王座を「后益」に譲ろうとした、などというように、「后」は古代、帝王君主の称号でした。王の称号が「后」であったことは、母系社会に起因しています。母系の氏族集団というものは、父系のそれと違って必ず直接の血縁関係で結ばれており、集団の長は一族の始祖母となります。始祖母あって集団が生み出され、後代の繁栄が築かれるところから、「生み出したもの」である「后」がその尊称となっていたのです。

「后」の「𠂆」の部分は、お産をしている人を表わしていた「」の変化したもの、「口」は頭を下にした「子」の字が変化したものです。これに対して「育」の字は、その上部の「云」の部分が「子」となっています。下部の「月（にくづき＝肉）」は後から加えられたもので、字音を表わす声符です。現在の中国語で「后」の字が前後の「後」として使われるようになったのは、文字の音通・仮借からきたものであるとされますが、一説に字形中の「子」が「人」の「背後」にあるからだ、ともされています（図3-7　参照）。

〈訳注〉后・育同字という説は古書中にはなく、甲骨文字研究以降の説と思われる。原作者の文のままだと后・育の文字的共通点は逆さになった「子」だけ、と思えてしまうが、声符とされる育の下部の月は、篆書体では甲骨文「后」上部の「厂」に近い形で、甲骨文の「后」を上下逆にした場合は字形も近い。

図3-7　漢代哺乳俑

字

「字《じ》」の原義は「子を産む」ということでした。字は「宀」と「子」の組み合わせで、「宀」は家の部屋を表わし、「子」はいま産まれなんとする嬰児で、「子を産む」ということを母親の胎内という「部屋の中」から出現すると表現したのです。『説文』「子部」は「字、乳なり」とし、段玉裁はこれを「人および鳥の子を〝乳〟という」と説明しています。『山海経』[*1]の「中山経」に「その上に木あり、名づけて黄棘《こうきょく》と曰う、黄花にして員葉（＝円葉）、その実は蘭の如し、これを服すれば〝字〟せず」とあり、郭璞は注で「字、生むなり」と言っています。つまり「服すれば〝字〟せず」とは、これを食べると子供を産めなくなるということです。

「字」はなぜ「文字」を表わすようになったのでしょうか。実はこれも「字」の「子を産む」という、その原義に由来しています。古代において「文」と「字」

は対となる言葉で、「文」とは単体の文字を言い、「字」とはその単体の文字を組み合わせて作られた合成文字を指していました。単体の文字が合体して新しい文字を「生み出す」ところ、人が「子を産む」がごとき、それすなわち「字」というわけです。

＊1　『山海経《せんがいきょう》』…地理書、編纂年代は不明。古代の伝説・伝承を数多く含む。現行本の注者、郭璞《かくはく》は西晋の人。

姓氏

「姓《せい》」はもともと、同一祖先から生じた血縁集団の称号でした。甲骨文では「」(佚445)、字形は「女」と「生」の組み合わせで出来ています。『説文』「女部」には「姓、人の生る所なり。古えの神聖母、天に感じて子を生めり、故に天子と称す。女に従い生に従い、生亦の声。『春秋伝』に曰く、天子は生に因みて姓を賜う」とあり、「人の生る所」とはその人が生まれた場所ということ、さらにここでは、姓とはその始祖が何者であるのかを表明するものだ、とも言っています。古代の比較的初期の「姓」に女偏の文字が多いのは、これが母系氏族社会より生まれてきたものであることを示しています。そもそも「姓」の字が「女」と「生」の組み合わせという自体、この字が「女」偏の姓が一般的であった時代に作られた作られたものであることを表わしているのです。

伝説にある神農氏の姓は「姜《きょう》」、黄帝は「姫《き》」、虞舜は「姚《よう》」、少昊は「嬴《えい》」、夏禹は「姒《じ》」です。春秋時代、周王室と魯・晋・鄭・衛・燕・虞・虢・呉・随・巴等の封国の王は「姫」姓を名乗り、斉・申・呂・許などは「姜」姓、秦・徐などは「嬴」姓、越国は「姒」姓、陳国は「嬀《ぎ》」姓と、すべて女偏の文字となっています。父系社会に移行した後、人々が「母のみで父の知られぬ時代」の先祖を、得体のしれぬものと感じるようになるのと同時に、この現象を説明するための祖先神話が創作されるようになりました。

たとえば商（殷）の始祖は「契」と言いますが、伝説において、彼は有娀氏の王女である簡狄が、燕の卵を飲んで（父親なしに）産まれたことになっています。『詩経』「商頌・長発」に「有娀《ゆうじゆう》方《はじ》めて将《おお》いなり、帝、子を立てて商を生《な》さしむ」と歌われ、鄭玄の注に「禹、下土を敷くの時、有娀氏の国また拡大を始む、女《むすめ》に簡狄あり、禱りて卵を呑み契を生む」とあります。同じ始祖伝説は『詩経』「商頌・玄鳥」にも「天、玄鳥《げんちょう》に命じて、降《くだ》りて商を生ましむ」と歌われています。

周の始祖は「后稷」、『詩経』「大雅・生民」という詩によれば、彼はその母・姜嫄が、天帝の足跡を踏んで身ごもった、ということになっています。

「氏《し》」は「姓」から分かれたもの。同一の血縁集団も人口が増えてくると、内部でさまざまな系統に分かれ、一つの称号だけではまとめきれなくなり、それぞれの系統に別個の称号がつくようになります。これが「氏」です。周代、貴族には姓・氏がありましたが、平民は名のみの存在でしかありませんでした。戦国時代以降になると、姓と氏が合わさって次第に一つのものとなり、漢代になるとほぼ「姓」に統一され、同時に一般の農民すら「姓」を持つようになりました。戦国以降、男子は「氏」を称し、女子は「姓」を称し、それによって呼ばれるのが一般的でしたが、これは「氏」というものが、主としてその血筋の貴賎を表わすのに用いられ、「姓」が婚姻による関係・区別を表わすのに用いられていたところから来ています。古代、貴族の娘というものは、いわゆる「大門不出、二門不邁」[*1]、外社会との交流の存在で、人生唯一の大事はその婚姻とされていました。古代においては、同姓のもの同士は結婚できないのが原則でしたので、婚姻に際して重要な「姓」を用い、女子を呼ぶのが一般的だったわけです。

未婚の女子は姓の上に孟・仲・叔・季などをかぶせて呼ぶのが一般的でした。孟姜、伯姫、仲子、叔姫、季姜などといった具合です。これに対し、男子は一般的に氏に名を加えて称し、呼ばれていました。たとえば「屈完」と言った場合は、「屈」が氏、「完」が名というわけです。

＊1　「大門不出、二門不邁」…「大門を出でず、二門を邁《す》ぎず」、表門から出ることなぞなく、家屋の門から外に出ることすらない。「箱入り娘」の常套句。

名

「名《めい》」は人の呼称。甲骨文では「」（乙7808）、「」（乙7422）と書かれます。『説文』「口部」には「名、自ら命《なづけ》るなり。口に従い夕に従う。夕は冥なり、冥にして相見《まみ》えず、故に口を以って自ら名づくるなり」とあります。夕は夜のこと、暗がりの中では互いが誰だか分からないので、自分から何者かを口で告げて明らかにする。口に従い夕に従うので、名は会意文字だということです。古く人の名は、出生後三ヶ月目に父親が決めることになっていました。『礼記』「内則」に「三月の末に、日を択《えら》び髪を剪《き》り鬌《だ》となして、男は角《かく》、女は羈《き》……妻、子を以て父に見《まみ》えしむ……父、子の右手を執《と》り、咳《がい》してこれに名づく」とあります。「鬌《だ》」は丸坊主にせず髪を少し残しておくこと、男の子は頭のてっぺん左右に少しづつ（角）、女の子はうなじのあたりに（羈）うぶ毛を剃り残しました。「咳して」というのは赤ん坊の笑い声を真似ることです。同じく『礼記』の「檀弓上」には「幼にして名づけ、冠にして字す」とあり、孔穎達の注に「生まれて名無きがごときは、分別すべからざるなり、故に生まれて三月にして始めて名を加う、故に幼にして名づくと云うなり」とあります。古礼にてらせば、「名」というのは成人前までの呼称で、男子は成人してはじめて「字《あざな》」、すなわち正式な名前を与えられることになっていました。班固の『白虎通』「姓名」にも「名は幼少卑賤の称なり」、とあります。「名」というものは、成人前に年長の者たちがその者を呼ぶための、あくまで仮の呼称だったため、古人はあまり深く考えず、だいたいはその子が産まれた時の状況などをそのままつけていました、たとえば鄭の荘公は逆子で生まれたため、名を「寤生《ごせい》」と言いました。「寤」には「さかさ」の意味があります。晋の成公は尻に黒子があったため「黒臀《こくでん》」、魯の文公の子は「悪」、斉の田桓子はその子に「乞《きつ》（乞食の意味）」と名づけています。

『礼記』「曲礼上」に「男子二十、冠して字《あざな》す」とあるように、「字」というものこそが成人後に与えられる正式な呼称でしたので、「字」は「名」と比べ尊貴なものとされ、ここから古代においては目上の者が下の者を呼ぶ時には「名」を、目下のものが目上の者に対し呼びかける時には「字」を用いていました。「名」は自ら名乗る場合にも用いられましたが、これは謙遜の意思を示すためです。たとえば名を勝といった戦国時代の平原君は、一国の宰相の身でありながら、『戦国策』「趙策三」に「平原君曰く、勝や何ぞ敢えて事を言わん」[*1]と、自ら名乗る時に「名」を用いています。

「名」の起こりには、婚姻というものが大きな影響を与えています。古代においてはいまだ生産力が低く、人口の寡多《かた》は社会的な繁栄に直結する重要な指標でありました。すなわち結婚について考えるということは、人口を増やし、国力を発展させるために必要不可欠な問題であったわけです。ゆえに古代には、結婚を専門に扱う官製の媒人機関が設けられていました。『周礼』に「媒氏」という官職が見えます。「媒氏」は民間の婚姻に責を負い、適齢期に到った青年たちに結婚を督促することができました。令に従わず結婚しなかった者は、誰でも罰を受けなければならなかったのです。『周礼』「地官・媒氏」に「媒氏は万民の判を掌《つかさど》る」とあり、鄭玄の注に「判は〝半〟なり。耦《ぐう》を得て合《ごう》をなす。主にその半《はん》なるを合《ごう》して夫婦と成すなり」、すなわち「媒氏」とは「半」である独身の男女を「合」わせて、夫婦とすることを専職とする役人なのだとあります。

産まれた子供が三ヶ月目に「名」をもらうと、各家ではその出生の年月日と「名」を書いた証明を、「媒氏」から交付されなければならないことになっていました。「媒氏」はその届出をもとにした名簿を見て、結婚の督促を行うわけです。『周礼』「地官・媒氏」に「凡そ男女、名の成るより以上は、皆な年月日名を書す。男は三十にして娶らしめ、女は二十にして嫁がするなり」とあり、『管子』「入国」に「いわゆる独を合すとは、およそ国都の皆な掌媒《しょうばい》あり、丈夫にして妻なきを鰥《かん》と曰い、婦人にして夫なきを寡《か》と曰う。鰥寡を取りて和してこれを合し、田宅を予えてこれを家室とす、三年にして然る後にこれを事《あた》えしむ」とあるのは、いずれもそうした官製媒人の職務職責について述べているものです。古代、結婚の成立には媒人の存在が必要不可欠とされていました。このことについては『詩経』の中に、多くの例が提示されています。たとえば「斉風・南山」には「妻《めと》を取る如之何《いかがせ》ん、媒匪《なかだちあら》ずんば得ず」、また「豳風・伐柯」にも「妻《めと》を取る如何《いかがせ》ん、媒《なかだち》匪《あら》ずんば得ず」とあります。ただし、特定の状況下においては例外的に、自由恋愛による婚姻が許されていました。それは毎年の仲春の月の行事で、『周礼』「地官・媒氏」に「中春の月、男女を会わしむ。この時に於いてや、奔《はし》る者をも禁ぜず。もし故なくして令を用いざる者はこれを罰す。男女の夫家なき者を司《あきら》かにしてこれを会わしむるなり」とあるもの。「奔る者をも禁ぜず」というのは、媒がなくとも婚姻を結べる、という意味です。最も、これはあくまで、年かさになってしまった青年が妻を娶りやすくするための特殊な処置でした。先にあげた「男は三十にして娶らしめ、女は二十にして嫁がする」というのは、そうした男女の婚姻の、最終期限であったとも言えます。

　これについては『周礼』「媒氏」の注で賈公彦が、三国魏・王粛の『聖証論[*2]』を引き、以下のように言っています。『周官』(＝『周礼』)に云う〝男は三十にして娶らしめ、女は二十にして嫁《とつ》がす〟とは、男女の限りを謂う、嫁娶《かしゅう》のこと過ぐを得ず此れなり。三十の男、二十の女、礼を待たずしてこれを行うに、奔るところの者を禁ぜざれば、娶るに何をして三十をこれ限りとせんや。前賢に言あり、〝丈夫二十、室あらざるも敢えてせず、女子十五、その家あらざるも敢えてせず〟と。『家語[*3]』に

　魯の哀公、孔子に問う、「男子十六にして精通し、女子十四にして化す、これ則ち生民を以てすべきか、聞くに礼は男三十にして室あり、女二十にして夫ありとす」と。「豈《あ》に晩《おそ》からずや」と。孔子曰く、「それ礼はその極みを言うなり、亦た過ぐるに是ならず。男子二十にして冠すは、人となりに父の

端あればなり、女子十五にして嫁するを許すは、人に適《かな》うの道あればなり。ここにおいて以って往きて、則ち自ら昏す」と。然るに則ち三十の男、二十の女、中春の月というは、所謂その極みに法《のっと》るを言うのみ。

＊1　『戦国策』「趙策」「平原君曰く、勝や何ぞ敢えて事を言わん？　百万の衆、外に折け、今また内に邯鄲を囲まれて去らしむるあたわず…」秦が趙の邯鄲を包囲した時、魏は援軍を遣わしたが将軍が秦をおそれ進軍をとめてしまう、その状況に苛立ちながら平原君が言った愚痴の一節…のち危機に陥った平原君を、魏の信陵君無忌が軍律を破って救いにゆく有名な話の前段にある。

＊2　『聖証論《せいしょうろん》』…現在は散逸。当時の主流であった鄭玄の説を反駁する立場から、五経に注を付したもの。著者・王粛《おうしゅく》はまた『孔子家語』の偽作者ともされる。

＊3　『家語』…『孔子家語《こうしかご》』のこと。以下はダイジェストなのでまったく同じ文ではないが「本命第二十六」に該当のくだりがある。

父

「父《ふ》」は金石文で「」（揚鼎）、「又」の字に縦線を一本組み合わせたものです。「又」は手の象形文字ですが、では手に持っているのは何なのでしょう？

『説文解字』は「杖」だと解釈していますが、郭沫若は『甲骨文字研究』で、これを「石斧《せきふ》（いしおの）」だとし、字形から考えて、手に持った石斧を振り上げているところ、としています。歴史的な見地から、この石斧説のほうがより符合しているものと思われます。石斧は原始社会において主要な工具の一つでした。河南省の裴李岡および仰韶遺跡[*1]の発掘からは、数多くの石斧が発見されています。ここの石斧の素材は礫石で、細長い台形や長方形をした、比較的重厚なものです（図3-8、9参照）。ゲオルギー・プレハーノフ[*2]は『芸術を論ず』の中でこう述べています。「最も初期の石斧には柄はなかった。考古学が証明しているように、斧の柄の発明というものは、原始の人々にとって極めて複雑で困難なものであったと言えよう」。

「父」の字形の手にある物も、プレハーノフの言うような柄のない石斧、考古学で言うところの「ハンド・アックス（握り斧）」の類と考えられます。石器時代において石斧は、成人男子の生産・狩猟の道具であり、また戦闘のため身を守るための武器でもありました。そこからハンド・アックスは、成人男子を表わす象徴的な物となったわけです。甲骨文では、実際の父親と父親世代の人間が皆一様に「父」と称されています。先秦時代の文献において「父」とは男性年長者の通称でした。今も叔父・伯父・祖父・舅父・岳父・姨父[*3]などと言うよう、「父」の付く字は男性の年長者を示すものとなっています。

＊1　裴李岡《はいりこう》遺跡《いせき》／仰韶《ぎょうしょう》遺跡《いせき》…どちらも黄河中流域、河南省で発見された新石器時代の遺跡。裴李岡のほうがやや古い文化区分に属する。仰韶遺跡は紅色の色彩を加えられた陶器を象徴とする。

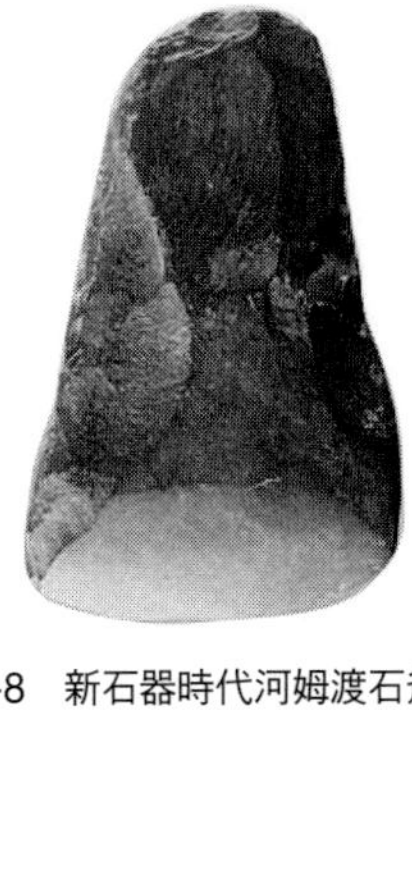

図3-8　新石器時代河姆渡石斧(一)

図3-9　新石器時代河姆渡石斧(二)

＊2　ゲオルギー・プレハーノフ（Georgij Valentinovich Plekhanov）…（一八五六～一九一八）ロシア・マルクス主義の父と言われる革命思想家。

＊3　叔父・伯父・祖父・舅父・岳父・姨父…中国語の家族内呼称は、日本のそれと比べると厳密でかつ細かい。日本語と字は同じでも意味が異なっている場合がある。それぞれ以下のとおり——叔父《シゥフー》（父の弟）・伯父《ポォフー》（父の兄）・祖父《ズゥフー》（これは同じ）・舅父《チゥフー》（母の兄もしくは弟）・岳父《ユェフー》（妻の父）・姨父《イーフー》（母の姉妹の夫）。

威

「威《い》」の原義は夫の母親です。金石文では「」（虢叔鍾）。『説文』「女部」には「威、姑なり。女に従い戌に従う」とあります。「姑」は「しゅうとめ」、「戌」は斧の類の武器をその原義としており、地位と権力の象徴を意味しています。古代、夫家の母は嫁婦に対して絶対的な権威を有していました。『礼記』「内側」には、嫁婦のしゅうとめに対する仕え方が、実に事細かに規定されています。たとえばしゅうとめと話す時には「気を下し、声を怡《よろこ》ばせよ」すなわち「落ち着いて、いかにも楽しそうに」、「出入には則ち、あるいは先《さきだ》ちあるいは後《おく》れて、敬《つつし》んでこれを扶持《ふじ》す」などといった具合です。『張家山漢墓竹簡』中の「二年律令・告律」によれば、嫁婦がもししゅうとめを告訴しても受理はせず、さらには「告者は棄市」すなわち斬首刑に処す、ということになっていたそうです。[＊1]

＊1　『張《ちょう》家《か》山《ざん》漢《かん》墓《ぼ》竹簡《ちくかん》』…一九八〇年代に湖北省荊州市荊州区張家山の漢時代の墳墓から発見された竹簡群。「二年律令」は前漢の呂公二年の年号の入った法律関連の文書。「告者は棄市」の原文「棄告者市」、この文言が含まれる一文は「子告父母、婦告威公、奴婢告主、主父母妻子、勿聴而棄告者市」、「威公」は夫の母父を指す。現代中国のドラマや小説でも、嫁姑問題が日本に増していまなお盛んで、この文を見出しに引いた記事が散見される。

男力

「男《だん／なん》」は男性を意味し、甲骨文では「」（京津2122）、「田」と「力」の組み合わせで出来ており、『説文』「田部」に「男、丈夫なり、田に従い力に従う、男の田に於いて力を用いるを言う」とあるよう、畑仕事にはげむ人を表わしています。人類が狩猟採集から農耕の時代に移行すると、しだいに女性は家内の労働に従事し、農耕作業などの「力仕事」は男性専門の役割となってゆきました（図3-10参照）。「男」の字が「田」と「力」で出来ているのはそこから来たものですが、「男」の下部を構成する「力」の字は、もともと農耕作業と関係があります。「力」の甲骨文は「」（乙8893）、これは農耕具の一つである「耒《らい》（すき）」の象形文字です（訳注、後述参照）。耒という道具は、土をおこしてやわらかくするためのもので、もっとも原始的な耒は、先端を尖らせ下のほうがやや湾曲した木

図3-10　睢寧漢墓耕作画像

の棒に、横木を一本加えて足で踏む部分としていました。これを使用する時には、手と足の両方を使い、かなりの「ちから」を必要とします。そこから「力」の字は「体力」「気力」の意味を表わすようになったのです。

〈訳注〉原文、「原始的な耒」の描写には疑問がある。おそらく（1）直木の先端に鍬のような刃を縦につけた踏み耒（刃のすぐ上に横棒、考古資料に多い）と、（2）原始的な「耒耜」すなわち牛馬に引かせる前段階の人力農具、古書中に出る（取っ手のところが横棒　棒の部分を「耒」といい、先端のブレードを「耜」という）が混じっている。（1）の場合、柄はまっすぐで、刃は鍬のようだが、鍬のように柄に対して垂直ではない。スコップのブレード部分が板状になったもの、といった感じ。柄が湾曲しているのは（2）だが、こちらの場合、横木は取っ手の部分を示す。ここでは一般的な「耒耜」をとった。

女　婦

「女《じょ／にょ》」は甲骨文で「」（乙1378）、手を胸の前で交差させて正座している人の姿に象っています（図3-11　参照）。これは温柔で賢い女性を表わすポーズです。古代の女性は一般に家の外では活動せず、その生活空間も主として家の中、室内に限定されていました。そしてこの、手を交差させて端座した姿が、当時の室内における女性のもっとも日常的な姿態であったところから、これをして女性を表わすものとしたわけです。古くより、女性というものは男性に比べ、柔らかく、

図3-11　秦端坐女俑

小さなものとされてきました。ゆえに「女」は、柔弱なもの小さなものを表わす語として用いられています。たとえば、古代の城の頂上につけられる背の低い障壁を「女墻《じょしょう》」と言います。この「女」は「小さい」という意味です。同じものを「堞《ちょう》」とも言い『説文』「土部」に「堞、城上の女垣なり」、段玉裁の注に「女は小さきを言うなり」とあります。また『詩経』「曹風・候人」「季女斯《きじょこ》れ飢えたり」に対し毛亨は「女、民の弱者なり」[*1]、『荀子』「賦篇」にある「此れ夫の身は女好《にょこう》にして頭は馬首なる者か」の「女好」を、楊倞は「女好、柔婉《じゅうえん》なり」[*2]と注し、『詩経』「豳風・七月」「彼の女桑《じょさん》を猗《と》る」の「女桑」を、朱熹の集伝は「女桑、小さき桑なり」と注しています。[*3]

「女」と「婦」は相対となる語で、「女」は未婚の女子、「婦」は既婚の女性を表わしています。「婦」の甲骨文は「」(乙8713)、「女」と「帚」の組み合わせで出来ており、「帚」は古代の「ほうき」の形を象ったものです。掃除に使う「ほうき」は屋内での生活においてもっとも日常的に使われる道具の一つです。ここから女性がほうきを持っている姿をして、室内で労働に従事する女性、すなわち既婚者の女性を表わす文字としたのです。

＊1　「季女斯れ飢えたり」…上節と合わせると「婉たり孌たり、季女斯れ飢えたり」、「婉孌」は若くてかよわい態、「季女」は「としごろの娘」食物について言うときに「今がその季節である」などと言うのと同じ。毛亨の注は本来この上下合わせて一節について「女とは…」という意味で言ったもので「季女」もしくはその「女」に限定した語注ではな

い。

＊2　「此れ夫の身は女好にして頭は馬首なる者か」…『荀子』「賦篇」にある五つの謎かけの一つ「蚕の賦」の一節、治世において大切な五つの事柄をなぞなぞの形式で解く。「柔婉」は人間に対しては女性の従順でしとやかな態、ここでは柔らかな蚕の身体とかけている。

＊3　「彼の女桑を猗る」…「猗る」は「はとる」とも訓ぜられ、ここでは葉だけを摘み取ることを言う。「女桑」はまだ木が育っていない桑、枝ごと採ると枯れてしまうので、葉だけを摘むものなので、「若い／弱い」の意味も含まれている。

子

「子《し》」は生まれたばかりの嬰児。小篆体では「」と書かれ、頭と胴体に手足を兼ね備えた、生まれたばかりの子供の姿を象っています。新生児はだいたい両手が少しあがった状態になっており、手を下ろすことができません。小篆体で手の部分が少し上に湾曲しているのはそのためです。またその両脚は襁褓《むつき》、おくるみの類でくるまれています。ゆえに小篆体でも、脚の部分が湾曲した一本の線で表現されているのです。

棄

「弃《き》（＝棄）」の原義は捨て去ること、放棄すること。『説文』には「」という古い字体があげられています。この字の上部は「子」の字をさかさまに書いたもの、下部は左右二本の手。これが生まれたばかりの嬰児を、両手で放り棄てる有様を象っていることは、間違いありません。楷書体になって、上部のさかさまになった子の部分（）が「𠫓」、両手（）が「廾」に変わって出来たのが、現在の中国語で使われている「弃」の字です。

この字はすでに『詩経』「周南・汝墳」という詩に「既に君子に見《あ》いぬ、我を遐《とお》く棄てず」とあり、その字形が両手で持ち上げた子供を投げ捨てようとしているものであることは明白なのですが、その理由、意味が分かりません。

現在中国の簡体字では「弃」ですが、繁体字では「棄」と書かれます。「棄」は甲骨文で「」（後下21・14）。こちらの字は三つの部分で構成されています。上は正位置の「子」の字、真ん中の部分はゴミ捨てに使われる「箕《み》」、下部は両手です。これもまた嬰児を投げ捨てている場面であることは明らかですが、どういうことなのでしょう。李孝定は『甲骨文字集釈』第四でこの甲骨文字について「字は子を〝〟の中に入れてこれを棄てる形を象っている。古代の伝説中に嬰児を棄てるという記載はあちこちにあるが、これを文字として表わしたのが棄と

いう字なのである」と解説しています。

『説文』「𠦒部」には「棄、捐なり、廾を以って𠦒を推しこれを棄つる。𠫓に従う、𠫓は逆子なり。弃、古文の棄」と、あります。「捐《けん》」は捨て去ること。「逆《さか》子《ご》」は古代、親に仇なす「不孝の子」であるとされていました。すなわち「逆子」であるから棄てるのだ、というのです。

しかし、古代には「子捨て」という習俗がありました。最も有名なのは、周の始祖「后稷《こうしょく》」の伝説でしょう。『史記』「周本紀」にいわく、「周の后稷、名は弃。その母は有部氏の女《むすめ》、姜原《きょうげん》と曰う。姜原は帝嚳《ていこく》の元妃たり。姜原、野に出でて巨人の迹《あしあと》を見、心欣然《きんぜん》として説《よろこ》び、これを践《ふ》まんと欲す。これを践みて身動く、孕《はら》む者の如し。居《お》る期にして子を生む。以って不祥となし、これを隘巷《あいこう》に弃つ。馬牛の過ぎる者、みな辟《さ》けて践まず。徙《うつ》してこれを林中に置く、たまたま山林、人多きに会《かい》す。これを遷《うつ》して渠中《きょちゅう》の冰上《ひょうじょう》に弃つ。飛鳥その翼を以てこれを覆薦《ふくせん》す。姜原、以て神となし、遂に収養《しゅうよう》してこれを長ず。初めこれを弃てんと欲す。因りて名づけて弃と曰う」と。

このいわゆる「子捨て」という風習は、あくまで仮に棄てるものであって、その目的は子供の無事健康なる成長を願うものです。「弃」の表わすところもおそらくはここに起するのではないでしょうか。

保

「保《ほ》」の原義は嬰児を背負うこと。金石文では「」（父丁簋）、字の左がわは一人の大人が横を向いているところ、横向きなので足は一本しか描かれていません。手も一本、これは背中の子供をささえるため、ぐるりと回されている。この大人の頭の部分のすぐ後ろにあるのが「子」の字です。非常に具象的な字形で、まるで絵画のようです。しかし、このままでは余りにも絵画的で書きにくいため、後に少し改造され、「」（邾公華鐘）という字形となりました。左にあった横向きの人間を「」に、ぐるりと回されていた腕は断ち切られ、「子」の右下に一本の線として残っています。一度バラバラにされると、漢字というものは、自然と新たなバランスを求めて進化してゆくもので、のちに「子」の左がわにも、線が一本加えられて「呆」となり、現在の字形となりました。『尚書』の「召誥」には「夫れ知る、厥《けつ》の婦子《ふし》の携持《けいじ》し保抱《ほほう》して、以って天を哀籲《あいゆ》せしを」という一節があります。「携持」は手をひき、あるいはつなぐこと、「保抱」は背中に負い、あるいは胸に抱くこと、この「保」はまさに原義どおりの用例です。

教

「教《きょう》」の原義は、教育すること、教化することです。甲骨文では「」（前5・20・2）、『説文』「攴部」には「教、上の施す所は下の効《なら》う所なり」とあります。目上の者が教えたことを、目下の者がまね従うことだ、という意味です。「教」の字は「孝」と「攴」の組み合わせで出来ています。「攴」は「卜」と「又」の組み合わせで、これは手で杖を持って教えている様子、すなわち「教えている」人を表わしています。甲骨文字の「孝」の部分は、現在の「孝」の字ではなく、『説文』にある「斆」という字と同じく、「爻」と「子」の組み合わせで出来ています。「爻」は『説文』「爻部」にも「爻、交なり」とあるように「交流する」こと、ここでは主に思想上・知識上の交流を示しています。すなわちこれは児童を交流させること、教育を受けさせるということで、「教」という字はこれらを組み合わせ、児童に対し教鞭を執っているところを表わしているわけです。徐鍇の『説文解字繋伝』、「教」の下注には「攴は、執りて以って教え人に尋ぬるの所なり。孝の音は教、爻なり、会意」とあります。

〈訳注〉原作では「教」を「孝＋攴」とし、「孝」は「「爻」と「子」の組み合わせ」だとしているが、だが「孝」は甲骨文においても金文においても「老」と「子」の組み合わせである。「教」を単純に「孝＋攴」とするのは『説文』の解釈による古い説で、甲骨文字における「教」の左側はあくまでも「爻＋子」で、同じく甲骨文字における「孝」の字とは別物である。

学

「学《がく》」は旧字体で「學」、金石文では「」（盂鼎）、「爻」「子」「冖」「臼」四つの組み合わせで出来ています。このうち「臼《きゅう》」は字音を表わす声符、「爻」は『説文』「爻部」に「爻、交なり」とあるよう、「交流」を意味します。「子」は児童、爻の下に子を置いて、児童に思想や知識を伝授教育するといった意味を表わしています。「冖」を『説文』「冖部」は「冖、覆いなり」としています。これは、児童がなお「開かれていない」無知蒙昧な状態にあることを示しています。これらを組み合わせることで、学習することによりその無知蒙昧が晴れるのだ、という意味を表現しているのです。清の王鳴盛[*1]は『蛾術篇』「説字」のなかでこう言っています。「およそ人というものは生きている限り何時までたっても無知蒙昧なものだ、たまたま師となる人物に出遭って教えを受け、その蒙をはらってもらう、そうしてはじめて〝分かる〟、これいわゆる〝後覚、先覚に効う〟というものである」。

＊1　王鳴盛《おうめいせい》は清の考証学者。ここに引かれた「後覚效先覚」は『論語』の冒頭「子曰く、学びて時にこれを習う…」の「学」に対する朱熹の注。「学の言うところや效《こう》なり。人性みな善なるも、覚《きず》くに先後あり。後覚者は必ず先覚の所為《しょい》を效ね、すなわちもって善なるを明らかにしてその初《はじめ》に復《かえ》るべきなり」（論語集註より）

第四章

漢字と文学・芸術

現在、「神話上の」事物や事象とされていることは、古代の人々の心の中では客観的な事実であり、現実として存在するものでした。また、古代において音楽と舞踏は分かちえぬ一つのもので、その主な役割は、鬼神と人間を通じ合わせることにありました。この章では、漢字に記録されている「書籍」――文学を記し今に伝えたそれが、古代において一体どのようなものであったのかについても、述べてゆきたいと思います。

杲 杳 東

太陽に関する神話や伝説は、中国にも数多く存在しています（図4-1～3　参照）。伝説によれば、古代この世界には十個の太陽があり、それらはすべて天帝・俊とその妻・羲和《ぎわ》の間に生まれたものだったそうです。俊と羲和は宇宙の東方にある湯谷《ようこく》に住んでおり、その住居は一本の巨大無比なる大樹とされています。「扶桑《ふそう》」あるいは「榑桑」と呼ばれるこの木は、高さ数千丈、幹まわりは千人で囲んでも足りないほどで、形は桑に似ているそうです（図4-4、5　参照）。十個の太陽のうち九個はこの扶桑樹の下のほうの枝に、一個は上のほうに住んでおり、一個の太陽が、代わり当番で毎日天空を一周し、夜になるとまた扶桑樹に帰ってきます。前の太陽が帰ってくると、つぎの太陽が出発する、そうして日々、日は昇り日は沈むというわけです。この神話はよく知られたものであったらしく、似たような伝承が『楚辞』『呂氏春秋』をはじめ、『淮南子』[*1]『山海経』『十洲記』[*2]など複数の文献にも見られます。たとえば『山海経』「海外東経」には、「湯谷の上に扶桑あり、十の日が浴する所、黒歯の北に在り。水中に居りて、大木あり、九つの日、下の枝に居り、一つの日、上の枝に居る」、「黒歯《こくし》」は「黒歯国」、東方にあると言われた歯の黒い人間の住む国のことです。また同書「大荒東経」にも「湯谷の上に扶木あり、一日まさに至らば、一日まさに出づる」という記事

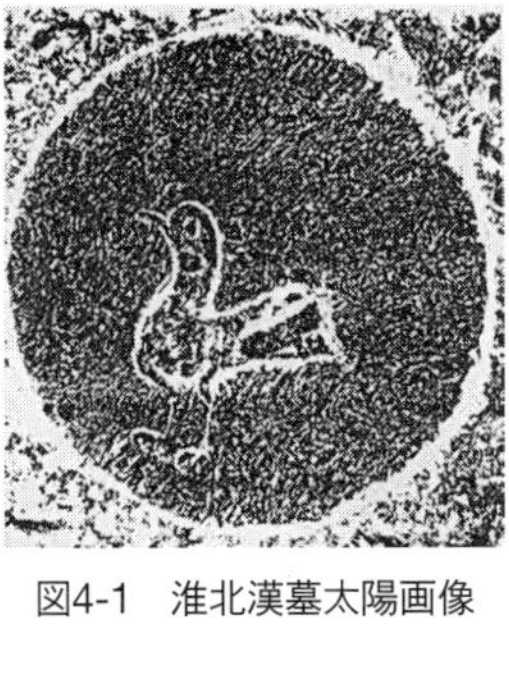

図4-1　淮北漢墓太陽画像

図4-2　南陽漢伏羲捧日画像石

図4-3　南陽漢后羿射日画像石

があります。『十洲記』には「扶桑は碧海の中に在り…地に林木多し、葉みな桑の如くまた椹あり。樹長数千丈、太きは二千余圍、樹、両両《ふたつ》ながら根を同じうして偶生《ぐうせい》し、更に相い依倚《いき》す。これを以って名づけて扶桑となす…」とあります。「椹」は桑の実のこと。『淮南子』「天文訓」には「日は湯谷に出で、咸池《かんち》に浴し、扶桑に払う、これを晨明《しんめい》と謂う。扶桑に登り、ここに始めてまさに行かんとす、これを朏明《ひめい》と謂う。曲阿《きょくあ》に至る、これを旦明《たんめい》と謂う…」とあります。「咸池」は湯谷にあるという温泉で、太陽はここで身体を清め疲れをいやす、とされています。「晨明・朏明・旦明」というのは、日の出から日の入りまでを表わす言葉です。

神話というものは、作られた時代の人々にとっては真実の物語でしかありませんが、客観的見地からすると、その世界観には大きな歴史的価値が見出せます。この太陽の住む場所とその巡行に関する観念とその影響はじつに深遠で、漢字の中にも、その反映が見られます。たとえば「杲《こう》」「杳《よう》」「東《とう》」の三字は、まさにその神話の内容になぞらえて作られた文字なのです。「杲」は「日」が「木」の上にあります。日は太陽、そしてこの木はただの樹木ではなく「榑桑（＝扶桑樹）」を表わしています。「榑」は『説文』「木部」に「榑、榑桑、神木。日の出づる所なり」とあり、徐鍇『説文解字繋伝』は「〃扶桑に登る、これを朏明と謂う〃、故に杲の字、日の木上に在り」と言っています。

図4-4　三星堆扶桑樹

図4-5　戦国曽侯乙墓漆画扶桑樹

この「扶桑に登る、これを朏明と謂う」というのはもちろん、先の『淮南子』にある太陽の巡行を描写した一節を引いたものですが、この神話の記述をそのまま字にしたのが「杲」なのです。「杲」の原義は、太陽がまさに昇らんとする時の明るさ。『詩経』「衛風・伯兮」に「其れ雨ふらん其れ雨ふらん、杲杲《こうこう》として出づる日あり」という一節があり、毛亨はこれを雨雲のすきまから、日の出のように薄ぼんやりと陽がさしてくる様子である、と言っています。

「杳」の字は「杲」の正反対、太陽は木の下にあります。これは空を巡った太陽が、扶桑樹の下に帰ってきたところを表わし、その原義は日暮れ、薄暗がりです。[*2]『説文』「木部」には「杳、冥なり」とあり、段玉裁は『説文解字注』で「〝暮〟とは、日ありて且《まさ》に冥《くら》くならんとするなり、〝杳〟は則ち全く冥し、（日の）暮れてより地下を行き、榑桑の下に至るなり」としています。また『管子』「内業」に「杲として天に登るが如く、杳として淵に入るが如し」とあることからも、杲と杳が意味的にも字形的にも、真逆の状態であることは説明できましょう。[*3]

「東」の字は金石文で「東」（㝬鍾）、「日」は「木」の真ん中に位置しています。これは太陽の住んでいる場所をして、その方角、すなわち東方を表わす字としたものです。「東」には物を入れ上下を縛った袋を象ったもので、「橐」を本字とするという説もありますが、これは字形から推断したもので根拠に乏しい。実際、文献中において「東」を「ふくろ」の意味で用いた例は未だ見つかっていません。『説文』「木部」、「東」の下注には「日の木の中に在るに従う」とあり、段玉裁は

「木、榑木（ふぼく＝扶桑樹）なり。日の木の中に在るを東と曰い、木の上に在るを杲と曰い、木の下に在るを杳と曰う」としています。

徐鍇は『説文解字繫伝』の「杲」の下注に「『淮南子』に曰く、日の〝扶桑に払う、これを晨明と謂う〟、故に東の字の日は、木中に在るなり」と書いています。太陽は東から昇るもの、古人が神話にある太陽の住処を東方と定めたのも当然と言えましょう。

＊1　『淮南子』「天文訓」…該当の箇所は「天文訓下」にあり「湯谷」は版本により「暘谷《ようこく》」ともある。

＊2　漢字の暗さにはいくつかの種類があり、おおよそ以下の通り。
昏（薄暗がり）暁
冥（光がなくて）暗い
晦（まっくら闇）暗黒
暗・闇（輝度として暗いこと）光はある。
「冥」は暗闇ではあるが、日が沈んだ直後の闇で、「光があった」ことを前提としており、完全な闇を指す「晦」よりは明るい。

＊3　『十洲《じゅっしゅう》記《き》』…『海内十洲記』『十洲三島記』とも、一巻。仙人としても有名な東方朔の著、と言われる。読み下しは増訂漢魏叢書の版本（「方丈」付「扶桑樹」）よりのものを採用した。ここには十日伝説は絡んでいないが、「この木の実を食すと身体が金色に光る」とするあたりに、太陽神話の名残が残っている。

無 舞

「無《む/ぶ》」と「舞《ぶ》」はもともと同じ一つの字でした。甲骨文では「」(粋1312)。字の中心部は「大」、これは正面から見た人間の姿で、両腕を左右に広げ、手には踊りの道具を握っています。字は一人ですが、この姿はまさしく『呂氏春秋』「古楽」に「昔、葛天氏《かってんし》の楽は、三人、牛尾を操《と》り足を投じて以って八闋《はっけつ》を歌う」と書かれているもの、すなわち牛の尾で作った飾りを持って踊っている姿にほかなりません。原始時代において、舞踏とは人間が無形の大自然の力と交流するための手段で、その目的は単なる娯楽ではなく、自然の力と通じ、自分たちの幸福やその加護を得ることにありました。「無」というのは、そうした形骸なき大自然の力を指した語だったのです。ゆえに『老子』の第四十章には「天下万物、有より生ず、有は無より生ず」とあり、王弼も注で「天下の物、皆な有を以って生をなす、有の始まる所、無を以って本となす」としている、これらの「無」という語の指すところ、「形骸なき大自然の力」とは、原始時代の人々が稲妻や雷鳴、あるいは種々の自然災害から感得した神秘的な力で、後世になるとこれは「神霊」となり、無・有という語ではあまり表わされなくなりました。金石文で「無」は「」(史頌簋)と書かれました。字の上部は「𠂉」に変わり、中央部の左右にあった牛の尾の飾りは横線で結ばれています。この後、足の部分が点に変わって、今

図4-6　唐舞伎俑

の「無」という字形となったわけです。そして、「無」という字が「ある・なし」の意味で用いられるようになった後、原義である「踊り」の意味を専門に表わすため、「無」の字の上半分に、左右反対にむけた足の形、すなわち「舛《せん》（まいあし）」を加えて作られたのが「舞」の字です（図4-6、7参照）。

楽

「楽《らく／がく》」は甲骨文で「」（合集36501）、金石文では「」（召楽父匜）と書かれました。羅振玉『増訂殷墟書契考釈』の解釈によれば、甲骨文字の「楽」の上は「絲」、下は「木」で、もともとは木に糸をかけたもの、すなわち琴や瑟といった弦楽器を表わしており、それに金文で「」、調弦器――糸巻き、ペグの類が追加されたのだ、ということになっています。比較的信用できる解釈かと思われます。[*1]往昔「楽」とは楽舞の総称、すなわち「音楽」と「舞踏」を包括した語だったのです。古代、「楽」と「舞」は、一つのものでした。「楽」について『呂氏春秋』の「古楽」には次のようにあります。「昔、葛天氏《かつてんし》[*2]の楽は、三人牛尾を操《と》り足を投じて以って八闋《はっけつ》を歌う。一を載民《さいみん》と曰い、二を玄鳥《げんちょう》と曰い、三を遂草木《すいそうもく》と曰い、四を奮五穀《ふんごこく》と曰い、五を敬天常《けいてんじょう》、六を建帝功《けんていこう》と曰い、七を依地徳と曰い、八を総禽獣之極《そうきんじゅうのきょく》と曰う」「葛天氏」は古代の部族の一つ。単に「葛天氏の楽」と

図4-7　西漢盤舞青銅扣飾

言ってはいますが、それが音楽と舞踏を合わせたものであったことは明らかです。「足を投じて以って八闋を歌う」というあたりに、歌いながら舞うその情景がよく表わされていますし、「牛の尾」は舞踏の道具です。今も残る『詩経』中の歌辞[*3]はすべて、実際のところこうした歌舞の歌詞であったとも言われています(図4-8、9　参照)。

*1　『説文』「木部」は「五声八音の総名。鼓鞞《こへい》の木虡するに象《かたど》るなり」すなわちデンデン太鼓の類の楽器を木のテーブルの上に置いたところである、としている。また「楽」は「櫟《くぬぎ》」の木を象ったもので、これを音楽に当てたのは仮借とする旧説もあるが、文献上「楽」を「櫟」の意味で使った例がなく、現在はあまり行われていない。

*2　葛天氏は伏羲氏とも言われる。縄、衣服、歌舞の発明者とされる古代の帝王。『呂氏春秋』の八闋を『詩経』と結ぶのは、その中に「載民(=生民　大雅)」「玄鳥」など、現行の詩経に伝わる詩題に共通したものが見られるためだが、証拠はない。

*3　「今も残る『詩経』中の…」…M・グラネーの『支那古代の祭礼と歌謡』などによって提唱された説。それまでの朱子学的解釈では、すべての詩は聖王の事蹟に基づいたものとされ、春秋などに見える歴史的な事件と結び付けて解釈されていた。

聴　聖　声　磬

「聴《ちょう》」「聖《せい／しょう》」「声《せい／しょう》」「磬《けい》」の四文字は、本来すべて一つの文字でした。甲骨文

図4-8　西漢楽舞雑技俑

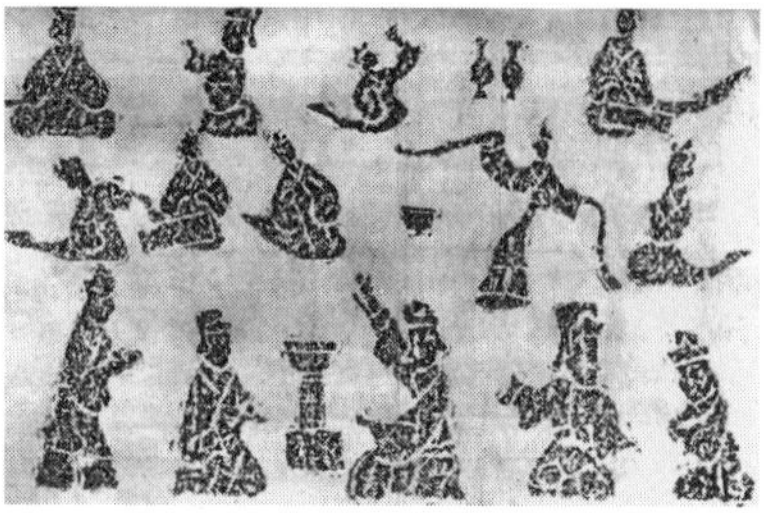
図4-9　南陽漢楽舞画像石

では「」(後下30・18)「」(乙5161)、「」(粋1225)などと書かれています。一番目の字形の左部は「耳」の象形、右は「口」を象っています。二番目の字形は反対に左が「口」、右がわは「人」の字の上に大きな「耳」を書いたもの。人の字の上に耳が突出しているのは、これが人の耳であることを示しているだけのことで、実質的には「耳」を表わす象形文字と変わりません。三番目の字形の左上端には打楽器の一種である「磬」が懸かっています。この部分は磬架（磬をぶらさげる台）と磬を象どっており、上に三本突き出しているのは磬架の装飾、その下が石で出来た磬の本体です（図4-10、11参照）。右半分は「又」と磬を叩く槌を組み合わせたもの。「又」は手の象形、すなわち手で槌を持って磬を鳴らそうとしているわけです。字形の中央部には「耳」、左下には「口」があります。この字形の中で、「殸」にあたる部分と「口」はいずれも発声するがわ、「耳」はそれを受けるもの。口と磬の発する音を耳が感受したものが「声」、そしてこのように耳が感受する動作を「聴く」と言うわけです。

『説文』「耳部」に「聖、通ずなり」とあり、『尚書』「大禹謨」に「乃《すなわ》ち聖、乃ち神」、偽孔伝[*1]に「聖、通じざる所無きなり」と注されているよう、「聖」とはもともと、聴覚が鋭敏で、広く見聞に通じていることを言いました。「聴」「聖」「声」の三字は、その意味に重なるところがあったため、一字で表わされていたわけです。実際、先秦時代の文献では、この三字がよく通用されています。

現在の「聖」という字が、先にあげた甲骨文の二番目の字形、人の上に大きな

図4-10　曽侯乙墓編磬

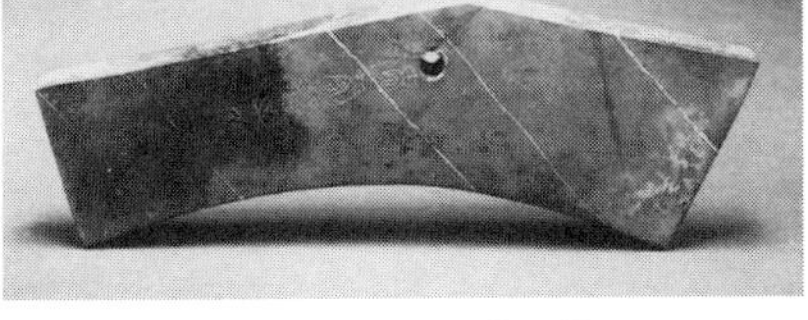

図4-11　曽侯乙墓単磬

耳があるという甲骨文字から生じたものであることは、その原義からしても明らかです。字の下部の「人」が「壬」に変化していますが、この「壬」は字音を表わす声符です。「馬王堆漢墓帛書」の「老子乙本」では「聖」の字が「[耳+口]」と書かれていますが、これは先にあげた甲骨文の一番目の字形を継承したものでしょう。

「聴」は旧字体で「聽」、字の左がわは上が耳、下が壬。明らかに「聖」同様、耳の下に人を描いた甲骨文の字形から生じたものであります。この第二の字形は、左がわの「口」を省略して「」（存1376）と書かれることがあります。「聽」の左がわは、その「口」を略したもの、右がわの「悳」は後になって加えられたもので、『説文』「耳部」は「聽、聆《き》くなり、耳に従う、悳、壬の声」とし、段玉裁は「耳に聴くは、耳の得るところあるなり」と注しています。「悳」は「徳」と同じ。『広雅』「釈詁三」に「徳、得るなり」とあります。ここからすると「聴」という字は、「人《じん》」が声符の「壬《じん》」に変化したことによって、「人」と「耳」が切り離されてしまったので、そこにまた「悳《とく》」を加えて「耳」とむすびつけ、「耳」の「得《え》」るところある、すなわち人が聴くという行為を表わしたものなのではないでしょうか。

「声」は旧字体で「聲」、これは先にあげた甲骨文の第三の字形が変化したもので、「口」の部分が省かれています。「殸《けい》」は「磬」の本字で、甲骨文の示すとおり、槌を手に磬を叩く形から出たものです。この打楽器は石で作られるものでしたので、後世そこに「石」が加えられ、現在の字形となったわけです。

＊1　偽孔伝…『古文尚書』に付せられた孔安国の注。『古文尚書』のテキストとしての正当性には、宋代から疑念が持たれていたが、清代の考証学者により『古文尚書』の二十五編は魏晋代の偽作であることが証明され、以降、当該の編の注釈には「偽」の字が冠せられるのが通例。

笛

笛は中国古代において、最も古い起源を持つ楽器の一つです。『説文』「竹部」には「笛、七孔の筩《とう》なり。竹に従い、由の声。羌笛《きょうてき》は三孔」とあります。「筩《とう》」は竹筒のことです。これからすると「笛」は音から出来た形声の字で、主として竹で作られるので竹に従う、すなわち竹冠の字なのだ、ということになりますが、現今までに出土した「七つ孔の笛」の中でもっとも古いものは、七七〇〇～七八〇〇年前、新石器時代に作られた「骨笛」なのです。一九八六年から翌年までの間に、河南省舞陽県賈湖にある新石器時代の遺跡の墓から、実に十六本もの骨製の笛が出土しました。これらの骨笛は、鶴の類の鳥類の翼の骨の両端の、関節の部分を切り取って、錐に類する工具で孔をあけたものです[*1]（図4-12　参照）。標本番号20の一本は、全長二二・二センチ、筒の太さは一・一～一・七センチ。ぜん

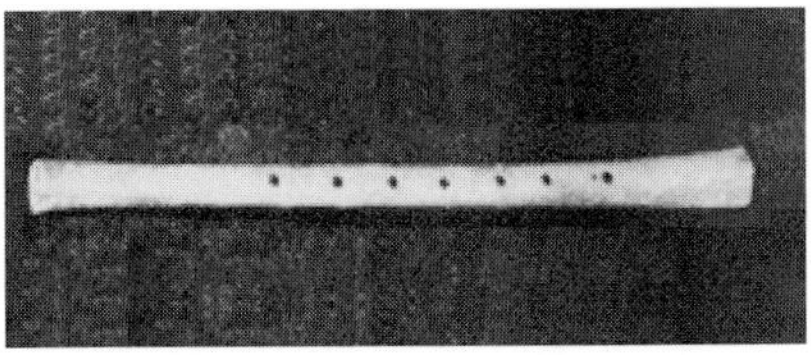

図4-12　河南舞陽新石器遺址骨笛

ぶで七つの指孔があり、指孔の口径は約四ミリ、孔の間隔は一・五～一・九センチ、孔は同一の面上にあけられており、第六と第七孔の間には筒音調整のためと思われる、指孔の三分の一ほどの大きさの小さな孔が一つあります。計測実験の結果、この七孔笛は、現在の西洋音階と同じような七音の音階を奏でることが可能であったそうです。このほか一九七九年にも同じ河南省・長葛石固の新石器時代の遺跡墓から二件、単孔の骨笛が出土しています。[*2]そのうちの一本は、長さ六・八センチ、太さ一・二～一・三センチ、内径一・一～一・二センチ。断面は半円形で、骨の中央部分に楕円形の孔が一つあけられており、炭素14による年代測定で、いまから八一〇〇年ほど前のものであるとされました。

一九七六年、広西省貴県の羅泊湾一号西漢墓から出土した一本の竹笛[*3]は、端から四分の一ほどのところに節のある竹（節は抜かれていない）で作られており、短いほうに一個、長いほうに七個、ぜんぶで八個の孔があけられていました。七つあるほうの孔のうち一つは、竹節のすぐ近くにあることから、測音孔とされています。この笛では、第一孔と第二孔、第三・四・五孔、第六・七・八孔、それぞれが一組となっていて、その部位の周辺だけ、竹の表皮が部分的に剥かれていました。全長は三六・三センチ、外径二・二センチ、内径一・七センチ、孔の直径は三ミリほど。

西漢時代には四孔の笛と五孔の笛があったとされています。最初のころ、「笛」

というのはすべて竪笛で（図4−13、4−14）、今ある「簫《しょう》」*4に似たものでした。これが横吹きの笛を意味するようになったのは、唐・宋以後のことです。*5

＊1　鶴の類の鳥類…多くの資料は水鳥の尺骨とするが、より具体的に鶴、もしくは丹頂鶴とする記述も見られるが、具体的根拠については触れられていない。李純一『中国上古出土楽器総論』では、この標本番号M282…20の材料について「猛禽骨」とある。

＊2　長葛石固の骨笛二件…楽器分類上これは「笛」ではなく「哨《しょう》」、ホイッスルの類とされている。最も初期段階の吹奏楽器の一形態ではある。

＊3　羅泊湾一号西漢墓から出土した一本の竹笛…標本番号・羅M1…313。竹の節が抜かれておらず、閉鎖管（片側が閉じている）の竪笛として、両端どちらからでも吹けるようになっている。短いほうは高音用とされている。

＊4　簫《しょう》…洞簫、中国尺八の類。日本の尺八に比べると細く長い。パンフルートの「排簫」に関しては後項参照。

＊5　現在の「笛」につながる楽器の最も初期の記録は、一般に『周礼』中にある「篴《てき》」とされる。『周礼』「春官・笙師」に「笙師は竽・笙・塤・籥・簫・篪・篴・管・春牘・応・雅を吹くを教うるを掌どり…」とあり、『玉篇』など古い字典中でも「笛、徒的の切、七孔の筩なり。篴、同上」と「篴」を「笛」と同字あるいはその古字と見なした例が多い。先にあげた『周礼』中の楽器名のうち、「篴」は五孔の竪笛、今の「横に吹く」笛にあたるものは「篪《ち》」とされる。これらの楽器について、実際のところは不明のものも多く、「笛」の字とその楽器が「篴」とつながるものかどうかの確証はない。

図4-13　漢吹笛俑

図4-14　漢代胡人吹笛俑

塤

「塤《けん》」の本字は「壎」、字形はだいぶ違いますが音は同じです。『説文』「土部」に「壎、楽器なり。土を以ってこれをなす、六孔。土に従い、熏の声」、塤も形声の文字で、これが「員の声」となっています。漢・劉熙《りゅうき》の『釈名《しゃくみょう》』「釈楽器」には「塤、喧なり。声濁りて喧喧然たるなり」すなわち「塤とは喧《けん》（かまびすしい）である。こもった音がわんわんと響いてやかましいからだ」と書かれています。

文献によれば、「塤」[*1]という楽器は鶏卵に似ており、上は尖って底は平ら、ぜんぶで六つの孔があり、てっぺんの孔が吹き口になっている、とされています。後秦・王嘉の『拾遺記』巻一では、陶塤は古代の帝王・庖犧氏《ほうきし》（＝伏羲《ふっき》）の発明したものということになっていますが、実際、塤という楽器の起源は古く、新石器時代にはすでに、比較的広い範囲で陶塤が使用されていたことが分かっています。陶塤は多く鶏卵形をしており、少し尖っているてっぺんのところに吹き口が設けられ、胴の部分に音孔があけられています。音孔の数はやや一定せず、一個だけのものもあれば、最大七つもの音孔があいている場合もあります（図4-15〜17参照）。そのほか、魚や人頭、怪物の顔を模したもの、あるいはさまざまな獣の頭を模した異形の「塤」も見つかっています。

図4-15　河姆渡遺址陶塤

図4-16　商代陶塤

図4-17　商代骨塤

*1　「塤《けん》」とは、狭義では秦・漢以後、宮廷音楽に使われ、歴代の楽器絵図にも見られるような「吹き口の少し尖った鶏卵状・多孔」の土笛、陶笛を指す。末尾にあるような出土品中の異形のもの、あるいは吹口だけのものは「陶笛」「陶哨」に類されるべきだが、一般には小型の陶器製笛の類をまとめて「塤」とすることが多い。

簫

「簫《しょう》」は複数の管をまとめた編管楽器です。中国ではすでに殷周時代の墓の中から、骨で出来た「簫」が発見されています。[*1]『説文』「竹部」には「簫、参差管《しんしかん》楽《がく》たり。鳳の翼に象《かたど》る。竹に従い、粛の声」とあります。一九七八年、河南省の淅川県倉房郷下寺一号春秋墓から、白い石製の簫が出土しました。最大長一五センチ、幅八・三センチ、全部で十三本の管が刻まれており、楽器の上端は同じ高さにそろえられ、そこから十三条の管孔が穿たれています。下端は最大のものから各管しだいに短くなっており、管の中ほどのところには横帯が一本、やや傾いで斜めに彫りこまれています。これは管をまとめる帯・紐のようなものを表現したものです。管孔の内径は最も長いものから漸次小さくなり、低い音から高い音まで、それぞれの管がそれぞれ異なる音階を奏でられるようになっていました。[*2]同じ一九七八年、湖北省随県の曽侯乙墓からは二件の竹簫が出土しています。どちらも苦竹で作られており、形状と作りはほぼ同じ、寸法もほとんど変わりません。簫全体は鳥の翼のような外見で、上端を同じ高さに揃え、下端が漸次短くなった長短十三本の管を並べ、三本の竹製のバンドでたばねています。二件のうち一件は、上端部の幅一一・七センチ、下端幅（一番長い管の外径）は八・五ミリ、演奏姿勢に立てた時、左端になる最も長い管が二二・五センチ、右端の最も短い管が五・〇一センチ、楽器の幅はだいたい一センチほどでした。各管は細い竹の一節を加工して作られており、やや細くなっているほうの端を切断し、縁を薄く削って、吹き口にしています。下端の節は抜かれておらず、そのまま管の底になるように加工されていました。出土した当時、この簫の管のうち八本はなお音を出せる状態であったため、その音の並びは、中国の伝統的な音階である十二律やその順序排列とは異なる、少なくとも六つの音で構成された音階であったことが分かっています[*3]（図4-18 参照）。『爾雅』「釈楽」によれば、簫には三十二本の管を持つ「大簫」と、十八本の管の「小簫」という二種類があったとされています[*4]。簫はまたの名を「排簫《はいしょう》」、これは竹管を排列したものであるところから来た名前。また、冒頭にあげた『説文』にもあるように「参差」とも呼ばれます。『楚辞』「九歌」に「参差を吹きて誰をか思う」とある「参差」がそれで、これもまた長短の管を排列したものであることにちなんでいます[*5]。文献によれば、古く簫の管の底は蝋で塞いでいたとされています。底を塞がず上下の開いた筒状にしたものは「洞簫[*6]」とも呼ばれました（図4-19 参照）。

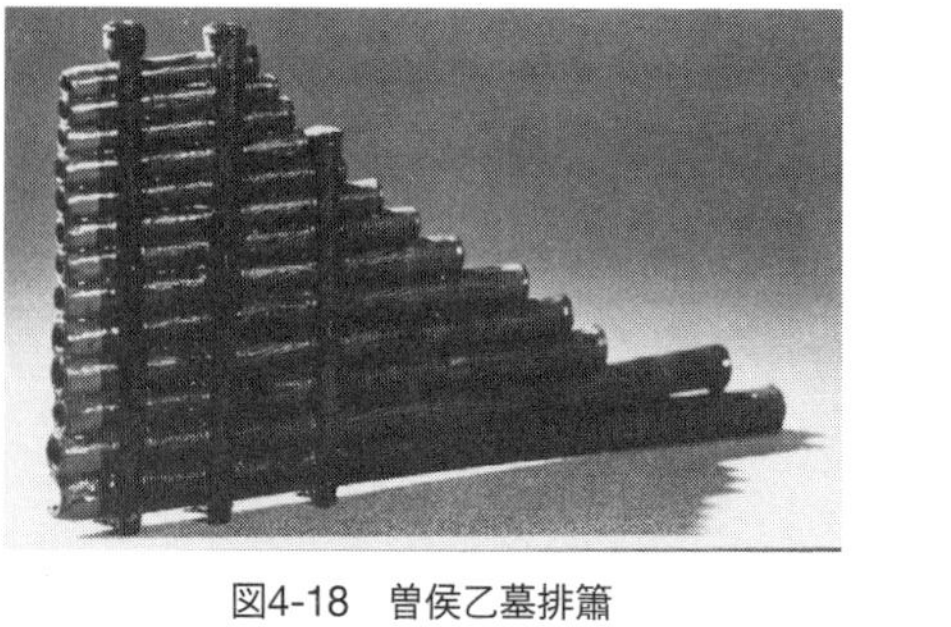

図4-18　曽侯乙墓排簫

図4-19　漢歌舞吹簫俑

＊1　河南省鹿邑太清宮長子口墓出土の骨籥のことと思われる。一九九七年、殷末周初、西周時代のものと考えられる墓より、4件の骨籥が発見された。

＊2　河南省浙川県倉房郷下寺一号春秋墓…標本番号M1…17、浙川下寺一号楚墓、楚国の貴族の墓と言われる。

＊3　曽侯乙墓竹籥…標本番号C・28およびC・85、C・28はほぼ完全な状態で出土したが、C・85は一部の管に損傷があった。図4-18はおそらくC・28と思われる。

＊4　『爾雅』「釈楽」によれば…『爾雅』「釈楽」の「大籥これを言《げん》と謂い、小なる者これを筊《こう》と謂う」とあり、郭璞の注にそれぞれ「二十三管を編む、長尺四寸」「十六管長二寸。籥、一名籟」とあるを言う。

＊5　参差…『詩経』の最初の歌「関雎」に「参差《しんし》たる荇菜《こうさい》、左右流れに之《と》る」とある。長短不ぞろいな様子。長いものと短いものが入り混じった状態を「参差」という。

＊6　現在中国で「洞籥《トンシャオ》」と呼ばれる楽器は、編管ではなく単管の竹製の縦笛。前面に五孔、背に一孔。日本では中国尺八とも呼ばれる。郭沫若は『爾雅』「釈楽」の「大籥これを言と謂う」とある「言」を、その甲骨文字の形状から単管の楽器と考えており（『甲骨文字研究』「釈龢言」）、「籥」を現在の単管の洞籥につながるものと考えるむきもあるが、上注にもあるように郭璞の注には「二十三管を編む」とあり、洞籥という名が確実に単管の楽器と分かる文献例が宋代以降にしか見当たらないことからも、やや疑念が残る。

竽　笙

「竽《う》」と「笙《しょう》」は古代のリード（簧）付き管楽器です。二つの楽器の外見は良く似ていますが、「笙」に比べると「竽」のほうが大きく、管も多く付いています。

『説文』「竹部」には「竽、管三十六簧《こう》なり。竹に従い、于の声」、『玉篇』「竹部」にも「竽、三十六簧の楽なり」とあり、『周礼』「春官」の「笙師」に鄭玄は鄭司農の説を引いて「竽は三十六簧。笙は十三簧」と注しています。

一九七二年、明器（副葬品）として一件の竽が、湖南省長沙の馬王堆一号漢墓から出土しました。全長七八センチ、竹と木で作られており、竽斗《うと》（胴体部分）、竽嘴《うし》（吹口部分・マウスピース、口を当てるところ）と二十二本の竽管で構成されていました。竽頭《うとう》（胴体から突き出た吹口の部分）と竽嘴は木製、竽斗は半球状の二つの木片を貼り合せて作られており、その前後の半球にそれぞれ、十一個の孔が竽斗の底まで貫通して穿《うが》たれています。竽嘴は竽斗前部の半球の真ん中に接着されており、長さ二八センチ、直径は三・五センチ。二十二本の管はすべて直径約八ミリの竹管で、節を抜き中空になっています。最長のものは七八センチ、最も短いものは一四センチ。前後列ともにもっとも長い管を中央にして、その左右に五本づつの管が、端に行くにしたがって短くなるよう排列されて挿されています。この遺跡では、竽とともに「竽律《うりつ》（竽を調律するための笛）」というものが、一袋十二管出土しています。どの管も中空で無底（開管）、それぞれの下部に十二律呂（音階）における音名が墨書されており、出土した時には一本一本分けて、十二枚の筒型の袋に入れられていました。

『韓非子』「解老」に「竽や、五声の長者なり、故に竽先んじて則ち鐘瑟《しようしつ》皆な随い、竽唱えて則ち諸楽皆な和す」とあるように、古代の器楽合奏において、「竽」

は主要な旋律楽器の一つであり、諸楽器の音を定める基音楽器でもありました。竽の音が他の楽器すべての基準となるわけで、竽といっしょに竽を調律するための「竽律」が出土した理由も、そのあたりにあるのだと思われます。

「笙」については、『説文』「竹部」に「笙、十三簧、鳳の身に象るなり。笙は正月の音。物生まる、故に謂いてこれを〝笙〟とす。大なる者これを〝巣《すう》〟と謂い、小なる者これを〝和〟と謂う。竹に従い、生の声。古くは〝随作笙《ずいさくしょう》〟となす」[*1]とあります。これによれば「笙」は、音から出来た形声文字ではあるものの、声符の「生」には意味も含まれているということになります。

『詩経』の中にたびたび登場していることからも分かるように、「笙」は先秦時代に流行した楽器です。一九七八年、湖北省随県で発見された戦国時代初期の遺跡である曽侯乙墓からは、六件の笙が出土しています。その形は現在少数民族が使っている「葫蘆笙《ころしょう》」に近く、笙斗と管と簧（リード）で構成されていました。簧は笙管の尾部にはめ込まれており、その尾部の先端は、胴体である笙斗の底を突き抜けて出ています。どの笙も笙斗がヒョウタンの類で作られており、球状の腹部は中空で。そこに横並び二列に管を通す孔が穿たれています。孔の数は十八のものと、十四、十二孔の三種類があり（図4-20参照）。笙管は竹、リードである笙簧はアシの類の茎を平たく伸し、細長く切ったもので出来ていました。

時代が下るにつれ、竽と笙は次第に似通ったものとなり、最終的には「笙」の

図4-20　曽侯乙墓笙

みが楽器として生き残りました。

＊1　随作筆…先秦の文献『世本』にあった、とされる語。原本は散失。

琴

「琴《きん》（きんのこと）」は弦楽器、『説文解字』や『淮南子』などの書では、古代の神農氏が発明したことになっていますが、実際その起源はかなり古くにまでさかのぼることができます。「琴」の字は小篆体で「」、これは象形文字で、饒炯は『部首訂』において「」を楽器の胴体、そのほかは糸巻きもしくは「軫《しん》」[＊1]と弦であるとしています。文献によれば、最も初期の琴は五弦で（図4-21　参照）、周代に二本足され、現在の古琴《こきん》と同じ七弦の楽器となったとされています。一九九三年、湖北省荊門の郭店楚墓遺跡で、実物の七弦琴としては最も古いものが発見されました。時代は戦国時代の中期とされています。この琴は木製で、全長八二・一センチ、弦長は七九センチありました。このほか、戦国時代初期の遺跡である曽侯乙墓からも十弦の琴（図4-22）が、一九八〇年、長沙の五里牌楚墓からは戦国晩期の十弦琴が、一九七三年には長沙の馬王堆遺跡の三号墓から西漢時代初期のものと思われる七弦琴が出土しています（図4-23、24　参照）。

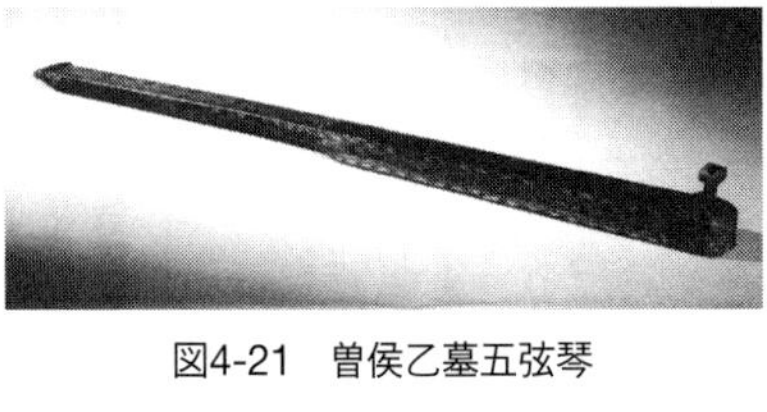

図4-21　曽侯乙墓五弦琴

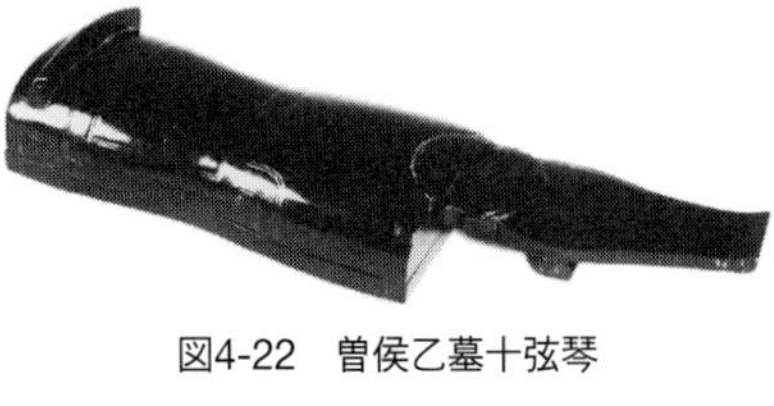

図4-22　曽侯乙墓十弦琴

＊1　「軫《しん》」…現在「古琴」と呼ばれる七弦琴には、棒状の糸巻き・ペグの類はなく、弦は楽器腹面の軫池のところで、細い孔のあいた管状の部品「軫」に結び付けられている。弦の先端には結び目が作られており、この結び目の位置を変えることで弦の調整を行う。

〈訳注〉「琴《きん》」はブリッジが頭部側にしかなく、日本の「お箏《こと》（しょうのこと・そうのこと）」と違って琴柱も立てない。胴上に音階を示す「徽《き》」という印があり、これを目安に片手の指で弦を押さえ、もう一方の手で弦をはじくことによって発音する。バチや琴爪の類も用いない。考古学で出土するような古いタイプの琴は漢代以降いちど廃れたが、唐代以降、雅な文人の楽器として七弦で統一・復元・復興され、日本にも伝えられている（ただし日本でも二度ほど途絶）。弦数は少なく、音量もあまり出ないが、弦の押さえ方、またはじき方のバリエーションによって、多彩な音色表現が可能である。また古来「聖人・孔子が弾いていた楽器」とする説があり（あくまでも伝説、実際にひいていた楽器の形状は不明）、中国の弦楽器の中では最も地位が高い。

瑟

「瑟《しつ》（おおごと）」は字音から出来た形声文字。『説文』「珡部」には「瑟、包犧作るところの弦楽なり。珡に従い、必の声」とあります。「珡」の部分は「琴」のこと。「琴」と形状が近いので「琴に従う」すなわち、琴の類の楽器であるとしているわけです。曽侯乙墓（戦国時代初期）から出土した瑟から、古代の瑟がどのような作りであったのかが分かっています。

曽侯乙墓からはじつに十二件もの瑟が発見されました（図4-25参照）。標本番

図4-23　三国撫琴俑

図4-24　三国听琴俑

図4-25　曽侯乙墓瑟

号C・32の例で言えば、全体は長方形で、尾部がややすぼまり、丸みを帯びており、甲板は少しアーチ型にもりあがっています。全長一六七・三センチ、幅四二・二センチ、高さ一三・七センチ。主な部分は木で作られ、胴体内部は中空。頭部の端近くに岳山（首岳　トップ・ブリッジ）が一本。これは甲板を加工整形後に嵌め込んだもので、首岳を越えたところには二十五個の弦孔が並んでいます。反対がわ、楽器の尾部には三本の岳山（尾岳　エンド・ブリッジ）があり、尾岳を越えたところに弦孔、その更に外がわに、弦をおさえて固定するための栓弦（エンドピン）が四本挿されています。このほか一九八四年に発掘された春秋時代晩期の当陽曹家崗楚墓（湖北省）からは二十六個の弦孔を持つ瑟が一件、つぎに一九七八年の発掘で江陵天星観一号楚墓（湖北省　戦国時代中期）から五件、このうち一件は二十三弦、二件は二十四弦、残り二件は二十五弦でした。長沙馬王堆一号墓（湖南省）から出土したの西漢時代の瑟も、二十五弦となっています（図4-26、27参照）。

〈訳注〉前項の「琴」と違って、「瑟《しつ》」は胴の両端にブリッジがあり、胴の上には琴柱が立てられるものが多い。日本の「お箏《こと》」に幾分近い楽器である。「琴」が八〇～九〇センチ程度の携帯可能な楽器であるのに対し、「瑟」はいずれも二メートル近い長さで、おそらくは宮廷などの奏楽の場に据え置きの室内楽器であったが、共鳴胴が大きく弦数も多いため、琴よりも複雑で鮮やかな旋律を奏でることが可能である。

図4-26　東漢木瑟

図4-27　馬王堆漢墓奏瑟俑

鐃

「鐃《どう／にょう》」は、中国における最も古い青銅打楽器の一つです。『説文』「金部」には「鐃、小さき鉦なり。軍法に卒長は鐃を執る。金に従い、堯の声」とあります。「鐃」は殷代の晩期に流行し、周代初期まで使われていました。柄を持ち、開口部を上に向けて用いる打楽器であるところから、「執鐘《しっしょう》」、すなわち手持ちの鐘、とも称されます（図4-28 参照）。『周礼』「地官・鼓人」の鄭玄注に「鐃は鈴《りん》が如し、舌《ぜつ》無くして秉《へい》あり、執《と》りてこれを鳴らす」とあります。鈴は内部にこれを鳴らすための「舌」がついていますが、「鐃」は手に持って外がわから叩いて鳴らす楽器なのです。鐃の胴体部分は、二枚の瓦を合わせたような形で、開口部の両端が尖っており、胴の底部分に付けられた短い柄は中空で、柄の内部空間は胴体の内部とつながっています[*1]（図4-29 参照）。使用時には片手で柄のところを持って掲げ、もう一方の手で槌を持って打ち鳴らすのです。

先に触れた『周礼』「地官・鼓人」の本文に「金鐃を以て鼓を止む」とあるよう、殷周時代の鐃は軍用楽器で、撤退を指示する際に用いられました。古来言われてきた「金を鳴らして兵を収む」、すなわち金属打楽器の音を撤退の合図とするのは、じつにこの鐃を起源としているわけです。鐃はまた、祭祀や宴会において演奏されるような楽器でもありました。遺跡から出土する鐃は、多くそうした場で

図4-28　南陽漢撃鐃(最右)画像石

図4-29　春秋雲紋鐃

用いられていたものらしく、音階の違う三個一組、あるいは殷墟の婦好墓から出土したもののように、五個一組で発見されています（図4-30 参照）。

鼓

「鼓《こ》」は甲骨文で「鼓」（甲1164）「鼓」（鉄38・3）「鼓」（余10・2）、どれも手に何かを持ち、太鼓を叩いている様子を象ったもので、これらを仮に隷書体とするなら、字形左がわの「壴」は同じで、右は支・攴・殳となりこれらは、みな手に持ったもので何かを叩く様子を象ったもの、又の部分が手なのは同じで、上にある十、卜、几がそれぞれ違う物を表わしているわけです。これらのことからも分かるように、「鼓」という字はほかの多くの字と同じに、作られた当初は、太鼓そのものを指す名詞的な意味と、太鼓を叩くという動詞的な意味の両方で使われていたものと推測されます。「壴」は甲骨文で「壴」（甲2436）「壴」（後下26・13）、太鼓の形を象ったもので、中央が鼓面、すなわち皮の張ってある部分、円の中心に点や横線が書いてあるのは、これが音を出すものであることを表現したものです。下部は太鼓をのせる台、太鼓の上には飾りを挿すための台座が設けられています。このあたりはすべて、遺跡から出土した古い太鼓の形状とほぼ一致しています（図4-31 参照）。殷代の青銅製獣面紋鼓*1を例にとれば、太鼓本体は

図4-30　商婦好墓銅編鐃

図4-31　商獣面紋鼓

筒を横に置いたような形で両端が鼓面となっており、木の太鼓だと皮を張ってある部分の周縁に、釘を模した突起紋が三列ついています。鼓体下の台を模した部分は四角形、それぞれの面が「凹」をさかさにした形で方形の四足になっています。鼓体の上には昔の「箱枕」のような形をした筐体があり、ここに細い竿飾りの類が挿されていたものと思われます。飾りの類は残っていることがないので、どのような形の物だったのかは定かではありませんが、漢代の沂南画像石*2に、この竿飾りをつけた太鼓が描かれているものがあります。それによれば、一番高いところに一羽の鳥、その下に二層になった「旒蘇《りゅうそ》」すなわち縄の垂れ飾りのついた竿が一本、その左右には「羽葆《うほう》」すなわち鳥の羽根を竿に挿した飾りが二層になっています（図4-32　参照）。

古代には胴体を陶器で作った太鼓も存在していました。『玉篇』「鼓部」に、「鼓、瓦を椌《きょう》となし、革を面となす、以って撃すべきなり」とあり、『周礼』「春官・籥章*3」にはこの役職が「土鼓を掌《つかさど》る」ものだと書かれています。

しかしながら、殷周時代の太鼓の大部分は今と変わらぬ木製のものでした。『周礼』によれば鼓には、八面の太鼓である「雷鼓《らいこ》」、六面の「霊鼓《れいこ》」、四面の「路《ろ》鼓《こ》」のほか、両面の太鼓として「鼖鼓《ふんこ》」「鼛鼓《こうこ》」「晋鼓《しんこ》」の六種類がありました。『周礼』「地官」の「鼓人」には、そうした古代の鼓の役割が、余すところ無く書かれています。曰く「鼓人は六鼓《ろっこ》四金《しきん》*4の音声を教えるを掌《つかさど》り、以て声楽《せいがく》を節《せっ》し、以て軍旅《ぐんりょ》を和し、以て田役《でんえき》*5を正す。教うるに鼓を以てし、而してその声の用を辨《わきま》え

図4-32　淮北漢墓杆飾鼓画像

る。雷鼓を以て神祀《しんき》＊6に鼓《う》つ、霊鼓を以て社祭に鼓つ、路鼓を以て鬼亭＊7に鼓ち、鼖鼓を以て軍事に鼓つ、鼛鼓を以て役事＊8に鼓ち、晋鼓を以て金奏＊9に鼓つ」と。

＊1　獣面紋鼓《じゅうめんもんこ》…一九七七年に湖北省崇陽県から出土した、青銅製の太鼓、中国国内でも最古の例。現在は湖北省博物館所蔵。全体が青銅で出来た古代の鼓はこのほかにも出土しており、一部にはそれが演奏可能な楽器であるように書かれた記述も見えるが、詳細な調査記録を見るとその多くは強度また構造として楽器の体をなしておらず、あくまでも祭祀用品あるいは副葬品として作られた現実の太鼓の精巧な模造品で、宋・陳暘の『楽書』巻一二五に見られるような、宮廷楽器として使われた「銅鼓」の類や、ミャオ族などの間に伝わる民族楽器の「銅鼓」などとは違い、実際の演奏に用いられたものではないと訳者は考える。

＊2　沂南画像石《きなんがぞうせき》…一九五四年に山東省沂南県北寨村で発見された漢時代の墳墓は、さまざまな画図を彫った石で壁面が飾られていた。その一枚に竿飾りをつけた太鼓を叩いている場面がある。図4-32は説明にあるとおり淮北漢墓で発見された画像石の拓図で、沂南画像石からのものではない。またいずれの画像石における例も、先に述べられている四足の台に据えられた「獣面紋鼓」とは違い、鼓体胴中央を一本の支柱が貫く「建鼓」と呼ばれる類の太鼓である。

＊3　籥章《やくしょう》…中春・中秋において土鼓を叩き「籥《やく》（縦笛の類、三孔）」を吹く楽士。

＊4　六鼓四金《りっこしきん》…六鼓は本文中にあり、四金は錞《じゅん》・鐲《ちょく》・鐃《どう》・鐸《たく》。いづれも本書中に項目あり。

＊5　田役…狩猟のこと、本書「田」の項目参照。

＊6　神祀、社祭…天の神の祭りと地の神の祭り。

＊7　鬼亭…現在では幽霊屋敷のことだが、ここでは先祖の御霊や人鬼を祭るほこら、みたまや。

＊8　役事…労役、公からの工役など。

＊9　金奏…春官の鐘師の掌る、鐘や鎛による打楽器音楽。宴席や射等の場で演奏される。

鐘

「鐘《しょう》」について『説文』「金部」には「鐘、楽鐘なり。秋分の音、物種成るなり。金に従い、童の音」とあり、この解釈に従えば、「鐘《かね》」という字は「種《たね》」に起源するということになります。「鐘」は「鐃《どう/にょう》」から発展した楽器で、西周初期に出現し、西周から東周にかけて流行しました。鐘の各部位と名称は以下のようになります。共鳴体の上部、平たくなっている部分が「舞《ぶ》」、舞の中央から突き出た柄の部分が「甬《よう》」、鐘はこの部分で架に掛けられます。またこの部分が真っ直ぐな柄の形ではなく、リング状になっている場合は「鈕《ちゅう》」と言いました。共鳴体の正面上部中央にある縦の帯が「鉦《しょう》」、鉦の左右にある突起が「枚《まい》」、枚と枚の間の横帯が「篆《てん》」、鉦より下の部分を「鼓《こ》」、湾曲した下縁部を「于《う》」、その両端の尖った部分を「銑《せん》」といいます。柄である甬の下部についたリング状の部分を「旋《せん》」、旋に穿たれた鐘をぶらさげるための孔を「干《かん》」と言います（図4-33　参照）。甬のついた鐘は「甬鐘《ようしょう》」（図4-34　参照）、鈕になっているものは「鈕鐘《ちゅうしょう》」（図4-35　参照）と呼ばれました。作られ始めたのは甬鐘のほうが古いのですが、初期の甬鐘は実際のところ単に「鐃」を横倒しにして使用したものに過ぎず、連ねてぶら

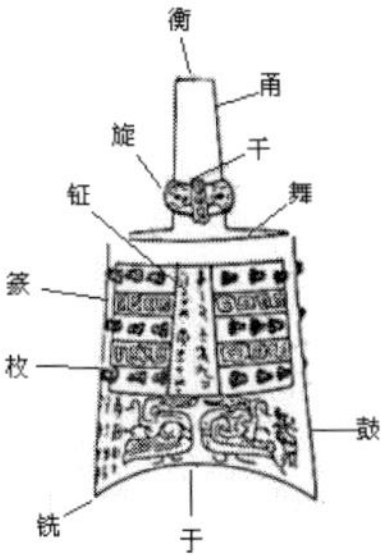

図4-33

図4-34　曽侯乙墓甬鐘

図4-35　春秋秦公鈕鐘

さげるための「干」が付いていません。鈕鐘は西周の中期より作られるようになったもので、鐃から踏襲された柄状のぶらさげ部分を改造したものであることは明らかです。甬鐘は架に対して斜めに掛けられますが、鈕鐘は垂直に下げられます。

鐘を単体ではなくセットとして使用する場合は、これを「編鐘《へんしょう》」と呼びました。西周時代晩期の「仲義鐘」では八個一組、東周期の信陽長台関楚墓から出土したものでも一組が十四個程度でしたが、現今までで最大の戦国初期・曹侯乙墓の編鐘では、実に甬鐘四十五個、鈕鐘十九個、さらに「鎛鐘」（後項参照）一個の合わせて六十四個もの鐘で編成されていました（図4-36 参照）。

鎛

「鎛《はく》」は楽器の一種、殷代の晩期に現われました。つるしてぶらさげるための「鈕」をもち、槌で撃って鳴らす楽器で、単独で使われました。殷よりも前の時代にあった「銅鈴」に起源し、関係があるものと思われます。春秋戦国時代に入ると鎛は大型化して、貴族の宴会や祭祀の場で、編鐘や編磬と組み合わせて用いられるようになりました。「鎛」は形声文字で、金に従い、専の音。『説文』によれば本字は「鑮」で、同書「金部」に「鑮、大なる鐘・淳于の属、鐘・磬に応ず

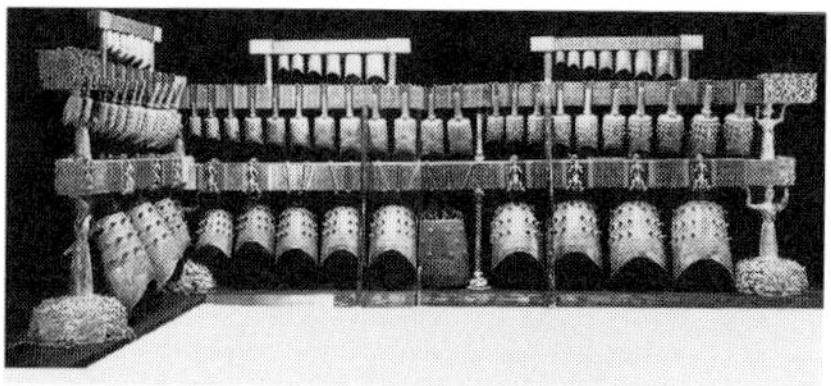

図4-36　曽侯乙墓編鐘

図4-37　曽侯乙墓鎛鐘

るの所以なり」とあります。「淳于」というのは「六鼓四金」の一つ「錞」。「鎛」と同様の金属製打楽器です。また『儀礼』「大射」に「笙磬は西面す、その南に笙鐘、その南に鑮」とあり、鄭玄の注に「鑮は鐘の如くして大、奏楽は鑮を鼓《う》つを以て節す」とあるところから見て、鎛は演奏を指揮する楽器であったと考えられます。戦国初期の曹侯乙墓の編鐘のうち、下層の真ん中にある「楚王酓章《えんしょう》が曹侯のために鋳造した」と銘のあるひときわ大きな鐘、これがその「鎛」という楽器と思われます。形としては開口部が平坦な鈞鐘で、舞、すなわち胴体上面の平らな部分が、透かし彫りの蟠龍紋の鈕で飾られており、高さは九二・五センチ、重さは実に一三四・八キロもありました（図4-37、38参照）。

鐸

「鐸《たく》」は「銅鈴」と同じく、内部に発音させるための構造体である「舌」をもつ青銅楽器です。形状的には銅鈴とあまり変わりませんが、銅鈴よりさらに一歩発展した楽器であると言えましょう。春秋戦国の時代に最も流行し盛んに作られました（図4-39）。『説文』「金部」には「鐸、大なる鈴なり。軍法に五人を伍となし、五伍を両となす、両の司馬は鐸を執るとあり。金に従い、睪の声」とあります。鐸は「鐃」や「鉦」と同類の楽器ですが、鐃よりは全体にやや小さく、正

図4-38　戦国撞鐘図

図4-39　春秋鐸

面から見てやや短く太く、開口部は弧を描いてへこみ、頂部に長方形の「鋬《きょう》」、すなわち中空のソケットがついていて、ここに木で出来た柄を挿し込んで使います。柄の楽器内部に入る方の先端には、舌が装着されており、柄のところを手で持ち、中の舌を揺らして鳴らします。鐸の舌には、木舌と銅舌がありました。『周礼』「小宰」の鄭玄注に「木鐸とは木舌なるなり。文事には木鐸を備え、武事には金鐸を備う」とあり、『呂氏春秋』「仲春紀」の高誘[*1]の注にも「金口木舌なるを木鐸となし、金舌なるを金鐸となす」とあります。古代の鐸である「外卒鐸[*2]」の内部には銅製の小さなリング状の舌が入っていたそうです。

『国語』「呉語[*3]」において、呉国と晋国が戦った時、「王すなわち枹《ほう》を秉《と》り、親《みずか》らすなわち鐘《しょう》・鼓・丁寧《ていねい》・錞于《じゅんう》を鳴らし、鐸を振る」った、とあり、『周礼』「夏官・大司馬」には「群司馬、鐸を振るえば、車徒皆な作《おこ》る」とあるように、鐸は古代の軍事・狩猟の場における、主要な楽器の一つでした。

＊1　高誘《こうゆう》…後漢の学者。『呂子春秋注』『淮南子注』等を著す。

＊2　外卒鐸《がいそつたく》…北京故宮博物院所蔵、図4-39がその画像と思われる。本文には「出土文物」と書かれているが、出土年・出土地は不明。鋬の前後面中央を貫く孔に釘が一本挿してあり、李純一『中国上古出土楽器総論』などには、楕円形をしたリング状の銅製舌が入っていると書いてある。詳細な画像でその釘らしきものまでは確認できるが、舌については画像または図にした資料がなぜかなく、その現状有無、また器体と同じ当初品なのかを含めて未確認である。

＊3　『国語』「呉語」…ここの王は呉王を示す。「枹」は打楽器を鳴らすバチ・棒の類、鐘・鼓・

丁寧・錞于はいずれも外部から棒で叩いて「鳴らす」楽器である。錞于についてはこの後項、丁寧については後項「鉦」参照。

錞

「錞《じゅん》」は「錞于《じゅんう》」とも呼ばれる古代の打楽器で、春秋時代に現われ、戦国から西漢の前期頃まで流行していました。上部が大きく下が小さくなった円筒形の楽器で、頂部には多く虎の形をした鈕が付いており、ここでぶらさげるようになっています（図4-40、41参照）。

「錞」は形声文字。金に従い、享の声です。『周礼』「地官・鼓人」に「金錞を以て鼓に和す」とあり、鄭玄の注に「錞は錞于なり。円にして碓頭の如し、大上小下、楽作これを鳴らすに、鼓と相い和す」とあるよう、古代の錞は、つねに「鼓」と組み合わせて用いられる楽器でした。雲南省で見つかった古代滇族の祭祀用貯貝器の上面には、文献どおり、錞と鼓が一所に置かれているものがあります。*1

『国語』「晋語五」に「宣子曰く、このゆえに伐には鐘鼓を備う、その罪を声《なら》すなり、戦には錞于・丁寧を以てす、その民を儆《いまし》むなり」とあり、また『淮南子』の「兵略」に「両軍相い当り、鼓錞相い望む」（明王之兵）とあるように、この錞もまた、軍陣において使用される楽器であったと考えられます。

図4-40　春秋虎形鈕人面紋于

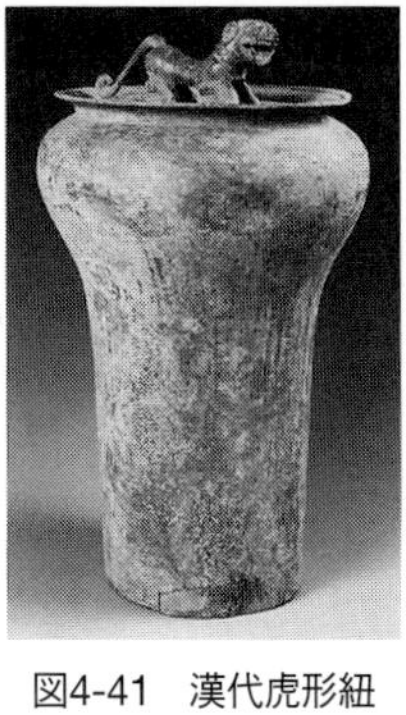
図4-41　漢代虎形鈕

*1 原文「雲南省晋寧石寨山滇族祭祀貯貝器」…古代この地で通貨として使われていた子安貝を貯蔵するための器を模した祭祀用の青銅器。一九五六年石寨山にて大量に発見された。上面にさまざまな人物場面、あるいは動植物の小像を配す。これはそのうち「詛盟場面銅貯貝器」を指すものと思われる。

鈴

『説文』「金部」は「鈴《りん／れい》」について、「鈴、令丁《れいてい》なり。金に従い、令に従い、令はまた声たり」と述べています。『説文』がわざわざ「令」を発音記号だと書いているのは、おそらく金石文で「令」の部分を「命」と書くことがあったためだと思われます。またここにある「令丁」というのは、漢代における鈴の別名です。新石器時代にはすでに陶製の鈴がありました。鈴は円筒状で、内部に棒状の「舌《ぜつ》」があるのが特徴です。今知られる限り最も古い青銅製の鈴は、一九八三年に山西省の襄汾陶寺遺跡三二九六号墓から出土した小さな銅鈴[*1]です。この鈴は銅の割合の多い紅銅製で、頂部の片側に舌をつるしていた孔があります。河南省偃師二里頭文化遺跡からも四個の銅鈴[*2]が発見されています。胴体部分は二枚の瓦を合わせたような形をしており、片側だけに「翼」、板状の突起がついていて、頂部には半環形の鈕がついています（図4-42〜44　参照）。

図4-42　商代獣面紋鈴

図4-43　商代青銅花瓣鈴

＊1　襄汾陶寺遺跡三二九六号墓銅鈴…高さわずか二・六五センチ、幅八センチほどの小さな鈴、陶寺遺跡は紀元前二〇〇〇年前後、夏～殷代前期の遺跡とされる。調査により今から四一〇〇年ほど前のもの、中国最古の銅鈴であるとされている。装飾は少ないが、基本的な形状は後の時代の鈴とあまり変わりがない。

＊2　河南省偃師二里頭文化遺跡銅鈴…殷代前期のものとされる。幅・高さともに八センチほど。半環状になった鈕の前後に孔があり、ここに紐を通し、棒管状になった玉製または陶製の舌を内部に下げて鳴らした。陶鈴から続くやや上のすぼまった円筒形、もしくは合瓦形の伝統的な形態を継承した「鈴」と、こうした異形の「鈴型青銅器」は本来軽率に同一視するべきではなく、分けて考えなければならない。同じ発音構造をしていたとしても、古代にはそれぞれに違った意味、歴史があったかもしれないからだ。

鉦

「鉦《しょう》」は「鐃」に似てさらに大きな打楽器。「丁寧《ていねい》」とも[*1]、俗に「大鐃《だいどう》」とも呼ばれました。『説文』「金部」には「鉦、鐃なり。鈴に似て、柄を中《い》れ、上下通ず。金に従い、正の声」とあります。「鉦」の胴体は「鈴」に似て太く短く、瓦を二枚合わせたような形で、開口部は弧を描いてへこみ、その両端は尖っています。鐘で言うところの「舞」、胴体上面の平たくなった部分の中心に「甬《よう》」、すなわち管状になった柄が付いていて、柄の内部は中空、胴体の内がわに続いており、また多くの鉦ではこの「甬」の端付近にリング状の突起が見られます（図4-45　参

図4-44　商代鷹鈴

図4-45　戦国銅鉦

照）。使用時には開口部を上に向け、柄の部分を木で出来た台座に挿し込み、開口部を叩いて鳴らします。概して大型の楽器であり、今まで出土した中で最大のものは、一九八三年に湖南省寧郷県月山鋪で発見された、高さ一〇三センチの鉦で、重さはなんと二二一・五キロもありました。*2

『詩経』の「小雅・采芑」という詩に「方叔《ほうしゆく》率いて止む、鉦人《せいじん》鼓を伐《う》ち、師を陳《つら》ねて旅に鞠《つ》ぐ」という一節があります。「鉦人」は鉦を撃つ役目のもの、「師を陳ねて旅に鞠ぐ」とは小部隊をまとめて大部隊に合流するという意味です。毛亨《もうこう》の注に「鉦は以てこれを静し、鼓は持ってこれを動かす」とあるよう、鉦もまた、軍事に際し用いられた楽器で、役割は鐃とほぼ同じ、進攻の停止を指示するために使われるものだったのです。

＊1　日本語の「丁寧」の語源である。辞書等では「警戒・注意を喚起する打楽器として軍中で用いられたところからきている」ということになっている。『春秋左氏伝』「宣公四年」の記事中に「伯棼王を射る。輈を汰ぎて鼓跗に及び、丁寧に著く」とあり、『国語』「晋語五」に「戦には錞于・丁寧を以てす」とあることから、軍中において用いられる楽器であることは確かだが、「警戒・注意を喚起する楽器である」というほどの根拠となる記述・注はない。

＊2　湖南省寧郷県月山鋪は現在の黄材鎮龍泉村、一九三八年に村人が丘のふもとから青銅器の欠片を発見、大量の大型青銅器が発掘された。しかし考古学的な発掘以前のものであったため、その一部は戦前までに売却されたが、主要なものは現在国家博物館に収められている。その後、一九八三年六月になって同地区・転耳倉山の茶畑農家により発見されたのがここに書かれている「大鉦」、殷代のもので「大鐃」「大鐃王」と書かれるこ

とが多いが、鐃の大型のものが「鉦」であるので正しくは「鉦」であろう。全長一〇三・五、幅四八センチ、柄の部分だけで三六・三センチもあるという。『文物』一九八六・二期の記事では重量二二一・五と、ここにあるより一キロ少ない。このほか同じ寧郷県では一九七八年に全長八九センチ、重さ一〇九キロの大鉦も発見されている。

美

「美《び》」は甲骨文で「」(乙5327)、上は「羊」下は「大」の字です。『説文』「羊部」には「美、甘なり。羊に従い大に従う、羊は六畜にありて主として膳に給さるなり」とあり、この解釈に従うなら「美」の原義は「おいしい」であるということになります。たしかに、『孟子』「尽心下」には「膾炙《かいしや》と羊棗《ようざん》とは孰《いず》れが美なると」、『韓非子』「楊権」にも「それ香美脆味《こうびぜいみ》、厚酒肥肉《こうしゆひにく》、口に甘くして形を疾《や》ましめ」と、いずれの場合も「美味」の意味で使われています。古代、「羊」は美味な食品の代表でした。ゆえに「献上する」という意味を原義とする「羞《しゆう》」の字にも「羊」が使われています。「おいしい」を原義とする「美」の字が「羊」と「大」で構成されている理由も、段玉裁が『説文解字注』で「羊大なれば則ち肥美《ひび》なる」と説く、まさにその通りなわけです。

これとは別に、「美」の下部の「大」の字が人間を正面から見た姿であることから、「美」は頭の上に羊頭あるいは羽毛をかぶった人間を象ったもの、すなわち「外見的なうつしさ」を表わす字であった、とする説があります。たとえば『甲骨文字集釈』で李孝定は、「契文（亀甲や骨に刻まれた卜字）は羊と大の字をつなげたもの、とされるが、疑わらく、これは、人が羊頭の形をしたかぶりものをしている姿を象ったものではないか…（なぜなら甲骨文字ではこれが）〃 〃と書かれることがある、この字形の上部は羊ではなく、羽飾りをつけた人の頭部を象ったものらしい。故に〃うつくしい〃という意味があるのだろう」と述べています（図4-46 参照）。

編

漢代以前、中国における主要な書写材料は竹でした。竹を割って薄く削り、あぶる、干すといった工程を経た後、その竹片を縄で一枚一枚編み連ねて作ったのが、竹簡文書というものです（図4-47 参照）。『説文』「糸部」に「編、簡を次ぐなり」とあり、『漢書』「張良伝」の「一編の書出づる」の顔師古注に「編はこれを聯《つら》ね次ぐを謂うなり、簡牘《かんとく》を聯ね以って書をなす、故に一編と云う」とあるよう、「編」という字の原義は、この「竹簡を編み連ねる」というところにあります。「編」は「糸」と「扁」から構成されています。「糸」の甲骨文は「 」（乙124）、『説文』「糸部」に「糸、細糸なり、束糸《そくし》の形に象る」とあるよう、糸を束

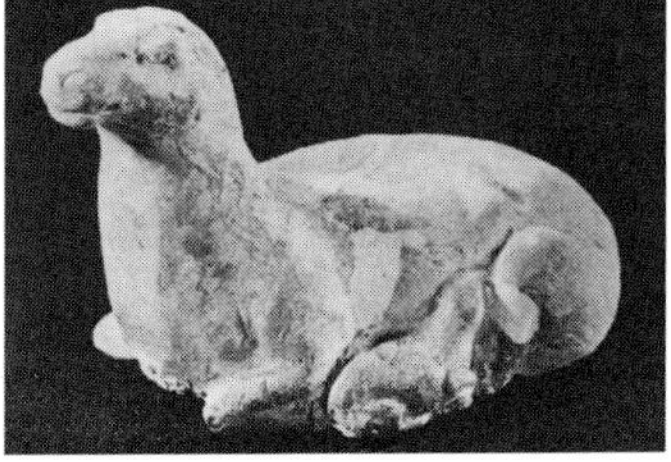

図4-46　北斉陶羊

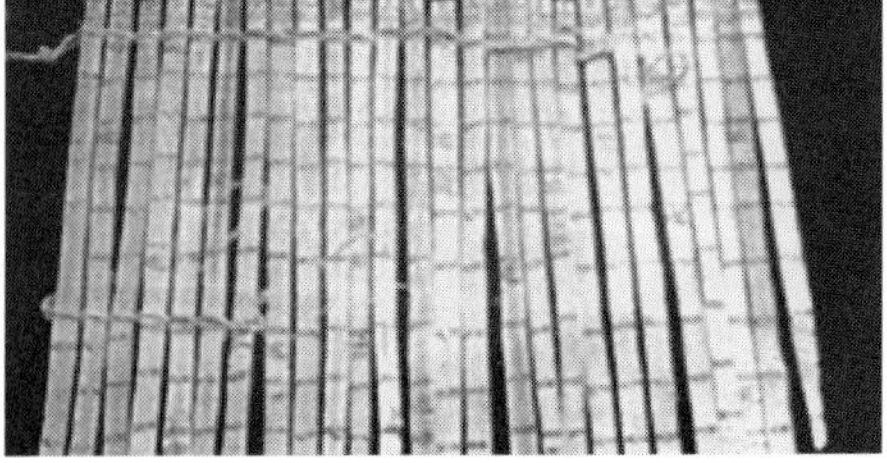

図4-47　居延漢簡

ねたものの象形です。「編」が糸偏の字であるのは、竹簡をつらねるのには多く糸や縄が使われたためです。荀勖の[*1]『穆天子伝序』に「古文穆天子伝は、太康《たいこう》二年、汲県《きゅうけん》の民・不準《じゅん》、古き冢を盗み発《あば》き得るところの書なり、皆な竹簡を糸に編みたり」とあり、『南斉書』「文恵太子伝」において、襄陽の古墓から出土した『考工記』は「竹簡の書、青糸にて編」んだものだったと書かれています。

「扁」は字音を表わす声符ですが、竹簡の一枚一枚は「扁《ひら》たい」もの、つまり「編」の字形には、「糸」の示す縄紐で、「扁」の示す平たい竹板をつらねるという、竹簡を編んで書を作る作業が、そのまま表現されているわけです。

＊1　荀勖《じゅんきょく》は魏晋の人。この墓から出土した古文の竹簡書物（汲冢書）を整理して当時の字体に書き改めた。『穆天子伝』『竹書紀年』などが今に伝わる。

検

漢代以前、中国では竹簡もしくは木片が、文書や通信のための書写材料として用いられていましたが、秘密保持のため、文書や通信文を記した板の表面に、もう一枚木の板をかぶせ、縄で結束して用いることがありました。このかぶせ板が「検」というものです。縄の結び目には封泥がかけられ、印章が捺されます。「検」の表面には受取人の住所・氏名から、文書の種類や数量、どこの組織が届けたか。

さらには検が書かれた日時から、受取り発送の時刻、どこから来たものであるのかまでが事細かに書かれていました。すなわち「検」とは、今日の郵便における封筒のようなものだったわけです。『急就篇』[*1]第十三章の注で顔師古は「検はこれ禁を言うなり。木を削り物上に施すはこれを禁閉するの所以にして、輒《すなわ》ち開露することを得ざらしむるなり」とし、『釈名』「釈書契」には「検、禁なり、諸物を禁閉し開露すること得ざらしむるなり」とあります。

「検」の旧字体は「檢」、字が木偏なのは、これがもともと木片で作られたものであったところからきており、「僉」は字音を表わす声符です。「検」には「禁約《きんやく》」、すなわちおきてとか道徳規範といった意味があり、そこから約束、制限、考査といった意味が派生しました。

古代の「検」に書かれていた組織名や地名などは、現在、古代の通信方法や交通の手段を研究する上での、貴重な資料となっています。

＊1　『急就篇《きゅうしゅうへん》』…漢・史游、「千字文」などと同様に童蒙の識字を目的として編まれたもの。「いろは歌」の漢字版と考えると分かりやすい。

簡冊典

「紙」が発明されるより前、古代において、何かを書き記すときに使われた主要なものは、竹か木の板か「帛《はく》」すなわち布でした。従って、紙以前の書籍というものは、竹簡で作った竹書か、布に書き記した帛書のいずれかしかなかったわけです。文字が書かれているというだけならば、亀甲・獣骨に書かれた甲骨文や、青銅器に鋳鏤《ちゆうろう》された金文、あるいは陶器や石などに刻まれた文字などもありますが、これらはいずれも日常的な書写材料とは言いがたく、いわゆる「書物」の範疇には入らないものでありましょう。

『墨子』「明鬼篇」に「これを竹帛に書して、後世子孫に伝遺す」とあり、『韓非子』「安危」に「先王、理を竹帛に寄す」とあるのも、古代においては竹と布がもっとも一般的な書写材料であり、人々にとって、それらこそが「書物」と呼べるものであったということを表わしています。古代、字を書く道具としては毛筆が用いられました。「帛」というのは白色の織物で、形状の上では紙とよく似ていますので、これが書写材料となったことは容易に納得できますが、当時、布帛は非常に貴重なものでしたので、これを使用することの出来たのはもちろん、官吏や貴族、またその家族といった、一部の限られた人々のみでした。よって古代においても、布に書かれた「帛書」というのは、あまり見ることの出来ない、珍しいものであったと考えられます。今日に到るまで発見された帛書も、湖南省長沙の「子弾庫楚帛書」(戦国期)と、同じく長沙の「馬王堆漢墓帛書」(西漢期 図4-48参照)の二点のみに過ぎません。古代において最も広く使われていたのは、やはり竹で作った書写材料、「竹簡」(図4-49 参照)でした。『論衡』「量知」*1には「竹を截《き》りて筒《とう》となし、破りて以て牒《ちょう》となし、筆墨の迹《あと》を加えば、すなわち文字成る」とあります。「竹を截る」とは丸竹を規定の長さに切断することです。「筒となし」の「筒」は『説文』で「筩(筒の古字)」、「断竹《だんちく》なり」と解釈されています。「断竹」とはすなわち切断された竹筒のこと、竹筒を意味するものなので竹冠、旁の「甬」は字音を表わす声符ですが、「円筒形のもの」という意味も兼ね含まれています。『説文』「己部」にはまた「甬」について「甬、草木花甬甬然《ようようぜん》なり」とあります。「甬甬然」とは、花のつぼみがいままさに開かんと筒状になった状態を指すものです。「破りて以て牒となす」とは、竹筒を割り裂いて細長い竹の板を作ることを言っています。

切り割った竹にはさらに一工程、火にかざして炙ったり干したりといった作業が加えられます。これは一つに竹を朽ちにくくするため、二つに虫食いによる害を防止するため、三つめに文字がにじまないようにするといった目的があります。切ったばかりの竹の表面は青い色をしていますが、炙って干した後この青色は消えてしまいます。ゆえにこの工程を「殺青《さっせい》」と言いました。竹を火で炙《あぶ》るとその表面に水分がにじみ出る、その様子が人の汗をかくのに似ているところから

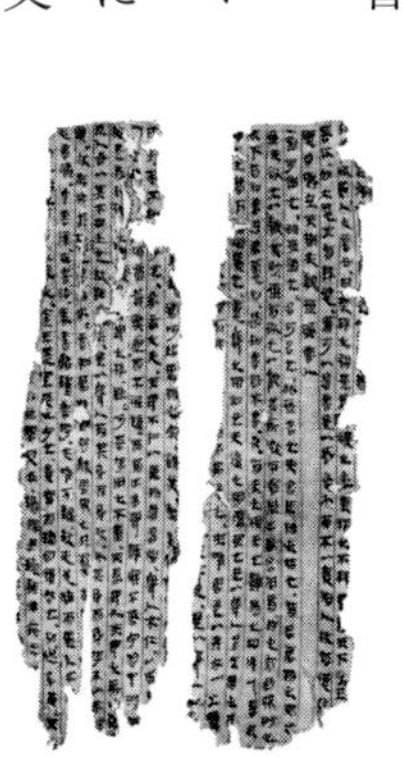
図4-48　馬王堆漢墓帛書

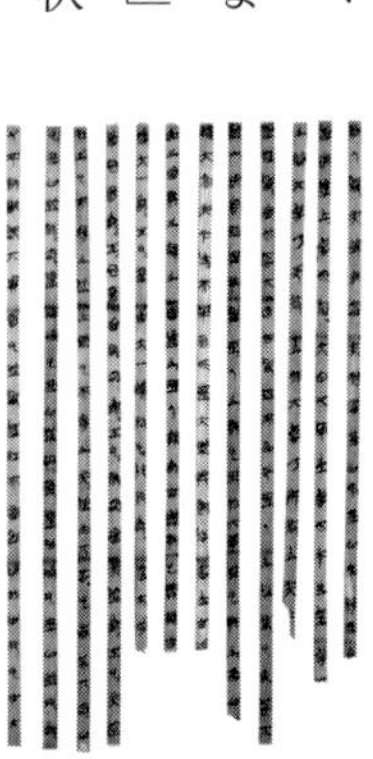
図4-49　郭店楚筒

「汗青《かんせい》」「汗簡《かんかん》」とも言われます。『太平御覧』巻六〇六に『風俗通』を引いて「劉向《りゅうきょう》『別録』に記す、〝殺青〟は直《ちょく》に治《ととの》えたる竹にて簡書これを作るに、新竹は汁ありて、善く朽蠹《きゅうと》す。およそ簡を作る者、皆な火上に炙りてこれを干す。陳楚の間にはこれを謂いて〝汗〟とす。汗とはその汁の去るなり、呉越には〝殺〟と曰う、また治うることなり」とあります。また『後漢書』「呉祐伝」に「恢《かい》（人名）、簡を殺青し以って経書を写さんとす」とあり、李賢の注に「殺青は、火を以って簡を炙り、汗たらしむるなり。その青を取り、書を易く、復た蠹《むしくい》せざらんとす、これを謂いて〝殺青〟、また謂いて〝汗簡〟とす」とあります。

西漢の時代、朝廷の主導によって、全国レベルでの図書の整理校正活動が行われました。このとき、整理作業の段階にある書物は、まず殺青の施された竹簡に書き写され、校訂が加えられた後、帛に書き記されました。先にあげた『太平御覧』巻六〇六はまた『風俗通』を引いて、その様子をこのように伝えています。「劉向、孝成皇帝がために、書籍を典校すること二十余年。皆なまず竹に書し、改易刊定《かいえきかんてい》し、繕写《ぜんしゃ》すべきを以て上素《じょうそ》するなり」「改易刊定」は文字や内容をあらため、不用な字を削ってただすこと、「繕写」は清書すること、「上素」は帛の上に書き記すことを指します。こうした故事から、「殺青」「汗青」は著述の完成をも意味するようになりました。唐・劉知幾の『史通』「忤時」[*2]には「一事を記さんに一言を載《の》せんと欲するが毎《ごと》、皆なみな筆を擱《お》きて相い視、毫《ごう》を含みて断たず。故に頭白《とうはく》を期すべくして、汗青に日なしとなん」とあります。これは「汗青頭白」、すなわち書成りて人老いるという故事の語源として有名な一節ですが、この「汗青」は著述の完成の意味で使われています。梁啓超の『新中国未来記[*3]』の「緒言」にも「さてもうこの書物を仕上げる時がきた、世に知らしめるべしとて、念には念で手直し数年、ようよう殺青までこぎつけた（殺青無日）」とあります。二十世紀になってもまだ「殺青」は、著述の完成を表わす語として使われていたわけです。古代の典籍が一般に、こうした殺青・汗青の工程を経た竹簡に書写されていたことから、「汗青」という語はまた、史書それ自体をも指すようになりました。宋・文天祥の「零丁洋を過《よ》ぎる」の詩にも「人生古えより誰か死無からん、丹心を留取して汗青を照らさん（古来死なない人間などいないが、せめて誠心をつくした者として史書に記されたいものだ）」とあります。

竹簡を用いて書写する際、内容がわずかな場合には単独の簡が用いられましたが、内容が多い場合には、先に数枚の簡を糸で編みつなげておいてから書いたり、先に書いておいて後から編み連ねることがありました。『説文』には「編、簡を次ぐなり」とあります。「次」は順序どおりに並べることで、「編」の原義はそのように竹簡を編み連ねることです。そうして編まれた竹簡は「冊《さつ》」と呼ばれました。「冊」の字は甲骨文で「」（前4・37・6）、金石文では「」（善夫山鼎）と書かれます。『説文』の解釈に「その札一長一短なるに象り、中に〃二〃あるはこれを編むの形」とあるとおり、どちらも何枚かの竹簡を縄で編んだものを象っています。清・朱駿声の『説文通訓定声』に「竹をこれ簡と謂う…これを聯《つら》ぬるを編となし、これを編みたるを冊となす」とあるのは、この「編」と「冊」との関係の、もっとも良い説明だと思います。
『詩経』「小雅・出車」という詩に「豈《あ》に帰るを懐《おも》わざらんや、この簡書を畏《おそ》る(帰りたくないわけではないが、命令書にそむくのはおそろしい)」とあるように、「簡《かん》」の原義は「竹書」すなわち、竹を編んで作られた文書類でした。「簡」の字が竹冠なのはそのためで、旁の「閒《かん》」は、門扉のすきまから月の光が射すところ、引いて「すきま」「あいだ」を意味します。字音を表わす声符ですが、「簡」を編んで作った「冊」には、簡と簡の間に「すきま」、すなわち「閒」があります。つまり字義をも兼ね含んでいるのです。『釈名』「釈書契」にも「簡、閒なり、これを編むに篇篇閒あるなり」とあります。

竹簡には長いものと短いものがあって、一般に、長いものは経書などの書写に使われ、そのほかの用途には、それより短いものが使われていました。『論衡』「量知」にも「大なるは経となし、小さきは伝記となす」とあります。古人は、聖王の教えであるところの経書というものを、異常なほどに珍重しており、そうした類の書物は特に「典《てん》」と称されました。「典」は甲骨文で「[illegible]」(京津2530)、両手で「冊」をささげもつ形に象って、その尊貴さを表現しています。金石文では「[illegible]」(召伯簋)、こちらは「几」すなわち机の上に冊を置いた形、これもまた珍重すべきものという意味となります。『説文』「兀部」*4にも「典、五帝の書なり。冊の兀上に在り、これを尊閣するに従うなり。荘都の説くに、典は〝大冊〟なりと」とあります。ここに言う「大冊」とはすなわち、長簡の書のこと。漢代において経書に使われた簡は漢尺で二尺四寸、対して一般の伝記や諸子の書、あるいは文書・通信などには、一尺の簡が用いられていました。書信を「尺書《しゃくしょ》」「尺牘《しゃくとく》」と言うのはここから来ています。『尚書』「多士」に「これ殷の先人、冊あり典あり」とあることから、殷の時代にはすでに「冊」とか「典」と呼ばれるものがあり、かつ「典」と「冊」の間には区別があった、ということが分かります。また『儀礼』「聘礼」[*5]の注の中で賈公彦が「簡は一片に据《よ》りて言うを謂い、策はこれを編連するの称」（「策」は「冊」の借字）と言っているように、「冊」に対して「簡」と言う時、「簡」はその冊中の竹板一片を意味します。

こうして古代、竹が書写材料であったころのことが分かってみると、「罄竹難《けいちくなん》書《しょ》（竹罄《つ》きて書し難し）[*6]」とか「名垂青史《めいすいせいし》（名を青史《せいし》に垂る）」といった難しい成語の意味も、前より理解しやすくなるのではないでしょうか。

＊1　『論衡《ろんこう》』…三十巻、後漢・王充。陰陽五行・天応災異の説を徹底的に反駁したことで有名。「量知」は巻十二。

＊2　『史通《しつう》』…中国初の歴史学の理論書、とされる。全二十巻五十二篇、ただし数篇は散逸して伝わらない。「忤時」は最巻末、巻二十第十三篇。

＊3　『新中国未来記《しんちゅうごくみらいき》』…一九〇二年、『新小説』に発表。孔子生誕から二千五百十三年後、二〇六二年の中国を舞台にし空想小説に擬した政治小説。孔子の子孫である孔覚民を語り部に、未来の中国がたどった六十年の歴史が回顧される。ここに引かれたのはその序文。確認には『飲冰室文集類編』下巻収録の版を用いた。

＊4　『説文』「兀部」「荘都の説に」…段注にも「荘都は博訪の通人の一なり」すなわち、当時の博識者とのみあり詳細未伝。

＊5　『儀礼』「聘礼」賈公彦注…巻二十四「聘礼」第八にある「若有故、則卒聘、束帛加書将命、百名以上書於策、不及百名書於方」の鄭玄注、「策は簡なり、方は板なり」に対する賈公彦の疏。原書ではさらに左伝を引き「これ簡は未だ編ぜざるの称」とも言っている。

＊6　「罄竹難書」「名垂青史」…後者は「歴史に名を残す」という意味で日本でも使われることがある。「青史」は史書、本文にあるよう、殺青した竹簡に書かれたという故事から。前者は日本ではあまりお目にかからないが、中国の新聞などで「筆紙に尽くしがたい（ほどの悪事）」という意味で、しばしば使われる成語である。

龍

「龍《りゅう》」は伝説中の神化した動物を原義とします。伝説の龍は、身体は蛇のようで、鱗があり、爪を持ち、水陸両棲で、天に昇っては雲を起こし、雨を降らせるもの。一般には魚類水族のぬしで、さまざまな動物の特徴を合わせて絵に描かれる、絵画上の、想像上の動物とされています。『説文』「龍部」には「龍、鱗虫《りんちゅう》の長、能《よ》く幽《かく》れ能く明《あらわ》れ、能く細かく能く巨《おお》いなる、能く短く能く長く、春分にして天に登り、秋分にして淵に潜む」[＊1]とあります。龍の甲骨文は「」（乙3797）、字の最上部は甲骨文字の「鳳」と似通っており、その下の「」は大きな口をあけた蛇の形、「」の部分が口、「」は長い胴体を象っています（図4-50、51

図4-51　西漢龍画像磚

図4-50　新石器時代玉龍

参照)。

*1 『説文』の説には当時流行っていた陰陽五行説のなかで龍がシンボリックな存在として扱われていたことを示している。「春分にして天に登り、秋分にして淵に潜む」とは龍を「陽気」と見なしているわけである。龍というと我々は巨大なものをのみ考えるが、神仙の説に龍には様々な種類があり、極小のものは水滴の一滴にも潜むとされる。これは龍と言うものが、生物というよりはその生物の体内にひそむエネルギーのようなものと捉えたところからきた説である。

鳳

「鳳」は伝説中の神鳥、甲骨文では「」(合集34137)、象形文字です。この形に字音を表わす声符「凡」を加えて「」(前3・28・4)と書かれることがあり、これが現在の字形「鳳」のもとになっています。鳥に従い凡の音。「鳳」の「鳥」の上には線が一本加えられているのは、その外がわが「几」ではなく「凡」であるためなのです。龍と鳳はいずれも古人の想像上の祥瑞動物です。龍を象どった紋様は、五千年以上まえ、仰韶文化のころにはすでに存在していますが、鳳は殷の時代になってから新たな崇拝対象として創造されたものです。後世、龍は男性、鳳は女性を象徴するものとされるようになりました。一九七六年、河南省安陽の殷墟婦好墓から、鳳を象った玉製品(図4-52)が出土しています。この

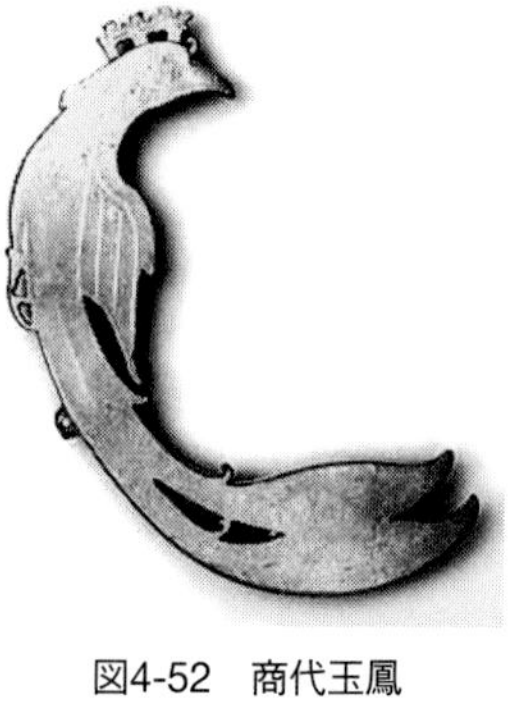

図4-52 商代玉鳳

一個の玉鳳には、殷代の人々の心目にあった「鳳」が、どのようなものであったのかが、如実に反映されておりましょう。その全体の形は甲骨文の「凡」の加えられていないほうの字形ときわめて似通っています。頭のところに三本突起の冠羽がついているところも甲骨文と同じで、曲がったくちばしに、短い羽と長い尾、今にも飛びたちそうな姿です。背の部分に、半円形の紐通しがついているので、もとは縄紐で何かに懸けられていたものと思われます。殷代晩期から西周中期までの時期には、鳳の紋様が大量に青銅器上に表わされました。それらは全体としては、この玉鳳と同じように尾を広げ下に垂らした形ですが、その冠羽の部分には、単純なギザギザから、長いものや花冠となっているものなど、さまざまな変化が見られます。

たとえば『説文』「鳥部」には「鳳、神鳥なり。天老曰く、鳳の象や、鴻前麐《こうぜんりん》後《ご》、蛇頸魚尾《じゃけいぎょび》、鸛顙鴛思《かんそうえんし》、龍文虎背《りゅうもんこはい》、燕頷鶏喙《えんがんけいかい》にして五色を備挙す。東方君子の国を出でて、四海の外に翺翔《こうしょう》し、崐崘《こんろん》を過ぎて、砥柱《ていちゅう》に飲み、羽を弱水《じゃくすい》に濯《そそ》ぎ、莫《く》るれば風穴《ふうけつ》に宿る。見れば則ち天下大いに安寧す」とあり、『山海経』「海内経」にも「鳳鳥、首文を徳と曰い、翼文を順と曰い、膺文を仁と曰い、背文を義と曰う。見れば則ち天下和《よう》す」とあるよう、古人は神格化されたこの鳳というものを、ずいぶんと大げさに伝えております。

虹

「虹《こう》」は空にかかる「にじ」です。虹彩現象というものは、雨の後だけではなく、日の出日の入りの直後にもおきることがあります。空にかかるその形状から、古人はこの正体を蛇形の動物だと考えました（図4-53 参照）。古人の説によれば、その「虹」という動物は、半円形に弧を描いた身体をしており、『山海経』の「海外東経」に「虹虹は（君子国の）北にあり、おのおの両首あり」とあるよう、頭をふたつ持っているのだそうです。虹の二つの頭は海中あるいは地下深くに潜りこんでいるとも、また雨の後によく現われるのは、この両頭を下に伸ばして水を飲もうとするからだとも言われています。この手の「虹」に関連する記載は「また虹の出るあり、北よりして河に飲《いん》す（亦有出虹、自北飲於河）」（菁4・1）と、甲骨文書のなかにはすでに見られ、『漢書』「燕王旦伝」にも「この時、天雨をくだして、虹、宮中へ下属《かしょく》し、井水を飲む、水泉竭《つ》くるなり」、北宋・沈括《しんかつ》の『夢渓筆《むけいひつ》談《だん》』「異事」にも「世に伝う、虹は能く溪澗に入りて水を飲むと、信然たらむ。熙寧《きねい》中、余契丹《きったん》へ使《つかい》して、その極北に至り、黒水の境、永安山の下に卓帳《たくちょう》す。この時、雨霽《うせい》新たにして、虹の帳前の澗中《かんちゅう》に下りるを見ゆ。余と同職、澗を扣《たず》ねてこれを観るに、虹の両頭、皆な笄《けい》として澗中にあり」という話が見られます。「澗」は谷川、「雨霽新たに」は雨が止んで晴れとなったさま、「笄として澗中にあり」

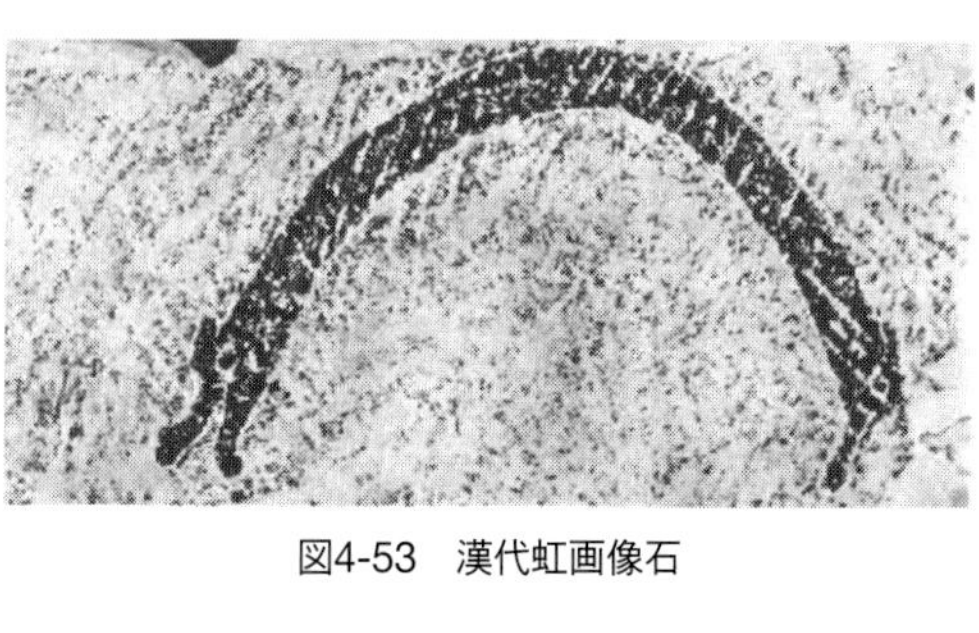

図4-53　漢代虹画像石

は谷川にかんざしのように突き刺さっていたということです。古人は、虹が水を飲みに来るということを災厄の兆しととらえていました。ゆえに虹は、禍をもたらす凶神ともされていました。「虹」の甲骨文は「」（菁4・1）。象形文字で、現在使われている「虹」という文字とは別物です。「虹」は虫に従い工の声、形声文字です。段玉裁『説文解字注』「虹」の下注には「虫は它なり、虹は它に似る、故に虫に従う」とあります。「它」は「蛇」の字の古字、「虫」の字の原義は禍に通じる「毒蛇」です。すなわち「虹」の字形の中ではこの「虫」が、たんに昆虫を表わす部首ではなく、字義を表わす義符であるわけです。

第五章

漢字と服飾

人類最古の衣服は現代の女性が着ている裙の短いワンピースのようなものでした。中国においては、新石器時代に作られた彩色陶器に、すでに上に袖がなく短いシャツのような服を着て、下にきわめて短いスカートのようなものを穿いた人の姿が描かれています。古代のアクセサリーで主なものは、さまざまな形状をした「玉」でした。「玉」は礼における種々の場面にも用いられ、それ自体が人に喩えられ、擬人化されるほど、重要視されていたのです。

衣

「衣《い》」の原義は上着。『詩経』「斉風・東方未明」に「東方未だ明けず、衣裳を顛倒す」とあります。『説文』「衣部」によれば「衣、依なり。上を〝衣〟と曰い、下を〝裳《しょう》〟と曰う」、すなわちこれは「日のまだのぼりきっていない薄ぼらけ、上下の着物を逆に着ようとしてしまったよ」という意味なわけです。

「衣」の甲骨文は「[illegible]」(後下34・1)、金石文では「[illegible]」(此鼎)、どちらの字形も上着の襟の部分の象形文字です。古代中原地域では、右襟を左襟の上に重ねて着ており、甲骨文、金文の字形はそれを表わしたもの(図5-1 参照)。他方、南方および辺境地帯においては左襟を右襟の上に重ね「左前」に着るのがふつうでした。『論語』「憲問篇」で孔子が「管仲微《なかり》せば、吾れそれ被髪左衽《ひはつさじん》せん」、と言っているのも、それが異民族の風習とされていたからです。古代の着物には「交領《こうりょう》」(重ね襟)と「直領《ちょくりょう》」(はおり襟)の別があり、「交領」のほうが多く着られていました。交領の服では衣服の本体と襟の部分はつながっており、襟の部分を胸のあたりで合わせ、首の付け根あたりで交差するようにしていました(図5-2)。これに対して直領の服は、襟がうなじから首の左右に沿って流れ、そのまま左右平行に、まっすぐ垂れ下がります(図5-3 参照)。後世「衣」の字は、衣服の総称として使われるようになりましたが、古代には、直領の服はおもに女性が、交

図5-1　馬王堆交領右衽衣

図5-2　漢陽陵着交領衣女俑

図5-3　戦国直領袍

領の服はおもに男性が着ていましたので、「衣」の象形文字に表わされていたのは男性の上着、ということになります。

褌袴

今の中国語でズボンの類を意味する「褲《こ》」は、衣に従い庫の声、すなわち字音から出来た形声文字ですが、これは後に作られたもので、古くは「絝」「袴」と書かれていました。『説文』「糸部」に「絝《こ》、脛《けい》衣なり。糸に従い夸の声」とあり、段玉裁の注に「今謂う所の套袴《とうこ》なり。左右おのおの一つ、両膝に衣を分く」とあります。『広雅疏証』[*1]「釈親」において清・王念孫は「凡そ対文なればすなわち膝以上を〝股〟となし、膝以下を〝脛〟となす」と言っており、『釈名』「釈衣服」にも「絝、跨ぐなり。両股おのおの跨ぎて別なり」とありますので、『説文』に言う「絝、脛衣」というのは、元来は膝から下しかないズボンであったと考えられます。遺跡等から出土した文物からも、古代のズボンは今のものと違って、股あての部分がなく、ただ二本の布筒を脚にかぶせるだけのものであったことが分かっています。布筒《ぬのづつ》は膝までか、長くても太腿までしかなく、おのおのの布筒の両側に紐がついており、この紐を上に向けて腰帯に懸けていました。それゆえに、漢代以前の簡牘《かんどく》において、当時のズボンは、中国語で靴や靴下と同じ量詞、「両」

図5-4　北宋着直領衣女俑

で数えられます。このように、古代のズボンには股あてがなかったわけですが、いつも股間を丸出しにしていたのかと言えば、そういうわけではありません。そこになにも当てていなかったというのは事実ですが、当時は一般に、現代のわたしたちがローブと呼ぶような長い衣服を身に着けていたので、股間の部分はちゃんと隠れていたわけです。しかしまさに股間に布を当てていないという理由から、古代の礼の規定では、河を渡るとかいう事態でもない限り、外衣をからげてはいけないこととなっていました。『礼記』「曲礼上」には「労するも袒《かたぬ》ぎすることなかれ、暑きも裳《も》を褰《かか》げることなかれ」とあります。「裳を褰げる」というのは服を脱ぐ、ということです。同じ「曲礼上」の「渉《わた》らざれば撅《かか》げず」も、川を渡るのでもなければ服を脱いではいけない、という意味です。『墨子』「公孟」にもこんな一節があります。「子、三年の喪を以って三日の喪を非とするは、なお倮《ら》にして撅《かか》げる者を不恭《ふきょう》と謂うがごとし」「倮」ははだかの人、「不恭」というのは礼節にもとるということ。墨子は葬礼習俗の簡易化を求めてました。形骸化した三年の服喪に拘泥するのは、すでに裸なのにさらに服をからげるようなものだ、と皮肉っているわけです。

　現在のズボンからすると、物足りなさがいなめない古代のズボンですが、漢代の文献から見るに、当時「絝」を持っているかどうか、というのは、その人の富を示すバロメーターであったようです。隋代に編まれた百科事典『北堂書鈔』の巻一二九に漢代の歴史書『東観記』[*2]を引いて「黄香、躬《みずか》ら親しく勤苦《こんく》して、心を尽くして供養《きょうよう》す、冬に袴被なけれど親しく滋味を極めんとす」とあるのは「袴」や蒲団を質入しても美味しい物を供えてあげようとした、という意味です。『後漢書』「廉范伝」では、廉范が蜀の太守となり成都を治めていた時、「〝廉叔度（＝廉范）、来れば何ぞ暮れんや。禁火《きんか》せず、民作を安んず、平生《へいぜい》、襦《じゅ》もなし、今五絝たり〟」すなわち薄い下着一枚持てなかった身の上が、いまは五枚もの「絝」を持っている、と歌われたことが書かれています。この「五絝《ごこ》の歌」からも、「袴」という衣服が「より良い生活」の象徴であったということが分かりましょう。「紈《がん》」というのは繊細な織の高価な布地で、これで作った高級なズボンは、金持ちの服装の最たるものでした。「紈袴《がんく》」という言葉が、後世「世間知らずのお坊ちゃま」という意味で使われるようになったのも、ここから来ているわけです（図5-5　参照）。

＊1　『広雅疏証《こうがそしょう》』…字書『広雅』の注釈本。清の考証学者・王念孫の著で『広雅』注釈本の決定版といわれる。

＊2　『北堂書鈔《ほくどうしょしょう》』『東観記《とうかんき》』…『北堂書鈔』は現在完本として伝わっているもののなかでは中国最古の類書（一種の百科事典）と言われる。『隋・虞世南』編。引用された『東観記』は『漢記』『東観漢記』とも言う後漢の官撰史書、後に散佚したが、さまざまな書に引かれた文をもとに、清代に輯本《しゅうほん》が作られている。

図5-5　戦国彩絵二十八宿図衣箱

褌

「褌《こん》」は二種類に分かれます。一つは、現在のズボン下にあたる下着、あるいは半ズボンの類で、一般に労働者が丈の短い上着を着る時に穿くものを指します。あともう一つは、今の長ズボンにあたるものを指します。特徴はいずれも股当ての部分がちゃんとあることです（前項「褲／袴」比較参照）。「褌」の字は衣に従い軍の声、軍は声符ですが、意味をも兼ね含んでいます。『説文』では「褌」は「幝」で「巾部」に収録されており、段玉裁の下注に「按ずるに今の套褲《とうこ》、古えの〝袴〟なり、今の満襠褲《まんとうこ》、古の〝褌〟なり、自ずから其れ渾合して身に近ければ言いて曰く〝幝〟とす」とあります。「套褲」は股当てのないズボン、「襠褲」は現在のズボンと同じく股当て部分のあるズボンを指します。現在のズボン下に近い「犢《とく》鼻褌《びこん》」というものもありました。が、これは筒状に縫われてはおらず、一枚の布を股座にまといつけているだけのものでした。この犢鼻褌をつけた者の姿は、沂南漢画像石にも描かれていますが、『史記』「司馬相如列伝」の集解に韋昭の『漢書注』を引いて「犢鼻褌は三尺の布を以って作る、形犢鼻が如し」とあるよう、その形はたしかに「犢鼻」、すなわち仔牛の鼻先にそっくりです。また『三国志』「魏志」の「裴潜伝」、裴松之の注に、「時天は大寒、（韓）宣、前以ってまさに杖《じょう》を受けんと、豫《あらかじ》め袴を脱ぎ、褌纏《こんてん》して面縛さる」とあるなどからも、犢鼻褌が身体にまきつけるだけのものだったことは知れましょう。犢鼻褌は貧賤な労働者の下着であったことから、刑罰を受ける時や囚人服としても用いられました。『史記』「司馬相如列伝」で「すなわち（卓）文君、壚《ろ》に当り、相如みずから犢鼻褌を著て、市中に器を滌《すす》ぐ」と、司馬相如[*1]が犢鼻褌を着ているのも、彼が貧乏のどん底にあったことを表わしているのです。

西漢時代の空心磚画[*2]に、短い「褌」をはいた衛士が描かれているものがあります。この短い褌は現在の半ズボンに近いもので、この時代、現在の長ズボンにあたるものは「大袴《だいこ》」と呼ばれていました。魏晋南北朝の時代には、「竹林の七賢」のような放逸の士たちが、褌をはくこと、またその褌自体にさまざまな暗喩をこめて楽しんでいました。たとえば『晋書』「阮籍伝」に曰く「ひとり群虱《ぐんしつ》の褌中に処するを見ずや、深縫《しんぽう》に逃げ、壊絮《かいじょ》に匿《かく》れ、自ら以て吉宅となすなり。行くに敢えて縫い際を離れず、動くに敢えて褌襠《こんとう》を出でず、自ら以て縄墨《じょうぼく》を得たりとなすなり。君子の域内を処すや、何ぞそれ虱の褌中を処すに異ならん」「壊絮」はほどけた糸くず、「縄墨を得たり」は一国一城の主となる、というような意味です。『世説新語』「任誕」には「(劉)伶曰く、我れ天地を以て棟宇《とうう》となし、屋宇《おくう》を褌《こん》衣《い》となす。諸君何すれぞ我が褌中に入るや、と」これらも「褌」が、この当時でもなお、高貴な者がはくものではない、とされていたからです。

＊1　「司馬相如…」…才能はあるが世に知られていなかった司馬相如は、富豪の娘である卓文

君と駆け落ちした。怒った父・卓王孫は一切の援助をしなかったが、周りから説得されて相如を貧窮から救い、ひきたてた。後、相如は武帝に詩才が認められ中央に召しだされる。

＊2 「空心磚画《くうしんせんが》」…墓室などに使われたレンガの一種。側面に穴があけられていたり、中空になっているのが特徴。

初

「初《しょ》」の原義ははじめること、開始することです。字は「衣」と「刀」の組み合わせで、甲骨文は「」(前5・39・8)、これは刃物で衣服を裁っているところ。『説文』「刀部」には「初、始めるなり。刀に従い、衣に従う。衣を裁つの始めなり」とあります。衣服を作るのにはまず布を裁ちますが、刃物を衣服に当てる形が「開始」を意味するようになったのは、人類の衣服が、古くはこうした刃物でなければ切れない、獣皮で作られていたためです。『白虎通義』に曰く「太古の時、衣は皮韋《ひい》、前を覆うあたいて後を覆うあたわず」と、「韋」とはなめし加工の済んだ皮のことです。短い一文ですが、ここには人類が衣服を身に着けるようになったということ、「衣服を着る」ということが、人と動物を区別する上での重要な指標の一つで、人類が文明の時代に歩み入ったことを表わす最初の道標でもあったということが見事に表明されています。その意味では「刀で衣を裁断すること」はまさに、人類の人類としての「開始」をも意味している、と言えるかもしれません。字形左がわの「衣」が「衤」に変化したのは、隷書体になってからのことです。

求 裘 表

「求《きゅう》」と「裘《きゅう》（かわごろも）」は元来同じ一つの字でした。甲骨文では「」（後下8・8）、外がわに毛のついた皮の衣服を象ったもので、「衣」の甲骨文字とよく似た形状をしています。「衣」の甲骨文字は「」（粹85）、すなわち「求」とは、「衣」の字に毛の表現を加えたものにほかなりません。現在も北方の遊牧民族は、毛のついた面を外がわにした羊皮の服を着ていますが、「求」の字が表わしているのもそうした服のことです。金石文では「」（叉尊）、これは甲骨文字の真ん中の部分に「又」を加えたもの。この「又」は字音を表わす声符、つまり象形文字が形声文字に変化したわけです。『説文』は「求」の古字を「」としています。これは金石文を簡略化したもので、これが現在の字形の原型となっています。これによって、文字の原義が不明瞭になってしまったため、金石文ではこの文字の上に「衣」をかぶせ、「」（衛盉）と書かれることがありました。ここから派生したのが「裘」の字です。

古文字の世界では、一つの字にさまざまな異形があるというのは、しごく普通なことです。その中で、たった一つの字形だけが生き残り、そのほかの異形がすべて淘汰されてしまったようなケースもありますが、この「求」と「裘」のように、違う意味の字として、伝えられる場合もあるわけです。もとは同じ字であるのに、「裘」は原義である「かわごろも」の意味を伝え、「求」は仮借字として「もとめる」という意味に使われるようになりました。この種の分化は、突然に起こるようなものではありません。ゆえに、たとえば『詩経』の「小雅・大東」という詩に「舟人《しゅうじん》の子も、熊羆《ゆうひ》をこれ裘《もと》め」とあるよう、古くは「裘」の字も「もとめる」の意味で使われることがありました。

「表《ひょう》」の原義は上着。古くはこれより内がわに着るものを「中《ちゅう》」あるいは「中衣《ちゅうい》」、上着を「表」あるいは「上衣」と言っていました。『荘子』の「譲王篇」に「子貢、大馬に乗り、紺を中にし、素を表にし」とあり、陸徳明の『経典釈文』[*1]に「紺を中衣となし、素を加えて表となすなり」とあるのはすなわち、紺色の内着の上に、汚れやすい白絹で作った上着をわざわざはおっていた（無意味に豪奢な装い）、という意味となります。『説文』「衣部」には「表、上衣なり」とあり、段玉裁は「上衣は、衣の外にあるものなり」と注しています。「表」の字は小篆体で「」、「衣」と「毛」の組み合わせ。『説文』「衣部」、「表」の字の下注に「古えは衣裘《いきゅう》、毛を以って表となす」とあり、徐鍇は注で「古えは皮を以って裘となすに、毛はみなみな外にあり、故に衣・毛を〝表〟となす。会意」としています。「裘」のところで述べたよう、古代、皮の衣服は毛のついた面を外がわにして着ていました。そこから「毛」のついた「衣」である上着を、「毛」と「衣」で表わしたわけです。このもっとも「おもてがわ」に見えている「上着」なので、「表」はやがて「おもて」「表面」を指すようになったわけです。

＊1　『経典釈文《けいてんしゃくもん》』…南北町時代、陳の陸徳明撰。四書五経から老荘など諸子をふくむ十四種の書に出てくる語の音や意味についてまとめたもの。音義書と呼ばれる参考書の一種。

玉

「玉《ぎょく》」の甲骨文は「◎」（粋12）、古代の装飾品である「玉串《ぎょくかん》」を象ったもので、現字形の三本の横線は玉片を横にみた姿、一本の縦線は玉片を貫いた紐を意味します（図5-6　参照）。馬叙倫は『説文解字六書疏証』[＊1]において、「玉」の横線こそが「◎」なのである、と言っています。「◎」は「璧《へき》（古代の装飾品、「完璧」の「璧」）」の初文で、「玉」と「◎」は、同じ物を上から見たか横から見たかの違いでしかないということです。「璧」は古代の貨幣で、後世の銅銭に穴があったのも、この玉器が貨幣の役割をしていたころの名残です。「玉」というのは光沢をもった美しい石で、銅器の時代に入ると、玉器の類は、国家レベルでの重要、貴重な宝物とされ、そこから『礼記』「玉藻」に「君子、故なければ、玉身より去らず、

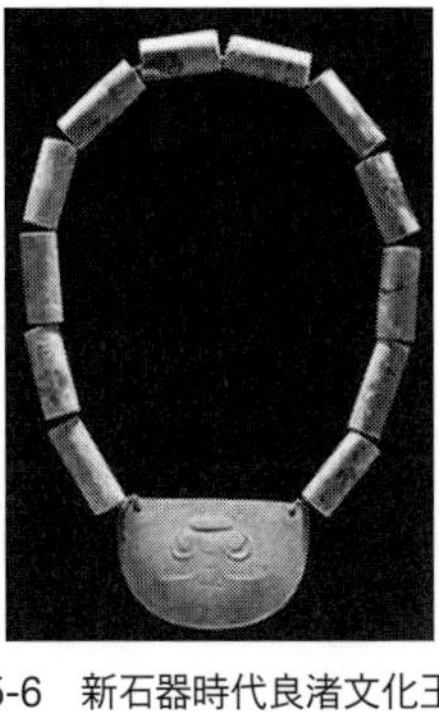

図5-6　新石器時代良渚文化玉串

君子、玉に於いて徳を比する」とあるよう、美しい行い、崇高な行い、徳行にもなぞらえられるようになりました。

『説文』「玉部」、「玉」の字の下注に「石の美なるもの。五徳有り、潤澤《じゅんたく》にして以って温《みち》なるは仁の方なり、鰓理《さいり》外より以って中《うち》を知るべきは義の方なり、その声、舒揚《じょよう》して専ら以て遠きに聞こゆるは智の方なり、橈《たわ》まずして折るるは勇の方なり、鋭廉《えいれん》にして忮《さか》らわざるは絜《けつ》の方なり」すなわち、「玉」には五つの品徳が備わっており、潤沢で柔和なところは「仁」に、外から見て内部の筋目や模様がどうなっているのか分かるのは「義」に、打てばその音がのびやかに広がるのは「智」に、ぽっきりと折れるいさぎよさは「勇」に通じ、角が立っていても誰かを傷つけることのないところは「絜（＝清潔さ）」に通じる、ということです。

古代「玉食《ぎょくしょく》」と言えば美食のこと、「玉女《ぎょくじょ》」と言えば美女を指し、その他も「玉容」「玉貌」など、「玉」のついている語は専ら「美しいこと」「好ましいこと」を意味します（図5-7、8　参照）。

「玉」はもと「王」と書いていました。当初、「王様」の「王」と区別するため、「玉」の場合は横線を同じ幅に、「王」は真ん中の一本を短く書いていましたが、後になって「王」も、三本を同じ幅で書くようになってしまったため、「王」の字と区別するため今度は点が加えられたのです。文字の左右に構成要素としてある時の「玉」に点がついていないのは、「王様」の「王」の字は、構成要素として使われることがほとんどなく、区別する必要がなかったためです。

図5-7　春秋玉龍形佩

図5-8　春秋玉虎

貝朋貫串

「貝《ばい／はい》」は二枚貝や巻貝など貝類の総称です。甲骨文は「」（前5・10・2）、これは貝殻の形を象ったもの。古代、貝殻は貨幣として用いられたり、貴重な装飾品として珍重されました。ゆえに貝は「貨幣」という意味を持っているわけです。『説文』「貝部」、「貝」の項目の下注にも「古えは貝を貨として亀を宝となす、周よりして泉あり、秦に至りて貝を廃し銭《せん》を行う」（「泉《せん》」は北周時代の古い貨幣、「布泉」のこと）とあります。「貝」を構成要素とする字に必ず「財貨」の意味が含まれるのは、こうした理由です。

「朋《ほう》」はもと「賏」と書かれていました。甲骨文では「」（甲777）、図5-9の銭のように紐通しした貝を、左右対称に垂らしている形で、本来は貨幣単位を表わす文字でした。王国維*1の研究によれば、古くは貝五枚が「一串《かん》」、二串で「一朋」だったそうです。同学の友を「朋」と呼ぶのは紐通しされた貝のように同じ師匠から教えを受けた、師系を同じうするという意味から来たものです。

「貫《かん》」は、その貝や銭に通した縄紐のことでした。『説文』「毌《かん》部」には「貫、銭貝の貫なり。毌と貝に従う」とあります。「貫」という字は、もともと紐に通

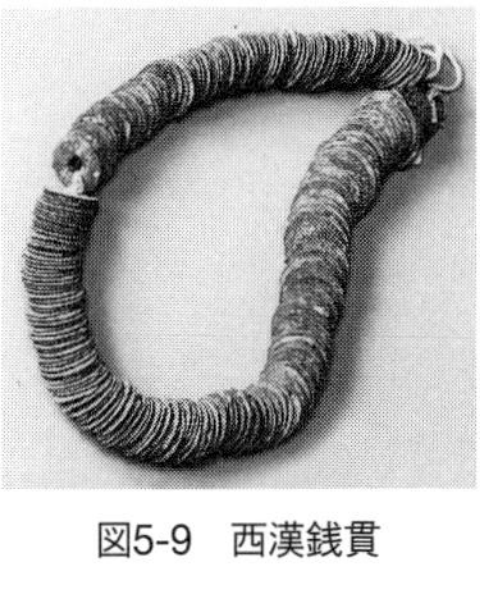

図5-9　西漢銭貫

*1　『説文解字六書疏証《せつもんかいじりくしょそしょう》』…著者の馬叙倫《ばじょりん》（一八八四〜一九七〇年）は清末民初の古典学者。

した貝や銭をのみ表わすため「毌」の字に「貝」を加え、後代になってから作られたもの。「毌」は小篆体で「毌」、紐通しした銭貝を象っており、横棒が紐縄、中間は紐通しされた二枚の貝殻。紐通された銭貝を描いて、それが誰かの持ち物だということを表わしています。『説文』「毌部」にも「毌、物を穿ちてこれを持するなり。一に従い、横に貫きたる宝貨の形に象る」とあります。

「串《かん》」は実のところ「毌」と同じで、銭貝の串を縦に置いたものです。段玉裁は『説文解字注』、「毌」の下注に次のように記しています。「◫は宝貨の形、独つ宝貨と言いて、その余りを例うるなり。〃一〃は穿ちてこれを持するの所以なり。古えは貫き穿つにこの字を用ゆ、今〃貫〃行われて〃毌〃廃さる……後に〃串〃の字あり、〃丳〃の字あり、皆みな毌の変なり」と。

＊1　王国維《おうこくい》…（一八七七～一九二七年）清末民初の学者。近代における甲骨文・古文字研究の分野での第一人者。

環

「環《かん》」は円形の玉器（図5-10参照）。字形は「玉」と「睘」の組み合わせで、「玉」は玉器であること、「睘」は字音を表わす声符ですが、意味も兼ね含まれています。郭沫若《かくまつじやく》『金文叢考』「釈共」に「〃睘〃が玉環の初文だと言うのは、これが衣服の

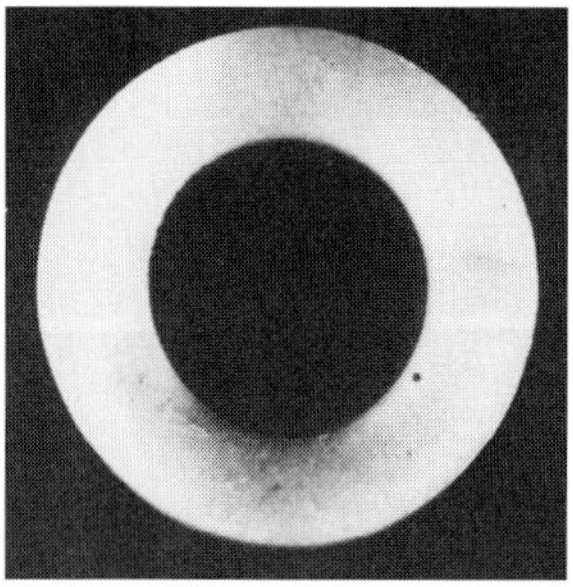
図5-10　曽侯乙墓玉環

胸のところに〝環〟を下げた形を象ったものだからである。目に従い、人の首のある場所を示した文字である」とあります。郭沫若の言う通り、「睘」は金石文で「」（睘卣）。一番上が目、下は「衣」の省略形、中央にある円、「睘」で「口」にあたる部分が、彼言うところの「玉環」であるわけです。

環は古代、「帰還」を象徴する物品ともされていました。『荀子』「大略篇」の「人と絶つに玦《けつ》を以ってし、絶ちたるを反《かえ》すに環を以ってす」に対する楊倞の注にも「古えは臣に罪あらば、待して境に放つ、三年にして敢えて去らずんば、これに環を与うはすなわち還し」とあります。

璧

「璧《へき》」は古代の丸い玉器の一種です。『説文』「玉部」には「璧、瑞玉《ずいぎょく》にして円きなり。玉に従い辟の声」とあります。「璧」の特徴は、ほかの環類に比べると、環になった平たく丸い部分の幅が、中央の孔の直径よりずっと大きなところにあります。『爾雅』「釈器」には「肉の好に倍する、これを璧と謂い、好の肉に倍する、これを瑗と謂い、肉好一のごとくなる、これを環と謂う」とあり、郭璞《かくはく》の注に「肉は辺、好は孔なり」とあります。『周礼』によれば、正式な「璧」は孔の直径が三寸、辺すなわち環の部分の幅は六寸、すなわち『爾雅』にあるとおり

「肉」が「好」の倍となっているわけです（図5－11 参照）。出土した玉璧を見るかぎり、その寸法はこうした基準と必ずしも一致しませんが、孔より周縁の幅のほうが大きいという点では一致しています。古代、璧は諸侯が天子に朝見する時、聘礼《へいれい》の贈物として用いられました。副葬品として用いられることもあり、その場合には死体の下に置かれたり、死者の口の中に入れられたりしています。この口の中に入れられる小さな璧は「含玉《がんぎょく》」と呼ばれました。口に璧を含むということが死者を意味することから、古くは請罪*1する者が口に玉璧を銜え、死罪をも覚悟しているという意思表示とすることもありました。『左伝』「僖公六年」に、次のような記事があります。「冬、蔡《さい》の穆侯《ぼくこう》、許の僖公を将《ひき》い、以て楚子と武城に見《まみ》えしむ。許の男、面縛して璧を銜《ふく》み、大夫衰絰《さいてつ》し、士櫬《ひつぎ》を輿《にな》う。楚子、諸《これ》を逢伯に問《と》う。対《こた》えて曰く、むかし武王、殷に克《か》ちしとき、微子啓、かくの如くせば、武王親《みずか》らその縛を釋《と》き、その璧を受けてこれを祓《はら》いし、その櫬を焚き、礼してこれに命じ、その所に復《かえ》らしめり、と。楚子これに従う」。「面縛」は両手を後ろ手にして縛りあげること。罪人を縛る時のやりかたで、「衰絰」は喪服のことです。

こうした故事との関係から、璧には死の危難に際し、救いの手を求めるというような意味合いが含まれるようになりました。『呂氏春秋』の「恃君覧第八・観表」には、次のような逸話があります。「郈成子《こうせいし》、魯のために晋に聘して衛を過ぐ。右宰穀臣《うさいこくしん》、止めてこれを觴《しょう》す。楽を陳《つら》ぬれど楽しまず。酒酣《たけな》わにしてこれに送るに璧を以てす。顧《かえ》って反《かえ》り過ぐれども辞せず。その僕曰く、曩《さき》には右宰穀臣、吾

図5-11　西漢玉璧

子に觴するや、吾子《ごし》はなはだ歓す。今侯《なん》ぞ渫過《ちょうか》するに辞さざるや、と。郈成子曰く、それ止めて我に觴するは、我と歓するなり。楽を陳ぬれど楽しまざるは、我に憂いを告ぐるなり。酒酣わにして我に送るに璧を以てするは、これを我に寄するなり。もしこれに由ってこれを観れば、衛、それ乱あらんか、と。衛を去ること三十里、寧喜《ねいき》の乱作《おこ》りて右宰穀臣これに死せりと聞き、車を還して臨し三挙《さんきょ》して帰り、至って、人をしてその妻子を迎《やしな》えしめ、宅を隔ててこれを異にし、禄を分かちてこれを食い、その子長じてその璧を反す」。「渫過」とは同じ道を再び通ることを示し、「臨す」とは死を悼んで泣くことです（図5-12　参照）。

＊1　「請罪」…自ら処罰を願い出ること。

瑗

「瑗《えん》」は「璧《へき》」に似た玉器の一種です（図5-13　参照）。『説文』「玉部」には「瑗、大孔の璧。人君除陛《じんくんじょへい》を上るに以って相い引く。玉に従い爰の声」とあります。『爾雅』「釈器」に「肉の好に倍《あな》する、これを璧と謂い、好の肉に倍する、これを瑗と謂う」とあるよう、「瑗」は「璧」と反対に、孔のほうが周縁部の幅より大きくなっています。古代における「瑗」の役割は主に二つ、一つは『説文』にある

図5-12　東漢長楽玉璧

図5-13　商代玉瑗

よう、国王が宮殿のきざはしを上る時の手助けです。侍者は直接国王に触れることが出来ないので、この玉器を使って国王を引っぱるのです。二つ目は、天子が諸侯を召見する時、あるいは諸侯が卿大夫や士を召見する際に使われる召喚状のようなもの。この「瑗」を相手に見せてその信用の証しとするのです。『荀子』の「大略篇」にも「人を召すには瑗を以ってす」とあります。

徐鍇の『説文解字繋伝』に「瑗はこれ援の言いなり」とあるよう、「瑗《えん》」という名称は、「援引《えんいん》」の「援」（ひっぱる・引きあげる）からとられたものです。

璜

「璜《こう》」は佩玉《はいぎょく》（腰から下げる装飾品）の一つです。『説文』「玉部」に「璜、半璧なり。玉に従い黄の声」とあるよう、ちょうど「璧《へき》」を半分に割ったような形をしています（図5-14　参照）。「璜」は一般に「佩《はい》（おびだま）」の末端につけられ、二個一対で使用されました。『正字通』には次のようにあります。「佩の上に横なるを〝珩〟と曰う、下に〝璜《こう》〟あり、牙の形に作り、孔を穿《かう》ちて両傍に懸く。その中末に〝冲牙《ちゆうが》〟を懸く、関らして相い撃たしむるなり、行けば則ち冲牙、璜に触れて声あるなり」。

戦国初期の曹侯乙墓からは、璜が五十一件出土しています。その大小はさまざ

図5-14　漢玉璜

までですが、大方は二個一対になっていて、穀粒紋のもの、雲紋のもののほか、金縷すなわち黄金の糸で繋がれていたもの、透かし彫りのものと模様のないものの五種類がありました。孔の数は三種類、一つ孔のものは半円の中央てっぺんのあたりに、二つ孔のものは左右両端にひとつずつ、三つ孔のものは中央と左右に一つずつあけられています（図5−15　参照）。

櫛　梳　篦

古代の櫛は、その歯の間が広いか狭いかの違いでおよそ二種類に分かれており、歯の間の広いものを「梳《そ》」（図5−16）、狭いものを「篦《へい》」（図5−17）と呼んでいました。ただこの「梳」「篦」という字は後になってあてられたもので、少なくとも漢代以前までは、一般に「疏」と「比」の二字で表わされており、たとえば馬王堆一号墓の遺策（副葬品目録）や居延漢簡などでは「疏比一具」と記されています。「一具」は「一組」ということですから、ここから古代において「梳」と「篦」は、セットで使われるものとされていたことが分かります。「疏」「比」というのはもともと反対語で、「比」は密なこと「疏」はまばらなことを意味します。すなわちこの二字を使うことで、櫛の目の細かさ粗さを表わしたわけです。『史記』「匈奴列伝」に「錦の袷袍一つ、比余《ひよ》一つ」とあり、その注で司馬貞の索隠は『蒼

図5-17　秦代篦

図5-16　戦国玉梳

図5-15　春秋玉璜

頡篇』[*1]を引いて「靡なるを〝比《ぴ》〟となし、麤《そ》なるを〝梳〟となす」としており、また『説文』「木部」の「櫛」の項目、段玉裁の注にも「疏なるを梳となし、密なるを比となす」とあります。後世この「疏」を改めて、櫛の類を専門に表わす字として作られたのが「梳」です。『説文』「木部」には「梳、理髪なり。木に従い疏の省声[*2]」とあります。木に従うのは櫛の大半が木製であるところに因るもの。『釈名』の「釈首飾」でも「梳、その歯の疏なるを言うなり」とされています。

すでに書いたように、「篦《へい》」というのは「比」の仮借文字なわけですが、李賀の「秦宮詩」、「鸞篦を奪い得て人還らず」の王琦の注に「篦、髪垢を去るの所以、竹を以ってこれをなす」とあることからも分かるように、この字となったのは、そこに「竹」が含まれていたことに由来します。

漢代の墳墓から出土する櫛には、三点で一組となっているものがあります。たとえば、山東省臨沂の金雀山西漢墓、河北省の懐安西漢墓などの例では、この梳・篦のほかに、篦よりもさらに歯が密になった「笸（き）」と呼ばれる櫛が加えられています。「笸」は「蟣《き》（ケジラミ）」を除くための専用の櫛で、『説文』「竹部」には「笸、蟣を取るの比なり。竹に従い𦣞の声」とあります。竹冠がついているのは、これが主に竹で作られてたことに因みます。山東省諸城の楊家荘子西漢墓から出土した三点一組の櫛は、いずれも底辺の幅四・五〜四・六センチ、歯の数は「梳」で十三本、「篦」で二十九本、笸では五十六本となっていました。

髪を梳かすこの類の道具の、もっとも古い名称は「櫛《しつ》」でしょう。『詩経』「周頌・良耜」に「その比べること櫛の如し」（朱熹集伝「櫛、理髪の器、密なるを言うなり」）とあるのをはじめ、『荘子』「寓言篇」には「盥漱巾櫛《かんそうきんしつ》を進む」（唐・成玄英の注に「櫛、梳なり」とあり）、『儀礼』「士冠礼」に「櫛は箪《たん》に実《み》たす」とあるなど、古書ではすべて「櫛」の字が用いられています。「櫛」は木に従い、節の声、形声文字ですが、『広雅』「釈器」、「梳、櫛なり」の王念孫の疏証に「櫛はこれ〝節〟を言うなり、その歯相い節次《せつじ》（次々と並ぶ）するなり」とあるように、この「節」にはまた、意味も兼ね含まれています。『説文』「木部」にも「櫛、梳比の総名なり」とあるよう、「櫛」は後代、この類の髪を梳かす道具の総称とされました。

古代の櫛は多く木製ですが、そのほかに獣の角や象牙・鼈甲《べっこう》などの材料でも作られ、形は多く馬蹄形ですが、長方形のものも少数見られます。

櫛の類は歯の間に垢がつまりやすいため、古代にはそうした櫛の垢を洗い落すため専用の「刷子（ブラシ）」がありました。漢代の墓からも、銅の柄のついたキセル型の刷子が出土しています。『安禄山事迹』（唐・姚汝能）巻上に「犀角《さいかく》の梳・篦・刷子《さっし》おのおの一つ」とあることから、唐代においても、この櫛用のブラシは使われていたと考えられます。

＊1　史記索隠《さくいん》…『史記』の注釈書の一つ、唐・司馬貞の作。合注本・正義本では注の中に含まれる。『蒼頡篇』は秦の李斯の作といわれる字書、かつては引用文中に項目が散見されるだけの逸書であったが、近年発見された漢簡にこの残簡が発見され、現在復元に向けて研究が進んでいる。

＊2　省声《しょうせい》…許慎の『説文解字』にはじまる音の表記法の一つ。この「梳」の例で言うと「字音を表わす声符は〝㐬〟だが、音は〝疏〟の音に近い」という意味。その字の音に近い字の例をあげ、その構成要素を「省略」して音を表わしたものだから「省声」と言う。

鏡

『説文』「金部」には「鏡、景なり。金に従い竟の声」とあり、段玉裁は「景は光なり、金に光ありて物を照らす、これを謂いて鏡とす」と注していますが、『説文』が「景なり」としているのは、音から意味を汲み取った声訓、字音に近く関連のありそうな文字を当てたものに過ぎません。今はガラスですが、古代の鏡は銅製のものが主でした、鏡の字が金偏であるのはそれに因ります。

戦国以前の人は鏡をほとんど用いず、おもに盆に水をはったものに顔を映していました。しかしながら、四千年以上昔、新石器時代の斉家文化の墓から銅鏡が発見されていることを考えますと、銅鏡の起源は相当に古いのかもしれません。[＊1]

殷代から西周・春秋期の墓からはあまり出土されませんが、戦国期に入ると急に、大量の銅鏡が墓葬の副葬品として出てくるようになりますので、鏡というものは、このころから多く使用されるようになったと考えられます。古い鏡は一般に円形で、正面は平らでぴかぴかに磨かれており、背面の模様はさまざまですが、その中心には紐を通すための「鈕《ちゅう》」が付いています（図5-18　参照）。戦国期の銅鏡にはその背面を幾何学模様で飾ったもの、動物の図案で飾ったもの、そして何も鋳りこまれていない無紋様のものが多く、飾り紋には巻雲紋、山字紋、花葉紋、連弧紋、菱紋のほか、虎紋、蟠龍紋、龍鳳紋などが多く見られます。西漢以降の鏡の背面には、多く吉祥語が鋳りこまれています。また銅鏡が次第に使われなくなってきたのは、宋・元以降のこととなります（図5-19　参照）。

＊1　斉家文化《せいかぶんか》…甘粛・青海省の黄河上流域にあった新石器時代末から青銅器時代にかけての文化。かつては仰韶文化より古いといわれていたが、その後の調査で、それよりは新しいものであるとされるようになり、現在は一般的に、紀元前二四〇〇～一九〇〇年頃の文化と推測されている。

図5-18　唐双鳳銅鏡

図5-19　戦国彩絵鳳紋銅方鏡

第六章

漢字と飲食

古代の飲食に用いられた器とその配置、そして飲食における習慣は多く「礼」のきまりに従って行われていました。上古の食事は一日二回、当時の一般の農民・庶民の食器や食事はきわめて簡素なものだったと思われます。漢字に記録されているのは、そうした庶民の生活ではなく、大部分が貴族の用いた食器とその食習慣についての事項となっています。

即 既

「即《そく》」は甲骨文で「」（簠典99）「」（前6・52・3）です。字の左がわは食物を山盛りにした食器、右は座っている人。この人物は食器のほうを向いており、今まさに食事をしようとしている姿に象っています（図6-1、2 参照）。すなわち「即」の原義は、食器に寄って食事を摂ることなのです。『説文』「卩部」には「即、即食なり」とあります。「即食」は「すぐ食べる」「いま食べる」ということ。『周易』「鼎」の爻辞には「鼎《かなえ》に実あり、我が仇疾《あだや》めり、我と即す能《あた》わず」とありますが、これは「鼎のなかは食事で満たされているが、配偶者が病気なので、いっしょに食事ができない」という意味です。*1

後これが「近寄る」「接近」という意味に使われるようになったのは、「食器に近寄り〝まさに〟食べようとする」というその原義から敷衍《ふえん》されたもので、『詩経』の「衛風・氓《ぼう》」という詩に「氓《たみ》の蚩蚩《しし》たる、布を抱いて糸を貿《か》う、来て貿わんに匪《あら》ず、来れば我に即《つ》いて謀《はか》れり」とあるこの「即」はその「接近」のほう。「糸も買わずに、わたしに接近して口説こうとする」というような文意になります。*2また中国語の「若即若離《ルオチールオリー》（つかずはなれず）」という成語の「即」も「近寄る」のほうの意味です。

図6-1　西周盛飯器簋

図6-2　西漢坐俑

「既《き》」は甲骨文で「」(佚695)「」(乙2093)、「即」の字といっしょで、人が食器の横にいる様子ですが、違っているのは、その人物が食器から顔をそむけたり、食器に背を向けたりしているところです。これはこの人物がちょうど食事を終え、いままさに離れようとしているところを象ったもの。そこから「なくなる」「おわり」「終了」と言った意味を表すようになりました。『広雅』の「釈詁一」に「既、尽く」とあり、『春秋』「桓公三年」、「日これを食する有り、既く」の注で杜預も「既は、尽きるなり」としています。中国語の接続詞「既而《チーアル》」は「まもなく」という意味で使われますが、これも「おわって・すぐ」と意味を重ねたところからきたものです。

＊1　原文は『易経』「鼎」卦九二の爻辞「鼎有実、我仇有疾、不我能即、吉」、「妻といっしょに食事ができない」のが吉では多少おかしいが、これは文辞の古意をそのまま取った訳。一般的には「我仇」を「敵」、「疾」を「嫉妬」の意味とし、「敵対するものが妬んでいるが自分には近づけないから吉」の意味と解釈される。この解釈では「即」は次の『詩経』「氓」の例と同じ意味。

＊2　『詩経』「衛風・氓」…この歌にはいくつかの解釈があり、特にこの出だし部分をめぐってはさまざまな訳があり、とてもまとめられない。ただし全体の歌意は、だいたい男に捨てられる憐れな女性の歌、とされている。

牢

「牢《ろう》」は甲骨文で「」（粋５７４）、字の中央は牛、外を囲んでいるのは家畜用の柵《さく》で、下の方に出口があります。「古代、牛馬や羊は山野で放牧したままにしておくもので、平時は追い回して家に戻すというようなことは行われなかった。必要がある時のみ、木立に縄を渡して囲いを作り、その中に追い込んでこれを飼養したのである。解放前、四川省の阿垻地区大金県の一帯でも、牛羊を飼うのに、木立に縄をめぐらせて、この〝牢〟の甲骨文にある〝〟と同じような形の囲いを作っていたという」（徐中舒主編『甲骨文字典』より）。古代の祭祀において犠牲として用いられる牛は、聖別されたものとして専用の囲いの中で飼われました。「牢」というのは元来、そこで飼われていた祭祀用の牛のことだったのです（図6−3　参照）。

酉　酒　福　富

「酉《ゆう》」の原義は「酒《さけ》」です。甲骨文は「」（甲２４９０）、一本の酒器を象ったもので、下部に入った二本の横線は中に酒が入っていることを表わしています

図6-3　北斉陶牛

(図6－4 参照)。人類は、その原始時代すでに、酒を醸《かも》し、飲んでいました(図6－5 参照)、ゆえに甲骨文にはもうこの意味で「酉」「酒」の二字が見られます。「酒」の字は、水偏をつけてこれが液体であることを表わしたもの、甲骨文では「酉」の字が多く使われています。後世、「酉」が干支を表わす字として使われるようになり、飲む酒と「酒を飲むこと」を表わすのには、「酒」の字のみが使われるようになったのです。

「福《ふく》」は「示」と「畐」の二つを組み合わせたもので、「示」は木または石で作った神のよりしろ、「畐」は「酉」が変異したもの。甲骨文では「」(前4・23・1)、左が「酉」、右が「示」です。金石文では「」(㝬簋)、こちらは左が「示」、右は「酉」ですが、後世、この変異体の中央部が「口」に、下部が四角くなって、「畐」に変化しました。神のよりしろに酒を奉げ、神霊の加護を願うこと、これが「福」の原義で、神霊の加護のあること、すなわち「幸福」というわけです。甲骨文と金石文では「酉」の下に「」が付いていることがあり、両手をあげて酒器を神前に奉っている態、より形象文字に近い字形となっています。

「富《ふ》」は「宀」と「畐」の組み合わせで出来ています。「侯馬盟書」では「」、「宀」は家屋、「畐」は酒の入った酒器で、酒そのものを表わしています。家の中に酒があるということが、なぜ「富裕」という意味になるのでしょうか。これは原始時代の人類にとって、食物というものは毎日獲得できるものでも、飽食できるほど得られるものでもなかったことに起因しています。「酒」というものは、

図6-4　商代大型酒器罍

図6-5　東漢醸酒画像

そうした余剰の食物を醗酵させて出来るものです。すなわち「酒がある」ということは、食物が余るほどあるということ、ゆえに「酒」は「富裕」のしるしなのです。

「福」は神霊の加護のあること、総じて精神方面での豊かさを示しており、その反対語は「禍《か》」です。これに対して「富」は物質面での具体的な豊かさを表わしたもの、反対語は「貧」となります。

杵臼

中国において、穀物を脱穀[*1]・加工するための道具として最古のものは、手動式の「擦《す》り臼（碾磨）」です。それは細長い楕円形の石板と、先の丸まった石棒を組み合わせたもので、この石板の上に穂先を置き、その上で石棒を前後に縒《よ》り転がして、穀物の種子を茎からはずしたり、殻を割って種子の中身をとりだしたりしていました。この種の擦り臼は一万七千年前の山西省沁水下川遺跡[*2]からすでに発見されており、新石器時代早期の磁山文化[*3]の頃のものには、石板の底に四本の足がつき、新石器時代の晩期になると、馬鞍形のさらに実用的なものが出現してきます（図6-6、7 参照）。

「搗《つ》き臼《うす》（杵臼）」の出現は新石器時代晩期で、やがてこれに手擦り臼が取って

図6-6　新石器時代北辛

代りました。『説文』「木部」に「杵、舂杵《しょうしょ》なり。木に従い午の声」とあるよう、「杵《しょ》（きね）」とは、米を搗くための棒状の道具で（図6-8 参照）、多くは木製であったことから木偏、「午」は字音を表わす声符、形声文字です。

「臼《きゅう》（うす）」の字の原義は、穀物から殻を取去る時に用いるくぼんだ容器で、戦国時代・中山墓の刻石文では「」と書かれています。「」は穀物を入れるくぼみで、中に引かれた四本の線は穀物を表わしています。『説文』「臼部」、「臼」の字の下注にも「象形。中は米なり」とあります。

古代、殻を取去る必要のある穀物は、こうした臼の中に入れ、杵でついて殻を分離してから、簸《ひ》にかけ、糠《ぬか》や籾殻《もみがら》を取去って使用していました。『周易』「繋辞下伝」に「木を断って杵となし、地を掘って臼となす」とあり、先にあげた『説文』「臼部」、「臼」の下注の続きに「古くは地を掘りて臼となす、その後に木石を穿つ」とあるように、最初のころの「臼」は、ただ地面に穴を掘っただけのもので、容器として石や木で作られるようになったのは、後の時代になってからのことです。

＊1　「脱穀」とは「穀物の種子部分を茎から外すこと」だが、ここでは脱稃（種子の殻を割る）ところまでを含めている。

＊2　山西省泌水下川遺跡…一九七〇年代の末に、山西省泌水の流域で発見された旧石器時代の遺跡群。今から二万三千〜一万六千年前のもので、下川地区を中心とするところから、その時代文化区分は「下川文化」と称される。ここにいう「一万七千年前の碾磨」とは

図6-7　新石器時代磁山文化石碾盤碾棒

図6-8　商代玉杵臼

同遺跡から出土した石板のことと思われる。擦り棒ではなく石を使って脱穀を行った台と見られ、摩擦によって表面が平坦になっている。

＊3　磁山文化…河北省南部、黄河の下流域に存在した新石器時代早期の文化。紀元前六千年から五千五百年頃のものとされる。本文中に言う「馬鞍形の碾磨」は図6-7の形式のものを指す。日本語では「鞍状」というと、中央が曲面で盛り上がった形を言うが、中国語では多少使用範囲が広い。この碾磨の場合は、元はまな板に足をつけたようなもので平坦であったのだが、使用により中央部が減ってわずかに凹み、前後が高くなっているので「馬鞍形」とされている。

碓

「碓《たい》」は、搗き臼から発展した、米を搗くための道具、西漢のころに生み出されました。臼と足踏み式の杵を組み合わせたもので、臼の形はそれ以前の搗き臼とそれほど変わりませんが、多くは石で作られており、口の部分は地面から少し顔を出すくらい、残りの部分は土の中に埋められています。手に持っていた杵を足踏み式とすることで、自分の体重をかけられるようになったので、作業の効率も高くなり、労働者の負担も軽減されました（図6-9、10　参照）。

『説文』「石部」には「碓、舂《つ》くものなり。石に従い隹の声」とあります。主に石で作られるものなので、石を義符としているわけです。東漢・桓譚の『新論』「離事」には「宓犠《ふっき》（＝伏羲）の杵臼《しょきゅう》を制するや、万民を以って済《すく》う。後人の工《たく》み

図6-9　東漢碓米画像

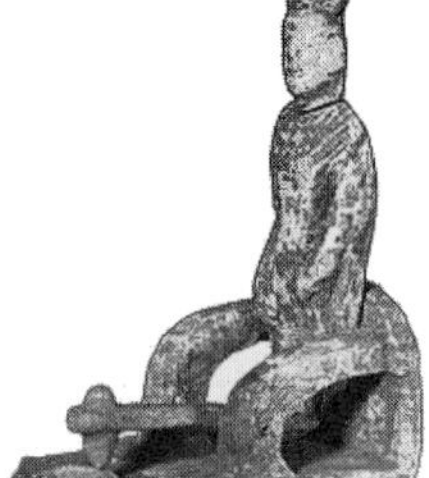

図6-10　南北朝踏碓俑

を加うるに及び、力を延べて身の重さを借り、以て践碓《せんたい》とするに因みて、利十倍す」[*1]とあります。「碓」は一人でも二人でも使えました。北京で出土した陶器製の碓の模型（俑）では、碓の前後に一人づつ、左手を欄干に添え、右手に小さな棒を持った人物が見えます。この棒は臼の中の穀物をかき混ぜて、均等に搗けるようにするためのものです。漢代にはほかにも、家畜や水力を動力として使った碓が出現しています。その中で最も古いのは水力を使ったものです。清・王筠の『説文解字句読』には「杵臼は手に任せ、碓は足に任す、また水碓《すいたい》ありて人力を労さず」とあります。

＊1　桓譚『新論』…桓譚は漢代の儒家。讖緯説を否定し、その立場から時局を論じたのが『新論』。無神論に基づく中国最古の書とされる。原本ははやくに失われ、現存するのは後世の学者が引用文を集めた輯本である。

倉

「倉《そう》（くら）」の原義は食料庫。甲骨文では「」（『卜辞通纂』別録之二・10・8）。三つの部分で構成されており、いちばん上の「」は屋根、「舍」の字の上部と同じもの、中間は「戸」の字になっています。この戸は片開きの一枚戸、古代の住居や食料庫の扉はすべてこうした一枚戸になっていました。下部は基礎の部分

図6-11　漢代石倉

図6-12　漢代陶倉(一)

で、字全体は食料庫を正面から見た形に象っています。古文字では「戸」は多く「戶」「户」と書かれました。現在の「倉」の中間部分は、こうした「戸」の古い異体字の形を踏襲しているわけです（図6-11～13 参照）。

舂

「舂《しょう》」の原義は臼で穀物を搗いて殻を取去ることです。甲骨文では「⿱𦥑臼」（鄴三下43・6）、字上部の「𦥑」は左右の手、手の間にあるのが「杵」で、下部は「臼」で、米を搗いている様子です（図6-14 参照）。『論衡』「量知」には「穀の熟し始めたるを粟《ぞく》と曰う。これを臼で舂き、その秕糠《ひこう》を簸る」とあり、『周礼』「地官」には米の脱穀と穀物の供応をつかさどる「舂人《しょうじん》」という役職が記載されています。古く、女を抱かせることを条件に米搗き労働をさせる場所を「舂市《しょうし》」と言いました。唐・陳子昂の「感遇」[*1]に「昔し称す夭桃の子、今はなす舂市の徒」とあるのがそれです。今の字体は、隷書体になり、上部の「𦥑」が「𡗗」に変化して出来たものです。

＊1　陳子昂「感遇」…詩人・陳子昂の代表作。「感遇」は三十八の連作詩からなり、不変な神仙世界と、移り変わる現実世界を対比させた社会批判の詩だが、内容はかなり難解。引用された詩はその十五。「貴人意を得がたく、賞愛は須臾《しゅゆ》に在り。心を以て玉の如くす

図6-13　漢代陶倉(二)

図6-14　東漢画像石臼

るは莫く、探すは他の明月の珠。昔称す夭桃の子、今になす春市の徒。鴟鴞《しきょう》は東国を悲しみ、麋鹿《びろく》は姑蘇に泣く。誰か見る鴟夷子、扁舟五湖に去るを」と。「夭桃の子」は『詩経』の「桃夭」を下敷きに、美しく純情な少女を言っている。むかしは桃のように可愛らしかった娘が、今は春市で春をひさいでいるという意味。

鼎

「鼎《てい》（かなえ）」は肉を煮る鍋であり、またその煮た肉などのご馳走を盛って出す食器でもありました。鼎には丸い胴体をしたもの（円鼎）と四角いもの（方鼎）の二種類があり、円鼎のほうが方鼎よりも古くから見られます。円鼎は三足、両耳（耳はつまみの部分）で胴体が丸く、ほとんどは蓋なしですが、蓋付きのもの稀にあり（図6－15、16　参照）、方鼎は四足、両耳で胴体部分が四角くなっています（図6－17　参照）。

殷代の銘文において「鼎」は「」（文鼎）と刻まれていますが、これは蓋のないタイプの円鼎を象ったもののようです。甲骨文では「」（甲2851）、字のてっぺん左右が耳、中間は丸い胴体部分、下部は足で、足の左右には装飾を表わす短い横線があります。西周時代の金石文では「」（頌鼎）、耳の部分が省略されていますが、この字形が、今の「鼎」の字の起源となっています。すなわち胴体部分が「目」、足とその装飾が「」となったわけです。

図6-15　西周大盂鼎

図6-16　曽侯乙墓蓋鼎

図6-17　商大禾方鼎

新石器時代初期の磁山文化や裴李崗文化[*1]の時期にはすでに、三足両耳で陶製の円鼎が見られ、殷代初期にあたる二里岡文化のころには青銅の鼎がありました。鼎は古代において最も重要な青銅製の礼器（儀式・儀礼用の容器）でした。文献によれば夏の始祖・禹王は、九州（中国全土）を征服したおり、得た金で九つの鼎を鋳たとされています。この九つの鼎は国家政権の象徴となり、商（殷）から周王朝へと伝えられましたが、春秋時代、周の天子の権威が衰えると、楚・斉・秦の三大国が九鼎を奪取して、天子の位を継承しようとしました。[*2]

先秦時代の文献には「鑊鼎《かくてい》」「升鼎《しょうてい》」「羞鼎《しゅうてい》」という名詞が見られます。鑊鼎は元来、食用の肉を煮るための食器でしたが、人を煮殺す酷刑で、人を放り込んで煮る道具として使われ、その刑は「鼎鑊《ていかく》」「鑊亨《かくほう》」などと称されました。[*3]この三種の鼎には形状的な区別はあまりありませんが、西漢以降、カマドが使用されるようになると、「鑊」は足のない鼎となりました。「升鼎」は「鑊」に入れて煮る肉を盛る鼎で「正鼎」とも称されます。「羞鼎」は升鼎以外の盛りつけ・お供え用の鼎（饌鼎）で「陪鼎」とも称されました。

殷周時代、鼎は統治者階級における階位等級を表わすものとなっていました。その最も顕著なものは西周で行われていた「列鼎制度」です。階位階級の証として用いられる鼎（列鼎）は、形や紋様はどれもまったく同じか同じようなものですが、一つ一つサイズが異なり、最初のものから最後へと、だんだん小さくなってゆく形式となっています。陝西省の宝鶏竹園溝西周墓から出土した五件の円鼎などは、まさしくその厳格な制度に依って作られた「列鼎」です。[*4]

文献によれば、周の天子は九鼎を用い、それぞれに牛・羊・豕（ブタ）・魚・腊・腸胃・肤（皮付きの豚肉）・鮮魚・鮮腊を盛り付けました。諸侯はこのうち「鮮魚・鮮腊」を盛り付けるものを除く、七鼎を使用することができました。卿大夫は羊・豕・魚・腊・肤の五鼎、士は豕・魚・腊の三鼎でしたが、豕を盛るための一鼎だけとされることもありました。[*5] 今のところ西周時代の墳墓から九鼎が出土した例はありませんが、河南省上村嶺の虢太子墓からは列鼎で定められたとおりに七鼎が出土しており、五鼎は陝西省の宝鶏茹家荘一号墓、三鼎は長安普渡村西周墓、一鼎の出土例には陝西省の岐山賀家村五号墓があります。

古代において、鼎は物を煮たり茹でたりする器として最大のものでした。記録によれば、古代の天を祀る祭祀では「全蒸《ぜんじょう》」すなわち「丸煮の牛」が用いられたとされています。この祭祀で供えられる犠牲（祭牲）には刃物を入れないことになっていたからです。祖先を祀る宗廟の祭祀では「房蒸《ぼうじょう》」、すなわち半身の牛が用いられたとされています。当時の鼎の巨大さは、ここからもよく分かりましょう。こうしたことから「鼎」は「大きなこと」を表わす語として使われるようになりました。たとえば中国語で「〝格別のご助力〟ありがとうございます」などと言う時に使われる「鼎力相助《ディンリーシアンジュ》」の「鼎力」は「大いなる力」という意味、「天下に名高い」と言うような時で使われる「鼎鼎大名《ディンディンダーミン》」の「鼎鼎」もその大きさを形容したもの、ほかにも「鼎盛《ディンション》」と言って「真っ盛り」を意味するのも、「鼎」

を大きなこと、盛大なことの形容として使用した例です。鼎自体が巨大なために、鼎で祭牲を煮ると、水が沸いて煮え立つ大きな音が響き渡ります。この鼎の沸き立つ音を人間の喧騒に形容したのが、「人声鼎沸《レンションディンフェイ》」という一語です。また「鼎」の形としてもっとも普遍的であったのが、三足の円鼎だったことから、「鼎足《ていそく》」は、三すくみの対立状態を指すようになりました。『史記』「淮陰侯列伝」に「天下を参分《さんぶん》し、鼎足して居るに若《し》くはなし」とあり、北魏・酈道元『水経注』[*6]「温水」には「三国鼎争し、未だ附く所あらず」とあります。この「鼎争」も三方で争っているという意味です。王勃の「滕王閣序」には「閭閻《りょえん》地を扑《ぼく》す、鐘鳴鼎食《しょうめいていしょく》の家」とあります。「閭閻」は村里の入口の門、「地を扑す」は地を覆っているさまです。[*7]意味は人家が多く、かつどの家も富んでいる、というところ。「鼎食」とは鼎を並べて食事をすることで、ここでは富貴さを形容する語となっています。

＊1　裴李崗《はいりこう》文化…紀元前七千～五千年に河南省黄河流域に存在していた新石器時代の文化。一九七七年、河南省鄭州市新鄭の裴李崗で発見された遺跡に因む。二里岡文化…紀元前一六〇〇～一四〇〇年頃、黄河流域に栄えた青銅器文化。先行する二里頭文化の影響が強く、殷王朝との関係は現在までのところ不明。

＊2　『史記』封禅書などにある記述。

＊3　鑊鼎・升鼎・羞鼎…鑊鼎は肉を煮るための鍋として使われる鼎、「鑊」だけでまた足のない鼎をも指す。升鼎は「食鼎」ともいう。羞鼎は調理された肉を盛りつける器。この「羞」は本章前項にあるように「進献する」の意味の「羞」。

＊4　宝鶏竹園溝西周墓……資料を見るかぎり、一号墓から三件一組の列鼎と、そのほかに二

つの鼎が出土とあり、厳密に「五件一組」なのかどうかは不明。

*5 『周礼』「天官・膳夫」などに見える。最初にある「魚・腊」は塩漬けにした干した干魚と干肉、次の「鮮魚・鮮腊」は同じ物を二組並べるのだという説と、「新鮮な干魚と干肉」という説がある、後者は若干意味不明。

*6 酈道元『水経注』…地理書。これは林邑国に関する記事の一部。

*7 「閭閻地を扑す、鐘鳴鼎食の家」…「門」としているが、この「閭閻」は村里そのもの（小高い丘の上から眺めると）。村里は一面家がたちならび、鐘の音が鳴り響く、豪勢な会食がはじまったに違いない。鐘鳴鼎食で、鐘を合図に鼎を並べて食事をすること貴族階級の食事の形容。

甗

「甗《げん》（こしき）」は炊飯器、全体は上下二つの部分で構成されており、上部は無足タイプの鼎に似ており、未加工の食物を入れるところを「甑《そう》」、下部は「鬲《れき》」で、ここに水を入れて沸騰させます。甑と鬲の間は格子状になっており、鬲からの蒸気がここを通り、甑の中の食物を調理するわけです。「甗」の甲骨文は「」（京津2675）、図6-18のような器を象った象形文字です。甲骨文ではまた「」（甲2082）と書かれることもあり、これに字音を表わす声符として「虍」を加えて出来たのが「鬳《けん》」の字、後世そこにさらに義符として「瓦」が加えられ「甗」という字になりました。青銅製の甗は、殷代のはじめごろにはすでにありました

図6-18　西周甗

が、数は多くなく、殷代の晩期から春秋時代にかけ、もっとも盛んに製造されましたが、漢代になると「釜《ふ》」と甑を組み合わせたものが炊飯器となり、鬲は用いられなくなりました。古いタイプの甗は、甑と鬲が一体になっている例が多いのですが、なかには甑と鬲を分離できるようになっているものもあります。甑の底の格子部分は、西周以前には多く鬲・甑と一体でしたが、春秋以降のものになると、多くは別部品として鋳造され、取外し出来るようになりました（図6-19　参照）。

簋

「簋《き》」は、煮熟した黍・稗・稲・粱などの穀飯を盛るための器です。[*1] 後世の文献では「簋」という字体で書かれましたが、甲骨文や金石文では「毀」と書かれています。『説文』「竹部」に「簋、黍稗《しょしょく》の方器なり。竹に従い、皿に従い、皀に従う」とあることから、「簋」というのは会意文字だと分かります。竹に従うのは、後代この器が多く竹や木で作られたためであり、皿に従うのはこれが食器であることを表わしたもの、最後の「皀」というのは食べ物を山盛りにした食器を表わす象形文字です。「簋」の古字である「毀」は、甲骨文では「」（存1・1467）、金石文では「」（師嫠簋）、字の左がわは食べ物を満載した食器、右がわは「又」

図6-19　商三聯甗

すなわち手で、手の上にあるのは「勺」や「匕」、これは穀飯をよそうための道具。字形全体で、手に杓文字や匙のような道具を持って、食器の中から穀飯をよそっているところを象っています。なお金石文では、左がわの食器が蓋付きになっています。簋はすべて、底の部分が円形あるいは方形の台座になっているのが特徴ですが、中にはこの円座の下に、さらに三本もしくは四本の獣形足が付いている例もあります。胴体部分は、円形のものと方形のものの二種類、大多数は円形となっています（図6-20〜22参照）。また、つまみとなる耳の部分のあるものとないものがあり、耳付きのタイプには両耳あるいは四耳のものがあります。古いタイプの簋には、口縁部がラッパ状に広がった「侈口《しこう》」で、胴体は丸く、耳無しか両耳で、蓋なしのものが多いのですが、西周中期以降は口のところにかえしのある「斂口《れんこう》」になり、胴体は丸く、獣形の耳が左右に付き蓋のあるものが多くなっています。殷周時代、簋は重要な礼器の一つとされ、必ず偶数で、奇数の鼎と組合わせて用いられました。文献によれば、天子は九鼎八簋、諸侯は七鼎六簋、大夫は五鼎四簋、士は三鼎二簋とされていたそうで、実際に、西周から春秋時代初期の墓や穴倉から出土するものは八個、六個、四個、二個となっています。陝西省の宝鶏茹家荘𢐗伯墓からは、四個の簋が見つかっています。「𢐗伯」は大夫でした。陝西省扶鳳斉家窖蔵出土の簋は、大きさや紋様が同じで「中友父簋」と銘が刻まれていました。発掘されたのは二個、「中友父」は士分の人であったとされています。銅器であった時代の簋は「飢」「匭」「軌」「朹」なども書かれま

図6-20　商簋

図6-21　西周簋(一)

図6-22　西周簋(二)

した。これらの字はすべて「簋」の異体字とされています。

＊1 「煮熟した黍・稗・稲・粱などの穀飯」…「穀飯」というような言い方は日本語になく、原文ではこれら煮熟した穀物を単に「飯」と表現している。日本語でも麦飯・粟飯・稗飯と雑穀を炊いたものを飯と言い、かつてはこれ同様、穀物を煮熟した総じて「飯」と呼んでいる。

敦

「敦《とん》」という字の原義は「怒る」ことです。『説文』「攴部」にも「敦、怒るなり」とされています。字は攴に従い、享の声。攴《ぼく》に従うのは、怒れば実力行使に及ぶことに因んだものです（攴は「扑」、打つ・叩くの意味がある）。春秋時代中期、「簋《き》（前項目参照）」に「鼎《てい》（かなえ）」の意匠を加えた、新しい食器が生み出されました。それはある意味「簋」の発展形とも言えるもので、簋と同じく黍・稗・稲・粱などの穀飯を盛るための食器でした。この食器は文献において「敦」と称されました。敦は蓋付きの器で、胴体と蓋を組合わせると、卵形あるいは球形になり、地球儀とよく似た形になります（図6-23 参照）。多く三本の獣形足がついていますが、足のないものや足が円圏状になっているものもあります。足は蓋の上にもついており、ひっくり返しても置けるようになっていました。敦は春秋の晩期から

図6-23　曽侯乙墓銅敦

戦国時代まで盛んに作られましたが、秦代以降になるとなくなりました。宋代の金石学の本では、誤って「簋」の古文である金文の「毀」を、「敦《とん》」の字に当てており、簋のことを「敦《とん》」とも「彝《い》」とも称しています。そうした文献では注意が必要です。

豆

「豆《とう》」は、刻んだ塩漬けの野菜（腌菜）や、干肉を刻んで漬け込んだもの（肉醤）といった、食品の味に彩りを加える「薬味」、調味品を入れる食器です。甲骨文では「」（乙7976）「」（甲1613）、金石文では「」（周生豆）と書かれました。いずれの字形も「豆」の形を写した形象文字になっています（図6-24参照）。「豆」は古代ふつうに見られた食器で、作られた材料によって「木豆《もくとう》」「竹豆《ちくとう》」「瓦豆《がとう》」などと区別されています。『爾雅』「釈器」に「木豆はこれを謂いて豆、竹豆はこれを謂いて籩《へん》、瓦豆はこれを謂いて登」とあります。いうまでもなく木豆は木、竹豆は竹で作られたもの、瓦豆は陶器製の豆のことです。青銅製の豆は殷の晩期に出現し、春秋戦国時代に盛んに作られました。

　豆は足が高く、胴は丸いのですが、深さはさまざまです。蓋付きのものと、そうでないもの、胴の左右につまみとなる「耳」の付いているもの、またわずかで

図6-24　戦国銅方豆

すが胴が四角い箱形になっているものもあります。『礼記』「郊特性」に「鼎俎《ていそ》は奇にして籩豆《ほうとう》は偶」とあるように、豆は礼器の一種とされ、常にほかの礼器と組み合わされ、かならず偶数一組で使用されました。古代において、その配せられる豆の数は地位により異なり、『周礼』「秋官・掌客」の記載によれば、諸侯の礼における豆の数は、上公が四十、侯伯が三十二、子男は二十四。『礼記』の「礼器」にも「天子の豆は二十有六、諸公は十有六、諸侯は十有二、上大夫は八、下大夫は六」と書かれています（図6-25　参照）。

鋪

「鋪《ほ/ふ》」は食べ物を盛る食器で、形は豆と似通っています。器の自銘には「簠」とも書かれています。「鋪」は上が浅い小鉢の形、その下に、太めで背の低い囲み足が付いています。この足の部分には多く透かし彫りが施されており、蓋付きのものもあります。この食器は、西周の中期から、春秋の頃まで流行していました。

図6-25　大汶口文化彩陶豆

盂

「盂《う》」は、穀飯を盛ったり、水を入れるために用いられた器です。甲骨文では「〓」(甲1354)、金石文では「〓」(盂鼎)、どちらの字形も、下部は器の形を象ったもの(図6-26、27参照)で、上の「于」は字音を表わす声符です。『説文』「皿部」に「盂は、飯器なり。皿に従い于の声」とあります。出土品の青銅製の盂には、自銘として「飤」「餴」などと書かれていることもあります。「餴」というのは炊いた穀飯のことです。『韓非子』「外儲説左上」には「人君を猶お盂がごときとなすなり、民は猶お水がごときなり、盂方なれば水方なり、盂圏《まる》ければ水圏し」とあります。すなわちここで盂は「水を入れる器」とされているのです。盂の基本形は、丸い胴体に囲み足、器の左右につまみ(耳)があり、ラッパ口であること。耳が四つあるもの、また蓋付きと蓋無しのものがあります。青銅製の盂は殷代の晩期に出現し、西周の頃盛んに作られました。

盆

「盆《ぼん》」は、穀飯を盛ったり、水を入れるための器で、金石文では「〓」(秪子中盆)、

図6-26　眉県西周青銅盂

図6-27　河姆渡遺址黒陶方盂

皿に従い分の声、すなわち字上部の「分」は声符です。盆の基本形は、ラッパ口で、胴体部分が深くて丸いこと。左右に耳のあるものや、蓋付きのもの、また底に台座になる部分が無いものなどもあります（図6-28参照）。青銅製の盆は春秋時代に盛んに作られました。『儀礼』「士喪礼」に「新しき盆・盤・瓶」とあり、鄭玄は、「盆は以って水を盛る」と注しています。[*1] 出土した青銅製の盆には自銘として「飤」「饙盆」「饗盆」などと刻まれていることがあります。

*1 『儀礼』「士喪礼」…「新しき盆・槃・瓶・廃敦・重鬲、皆なみな濯《なら》いて、西の階下に造《あら》ぶ」「槃」は「盤」に同じ。鄭玄の注は「盆は以って水を盛り、槃は承けて湊《すす》ぎ濯《あら》う、瓶は以って水を汲むなり」となっている。

匕

「匕《ひ》」は食物をよそう匙のこと。甲骨文では「」（乙3729）、金石文では「」（我鼎）。もともとは屈んだり伏せた人の形を象ったものなのですが、おそらく、それが食器の匙の形に似ていたところから、匙を表わす字として使われるようになったのだと思われます（図6-29参照）。古代の匕には、肉を取り分けるためのものと、黍・稗・稲・粱などの穀物をよそうための二種類がありました。前者は大きく、後者は小さく『儀礼』「士昏礼」の鄭玄注にも[*1]「匕は、牲体を別け出だ

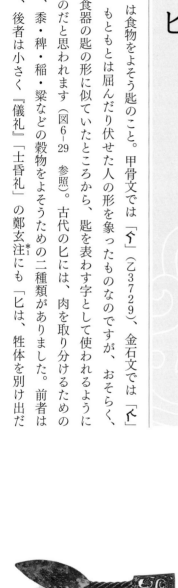

図6-28　新石器時代仰韶文化陶盆

図6-29　西周銅匕

すの所以なり」とあります。これを肉を取るためのものとした例ですが、『説文』「匕」の下文に付された段玉裁の注には以下のようにあります。「匕はすなわち今の飯匙なり……『礼経（＝礼記）』を按ずるに匕に二つあり、匕飯匕黍匕稗の匕は蓋し小さしとするも、経（＝経書）に見ゆるは多からず、その牲体を別け出だす所以の匕は、十七篇中しばしば見ゆる、喪には桑を用いてこれをなし、祭には棘《いばら》を用いてこれをなす。また〝疏〟と名づくもの〝挑〟と名づくものの別あり、けだし飯匙において大ならん」匕には木製のものがあり、文献において「朼」と書かれることがあります。遺跡から出土する時、かならず鼎や鬲《れき》など一緒であることからも、鼎や鬲から食物を取り出すものが「匕」だと言えましょう（図6-30参照）。古代、鼎で煮ていた肉というものは、犠牲を切り分けず丸ごと煮た「全蒸」、半身にしただけの「房蒸」、ほかもせいぜい七から二十一の塊に分けた程度の相当に大きなものでした。肉を取り分けるための匕が大きく、先端がとがっているのも、そうした大きな肉塊を突き刺し、取るための利便性からであるわけです。また匕の一辺が薄く、鋭利になっているのは、肉を切り刻む役割もあったためと思われます。陝西省永寿好時河で出土した西周時代の「中枏父匕」は、匙状部分の左がわが鋭利で、しかもそこに使用した痕跡も残っていました。出土した匕の多くは桃の葉形で、後部が木の柄に差し込むためなかご状になっているものや、そのまま平たい柄になっているもの、柄の末端が古代楽器の「磬《けい》」のように逆V字の二股になっているものなどがあります。

図6-30　春秋王子午鼎、匕

*1
『儀礼』「士昏礼」鄭玄注…婚礼の儀式で、婿婦が閨に入った後の、参列者による宴会のはじまりのくだり、「(鼎の入席のあと)匕俎従《ひそ》いて設け、北面して載せ、執《と》りて俟《ま》つ」の部分に付された鄭玄の注、「匕を執る者、俎を執る者、鼎に従《ひそ》いて入り、之を設く。匕は、牲体を別け出だすの所以、礼なり。俎は載するの所以なり。彼の列友と別す」。鼎で煮た牲肉を取り分けるものが「匕」ということ。文章の中間なので引用元を記さなかったものと思われる。

爵

「爵《しゃく》」は酒を飲むための器、さかづきの一種です。殷代初期の二里頭文化のころにはすでに出現しており、殷から西周の前期にかけて流行し、西周中期以降になるとやや少なくなります。甲骨文では「」(京津2461)、殷代の金文では「」(爵爵)、いずれも器の形を写した形象文字となっています(図6-31a・b 参照)。『説文』によれば、爵は酒を注ぐ時の音が雀の鳴き声に似ているので、「雀」を模した形に作られるようになったそうですが、実際、輝県で出土した東周時代の陶爵には、『説文』の説を裏付けるよう、取手の飾りに一匹の鳥——雀が付いています。爵の基本形は胴が深く、口縁の前部は傾斜した酒の注ぎ口、後部は先の尖った鳥の尾形になっており、後部側面に持つための取手(鋬《はん》)、下部には先の尖った三本足が付いています。初期のものは胴体部分が平底ですが、晩期のもの

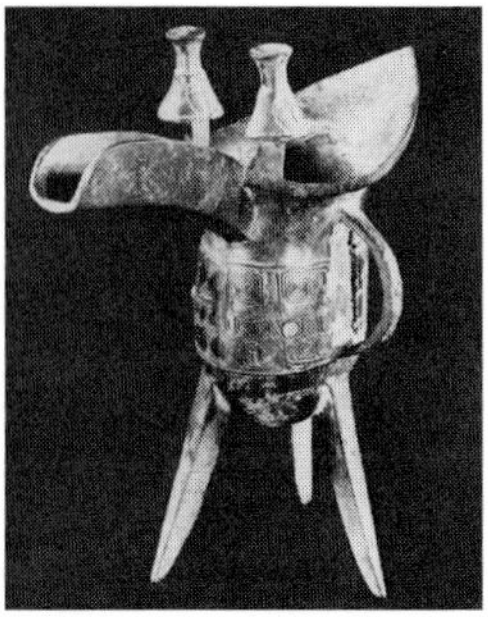
図6-31a　商饕餮紋銅爵

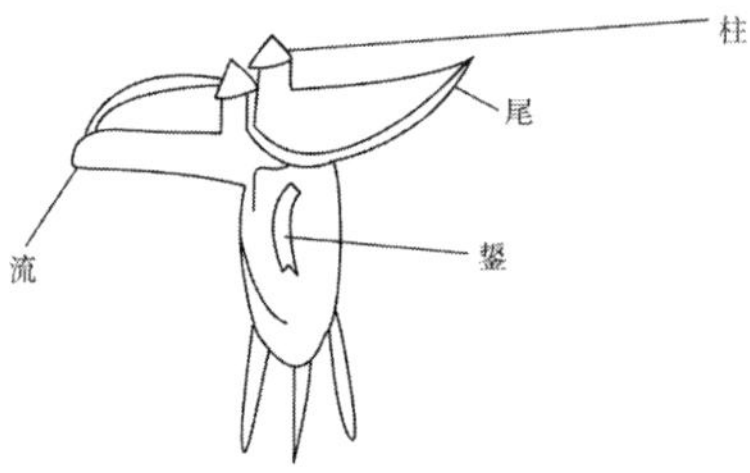

図6-31b　爵の部分

は多くが丸底です。注ぎ口の横には一本もしくは二本の柱が立ち、犠牲の牛や龍の頭部を模した蓋の付いているものもあります。背の高い三本足となるのは、下で火を焚いて酒を温めるためと言われていますが、北京の保利芸術博物館に所蔵されている「父乙爵」の底には確かに、火で炙った痕跡があります。上部に突き出ている「柱」は、そうして酒を温めた際、取っ手の部分を持つと火傷してしまうので、この柱の部分をつまんで持ったものと思われます。

角

「角《かく》」は本来、獣のツノを意味していました。甲骨文では「」（乙３３６８）、金石文では「」（咢侯鼎）、『説文』「角部」にも「角、獣角なり。象形」、『玉篇』「角部」に「角、獣頭上に骨の外に出づるものなり」とあり、いずれも獣のツノの部分を象った象形文字となっています。金文の字形の中心の線は、ツノの筋目を表わしたものです。古来、獣角は、天然の筒としてさまざまな用途に使われてきましたが、思うに原始社会において角の利用法はまださほどなく、今日知られているその用途も、さかづきを作るか、つのぶえ（号角）を作るか程度であったようです。

中国語で「角」はふつう「ジャオ（jiao3）」と読まれますが、器としての「角」

は「ジュエ（jue2）」と発音されます。「角」はさかづきの一種で、はじめは天然の獣角で作られていました。後に、その形を模した陶器や玉器、青銅器が作られるようになり、二里頭文化の夏時代晩期に属する遺跡からも、陶製と青銅製の「角」が出土しています。「角」の形状は、後部に取っ手、三本の足と、同じく酒器である「爵」と似通っていますが、注ぎ口がないのと、口縁部の前後がどちらも鳥の尾形に突き出、獣の両角を象っているのが特徴です。また、鳥を模した蓋の付いているものもあります（図6－32、33 参照）。『礼記』「礼器上」には「宗《そう》廟《びょう》の祭には……尊者は觶《し》を挙げ、卑者は角を挙ぐ」とあります。また『周礼』の「考工記・梓人」には「梓人《しじん》は飲器をなす、勺は一升、爵は一升、觚《こ》は三升」、孔頴達の注に「一升を爵と曰い、二升を觚と曰い、三升を觶と曰い、四升を角と曰い、五升を散と曰う」とあります。ここから「角」というのはおそらく、同様の酒器の中で比較的容量の大きなものだったと考えられます。

觚

「觚《こ》」は、古代のさかづきの一種です。基本的には頸部が長く細腰で、ラッパ口、底部も同じようなラッパ状に開いた形をしており、多くは胴体と台座の部分に盛り上がった縦線が四本入っています（図6－34 参照）。「觚」の特徴はこの四方に

図6-32　商銅角

図6-33　周明肇寧有蓋角

ついた四本の線で、これは後に丸い木を削って作るようになってからも、そのまま残されていました。この器の特徴について、『急就篇』巻一の巻頭「急就《きゅうしゅう》の奇《き》觚《こ》、衆と異なり」の注で、顔師古が次のように言っています。「觚は、書を学ぶの牘《とく》、あるひと事を記すに以って、木を削りてこれをなす、けだし簡はこれに属す……その形あるいは六面、あるいは八面、皆なみな書すべし。觚は稜《りょう》なり、稜《りょう》角《かく》あるを以ってす、ゆえにこれを觚と謂う」『論語』「雍也篇」にも「觚、觚《こ》ならず、觚や」という言があります。器の觚が「觚」でない形になってしまったなら、どうしてこれを「觚」と呼べようか、という意味です。この一節は一般に、孔子が觚から稜線がなくなってしまったのを見て言ったこと、とされています。孔子にとって「稜のない觚」というものはまさに「名が実をなしていない」ことの象徴であったというわけです。

觶

「觶《し》」は、古代のさかづきの一種です。『説文』「角部」には「觶、郷飲の酒角[*1]なり、角に従い、單の音」とあります。觶はふつう長細い形で、ラッパ口、胴体は深く頸部がすぼまっていて、下部は囲み足になっています（図6-35　参照）。蓋付きのものもあり、蓋の上、中心のところに柱が一本立っているものもあります。

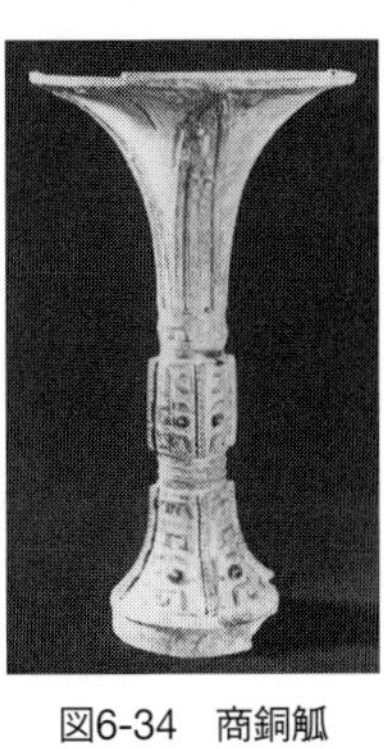

図6-34　商銅觚

図6-35　西周父庚觶

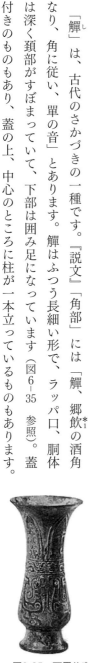

『礼記』「礼器上」、「尊者は觶《し》を挙げ、卑者は角《かく》を挙ぐ」の鄭玄注には「三升を觶と曰う」とあり、『説文』は「觶は四升を受く」としています。觶には「鋬《はん》（取手）」が付いていませんが、これはこの酒器が、主として賓客と主人がたがいに酬謝《しゅうしゃ》、すなわち、さかづきのやりとりをする時に用いられたものであるからです。『儀礼』「郷飲酒礼」に「主人、觶を実《み》たして賓に酬《むく》ゆ」、「賓、北面して坐し、俎《そ》を取り觶をこれ西にし、阼階《そかい》を上り北面して主人に酬ゆ」などとあるよう、酬謝・酬応のさかづきである「觶」は、互いへの尊敬を示すため、両手で奉げ持つことになっていました。

＊1　「郷飲」…郷大夫（およそ村長や町長にあたる）が主催する酒盛り。地域の賢者の送別や敬老の儀式として行われる。

卮

「卮《し》」の原義はさかづきです。『説文』「卮部」には次のようにあります。「卮は圜器《えんき》なり。一名を觛《たん》とす。飲食を節するの所以、人に象り、卩その下に在るなり。『易』に曰く、君子飲食を節す、と」「卮」の字の上部は「人」の字を横にした形で、下部は「卩」。この「卩」というのは「節」の古い字体で、「節制」を意味し、字形全体で、人の飲食には節度が必要である、ということを表わしています。『周易』「頤」に「君子以て言語を慎み、飲食を節す」、同じく「未済」の爻辞に「飲酒して首《こうべ》を濡らす、また節を知らざるなり」とあり、『韓詩外伝』[*1]巻一にも「居所理ならず、飲食節ならず、労して過ぎたるは、病みて共にこれを殺すなり」などとあるように、古人は飲食において、節度・節制というものを非常に重要視していました。「卮」は古代において常用された酒器の一つで、『礼記』「玉藻」、「母没して杯圏《はいけん》飲む能わず、口沢《こうたく》の気存すればなり」の鄭玄注に「圏は木を屈してなす所、卮《し》・匜《い》の属なり」とあるように、初期の頃は木の薄板を曲げ、丸く巻いたものでした。卮は全体が円筒形で、かぶせ蓋がついており、胴体は丸く大きく（図6-36参照）、『説文』言うところの「圜器」すなわち「（輪のように囲んだような）丸い器」そのものの形をしています。古人にとって卮というものは、酒を飲むための器としては小さなものであったらしく、後漢・王充の『論衡』「自紀篇」には「牛刀で鶏を割《さ》き、舒戟《じょげき》で葵《き》を采り、鉄鉞《てつえつ》で箸《めどき》を裁《た》ち、盆盎《ぼんおう》で卮に酌す、大小宜《よろ》しきを失《いっ》するなり」という言葉があります。ここでは「卮」が、節制の寓意を表わすもの、「少量しか入らないもの」として使われているわけです。出土する卮のほとんどは蓋付きで、耳形の取っ手がついていますが、中には蓋も取手もない、ただの円筒形のものもあります。卮の寸法には、特にきまりがありませんでした。もっとも大きいものに「斗卮《とし》」というのがありました。『史記』の「項羽本紀」で「項王曰く、壮士、これに卮酒を賜え、と。すなわち斗卮の酒を与う。噲（樊噲）拝謝して起ち、立ちてこれを飲む。項王曰く、これに彘肩（豚の肩肉）

図6-36　西漢銀蓋卮

を賜え、と。すなわち一生の𣪘肩《ていけん》を与う」とあるのがそれで、『説文』「卮部」、「卮」下文の注で段玉裁は「斗卮は卮の大なるものなり、下文の𣪘肩に言う〝生〟と、意を同じうす」としています。

長沙の馬王堆遺跡一号墓からは七件の卮が出土しています。そのうち自銘のあるものが四件、それぞれ「斗卮」「七升卮」「二升卮」そして「漆布小卮」と刻まれていました。「斗卮」は全高十八センチ、口径十六センチで、「七升卮」は全高十六センチ、口径十四・五センチ。「二升卮」は高さ八・五センチ、口径が九〜九・五センチ、「小卮」は全高十一センチ、口径九センチでした。安徽省阜陽双古堆の汝陰侯墓[*2]から出土した卮には、「汝陰侯卮容五升」(汝陰侯の卮、五升を容《い》るる)と自銘があり、全高十一センチ、口径は十二センチありました。卮の容量を『玉篇』と、『史記』「高祖本紀」の集解は後漢・応劭[*3]の説を引いて、「四升」としています。

「玉卮《ぎょくし》に当なし(玉卮無当)」という成語があります。ここに言う「当」とは器の底のこと、外見的にはきれいだが、使い道のないもの、ものの役にたたないことを言います。この出典は『韓非子』「外儲説右上」の、以下のような一文です。

「堂谿公、昭侯[*3]に謂いて曰く、今千金の玉卮あり、通じて当《そこ》なし、もって水を盛るべきか。昭侯曰く、不可なり。瓦器《がき》ありて漏れず、もって酒を盛るべきか。昭侯曰く、可なり。対《こた》えて曰く、それ瓦器は至賤《しせん》なれども、漏れずんばもって酒を盛るべし。千金の玉卮の至貴《しき》なるありといえど、当なくして漏るれば水を盛るべからず。すなわち人たれか漿を注がんや。今人の主となりてその群臣の語を漏らす。これなお当なき玉卮《ぎょくし》のごとし。聖智ありといえどもその術を尽くすなきは、その漏らすがためなり。昭侯曰く、然り、と。昭侯、堂谿公の言を聞き、これより後天下の大事を発せんと欲すれば、いまだかつて独り寝ねずんばあらず。夢言して人をしてその謀を知らしめんことを恐るればなり」[*4]（図6-37、38　参照）。

＊1　『韓詩外伝《かんしがいでん》』…前漢・韓嬰、十巻。『詩経』の注釈書の体をとり、故事逸話を解説した書。初期の儒家思想の一端を伝えるとともに、古い伝説の資料としても価値が高い。

＊2　安徽省阜陽双古堆汝陰侯墓…一九七〇年代に安徽省阜陽県で発掘された前漢時代の墳墓。青銅器などの銘文から、漢祖・劉邦の武将だった夏侯嬰の子で汝陰侯を継いだ夏侯竈の墓と判明。

＊3　応劭《おうしょう》…中国後漢末期の政治家・学者。著書として漢代の儀礼について記した『漢官儀』『漢官礼儀故事』、父の時代の人物や歴史について書かれた『状人紀』『中漢輯序』、また史書に注したものとして『漢書集解』があったが、これは後世散逸して顔師古や孔潁達の注に引かれるを見るのみ。ほかに諸事物に関して記した百科事典的な『風俗通義』がある。

＊4　昭侯は韓の昭侯、堂谿公は呉の王族と言うが未詳。「玉卮」は玉石で作った卮、「瓦器」は陶器、「漿」は飲み物。臣下の発言を谷人に漏らすような君主は底の抜けた玉杯と同じだ、美しく高貴であっても役には立たない。素晴らしい智恵があっても手立てを尽くしきれないのは、情報が漏れてしまっているからだ、と忠告された昭侯は、寝言で計画がばれるのをおそれ大事の前には独りでなければ床に就かなかった、という内容。

図6-37　西漢玉卮

図6-38　秦代漆卮

斝

「斝《か》」は酒を入れる器です。その基本形は、丸くて深い胴体、平底で尖った三本の足が付き、口縁の左右に柱、後部側面には「鋬《はん》（取手）」が付いています（図6-39参照）。甲骨文では「」（前5・5・3）、金石文では「」（斝彝）、字の上部は上に付き出た二本の「柱」、下部はその足、横についてる「」や「」は「鋬」の部分を象ったものです。後に上部が「吅」、取手の部分だった「」が「斗」に変化して、今の字の原形となりました。『説文』「斗部」[*1]には「斝は玉爵《ぎょくしゃく》なり。夏に琖《さん》と曰い、殷に斝と曰い、周には爵と曰う。吅・斗・冖に従う、象形」とあります。「琖」は「盞」と同じです。斝は爵と似た形をしていますが、爵のような注ぎ口や尾はありません。斝は主として「祼礼《られい》」が行われる時に用いられる酒器でした。「祼礼」というのは酒を大地に注ぐ一種の祭礼です。飲むための酒を注ぐ器ではないので、斝に注ぎ口はなく、また爵よりも背が高く作られています。『礼記』「明堂位」に「灌尊《かんそん》は、夏后氏《かこうし》には雞夷《けいい》を以ってし、殷には斝を以ってし、周には黄目《こうもく》を以ってす」とあり、『周礼』「春官・司尊彝」に「秋嘗《しゅうしょう》、冬蒸《とうじょう》、祼には斝彝《かいい》・黄彝《こうい》を用う」などとあるのは、いずれも「斝」が祼礼の祭祀に用いられるものであったことを示しています。経書に「散《さん》」という名の酒器が出てきますが、王国維は『説斝』において、「散」とはこの「斝」のことであり、おそらく

図6-39　商鳳柱斝

金文でこの二字の字形が近かったため間違われたものだろう、と考証しています。

＊1　『説文』「斗部・斝」、原作者「従吅、従斗冖、象形」とするが大徐本は「従吅従斗日象形」、段注本は「従吅斗冖象形」とする。後者に訂正した。

觥

「觥《こう》」は大型のさかづき、もしくは酒を注ぐ器をいいます。「觵」と書かれることもあります。『説文』「角部」には「觵、兕牛《じぎゅう》の角、以て飲むべきものなり。角に従い、黄の声。その状《かたち》、觵觵《こうこう》たり、ゆえにこれを觵と謂う。觥、俗なる觵(俗字)、光に従う」とあります。ここにもあるように。觥という酒器は、はじめ兕牛の角で作られていました。「兕觥《じこう》」とも称されるのはこのためです。兕牛の角は一般の獣の角と比べて大きなものだったため、それを模したこの酒器もまた、一般の酒器より大きく作られました。『詩経』の「周南・巻耳」に「我れ姑《しば》らく彼の兕觥を酌《く》みて、維《こ》れ以って永く傷《いた》まじ」とあり、陸徳明『経典釈文』の『詩経』の項には「五升を容《い》るる」、『礼図』の項には「七升を容るる」とあることから見ても、その大きさは知れましょう。一九五九年、山西省石楼県の桃花荘遺跡から、殷代初期の「觥」が出土しました。これには青銅器としての「觥」の初期の様式がよく現われています(図6-40参照)。すなわち、そこにはまだ「兕牛の角」だっ

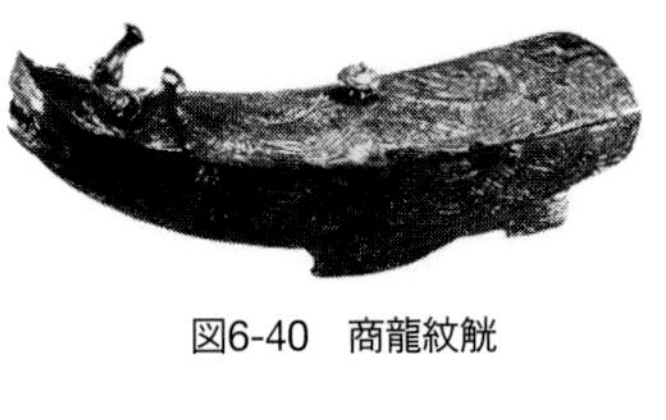

図6-40　商龍紋觥

たころの影響が残っており、全体は角を横たえたような形。先端は龍頭で、龍の歯の隙間から酒を注ぐことが出来るようになっています。背の部分に蓋があり、底は丈の低い囲み足、取っ手・つまみの類は付いていません。

殷代の末期から西周にかけての時期、「觥」の形は大きく変化して、全体は臥せた獣が方形もしくは円形の囲み足に乗っている形、後部に取手が付くようになりました。蓋も獣の頭を模したものとなり、龍頭のほかに羊・牛・虎の頭となっているものもあります（図6－41　参照）。この時代の「觥」は、器の表面が複雑な獣面紋で覆い尽くされており、『説文』の「その状、觵觵たり」と言うとおりの荘重なものでした。段玉裁は『説文解字注』「觵」の下文で「觵觵、壮《さか》んなる皃《かたち》」、王筠は『説文句読』「觵」の下文で「觵觵は充満壮大の皃なり」としています。また「觥」の旁の「光」は声符とされていますが、王国維は「説觥」において、これを意味を兼ね含んだ声符として「（觥は）さかづきの中で最大のものである…觥は〝光〟であり〝充〟であり、〝廓〟。みな〝大きなこと〟を意味する」と述べています。

古代の酒宴では、礼を逸したものに対し、懲罰が与えられることになっていましたが、「觥」はその道具として用いられる器でもありました。先にあげた『詩経』「巻耳」の鄭玄注に「兕觥は罰爵《ばつしやく》（＝罰杯）なり、饗燕《きようえん》（＝饗宴）にこれある所以の者にして、礼して司正《しせい》を立つるよりの後、旅醻《りよしゆう》せば必ず酔いて礼を失する者あり、これを罰してまた楽しむの所以なり」とあります。「司正」は礼にもとづく

図6-41　商虎頭觥

宴会における監視人で、失礼を取り締まるのが役目でした。「旅醻」の「醻」は「酬」に同じ、互いに献杯を重ねることです。『周礼』「春官・小胥」、「その不敬なる者を觵す」の鄭玄注にも「不敬は期を慢《おこ》たり、時ならずして至るを謂う。觵は罰爵なり」とあります。

盉

「盉《か》」は酒を調味・調整するための器です。金文では「」（季良父盉）、「」（員盉）、最初の字形は、左がわが「皿」、右がわは上が「禾」下が「又」、手で穀物の穂先を持っているところを象っています。第二の字形は上が「禾」下が「皿」、すなわち今の字体と同じです。

『説文』「皿部」には「盉は調味なり。皿に従い禾の声」とありますが、郭沫若は「長安県張家坡銅器群銘文匯釈」（『考古学報』一九六二年一期二号）の中で、次のように言っています。「金文の盉の字は、禾に従うもの、つまり〝禾〟は声符であると同時に、意味も兼ね含んだ象意の形でもある、ゆえに季良父盉では……手で麦わらを持ち酒をすすっている、これはすなわち〝盉〟がもともと表わしていたのは、少数民族の〝咋酒罐〟[*1]のような器であったことを表わしている」。

「盉」の名の起源は「和」、すなわちこれは酒に水を和し、その濃淡を調整するための器なのです。王国維は「説盉」において次のように述べています。「わたしは盉とは水を酒に和して、酒の厚薄（濃淡）を調節する器ではないかと考えている……けだし古えの主客の献杯というものは、〝爵〟（一般的な大きさのさかづき）の段階で終わることはなく、爵より大きなもので何升も飲むのを恒《つね》とし、それが〝礼〟であるとしていた。しかし上戸と下戸の間には、その飲める量の違いというものがある。古代の先王は人の礼成らざるを欲せず、また人の礼を成して苦しむことも欲しなかった。ゆえに〝玄酒《げんしゅ》〟を以ってこれを節したのである。では〝玄酒〟とは何であるのか。これこそがその、酒に和したるところのものなのである」。

すなわち「玄酒」とは、酒の味や濃淡を調整するため加えられる水のことであるわけです。[*2] 青銅器の「盉」は、殷代の初期に出現し、その晩期から西周の頃まで盛んに作られました。西周代のものには「盉」と自銘の入っている器もあります。その基本形は、すぼみ口の付いた大きな胴体に、今のヤカンの口と同じような筒型の注ぎ口があり、後部には取っ手が付き、蓋付きで、その蓋は鎖で胴体とつながり、三本か四本の足がついています（図6-42、43　参照）。

銅器の銘文で「盤盉《ばんか》」とあるものは、「匜《い》」と同様洗浴用器具で、「きれいにするための水」を洗い桶やたらいに「注ぐ」道具です。ここからも「盉」が「水を酒に注いで調節するための器」であることは推断できましょう。

図6-42　眉県西周青銅盉

図6-43　戦国銅盉

＊1　「咋酒罐」…「咂酒罐」とも書く。穀物を甕もしくは壷のような物に入れ、固形のまま醗

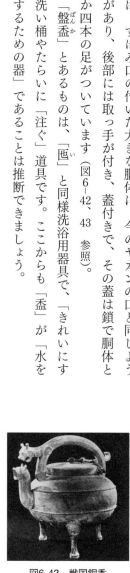

酵させたもの。飲むときはこれに水を注ぎ、そこに藁や麦の茎を挿し込んで、ストローとしてすする。水を多く注げば薄い酒、少なく注げば濃い酒となる。

*2　日本でも江戸時代まではそうだったのだが、古代の酒は原酒の段階では度数が高く、儀式的な飲酒以外では主として水で薄めたものが飲まれていた。一つにはそのアルコール度数の調整が目的だが、実際、原酒の段階の酒は香りも味も強く、そのままでは大変に飲みにくい代物であるので、味の面からも加水する必要があるのである。

罍

「罍《らい》」は大型の酒器で、酒を入れておくための器です。『説文』はその正篆体を「櫑」としています。木偏であるということは、古くは木で作られていたということですが、木製品はあまり保存が良くないので、古いものは今に伝わっておりません。『説文』「木部」には「櫑は亀目《きもく》の酒尊、木を刻みて雲雷《うんらい》の象《しょう》を作《な》す、施して窮まらざるに象るなり。木に従い畾の声。罍、櫑の或いは缶に従いたるもの」とあります。『詩経』「小雅・蓼莪」「缾の罄《つ》くるは、維《こ》れ罍の恥」の毛亨の注に「缾《へい》は小さくして罍は大なり」とあることから、「罍」は「(酒を酌んで)底が見えることを恥とする」というほど大きな酒器とされていたことが分かります。「罍」という名は「雷《らい》」からとったもの。これもまた「酌めど尽きせぬ」というその器の大きさを表象したものではありますが、出土した青銅製の「罍」の多くには、

『説文』にあるとおり、その表面には「雲雷紋」が施されています（図6-44　参照）。『爾雅』「釈器」、「彝《い》・卣《ゆう》・罍《らい》は器なり」の郭璞注に「罍は形〝壺《こ》〟に似る、大なる者は一斛《いっこく》を受く」とあり、邢昺[*1]の注に「罍は〝尊《そん》〟の大いなる者なり……すなわち大小の制は尊卑に同じなりと雖《いえど》も尊卑飾りを異《こと》にし、（罍は）皆みな雲雷の形を画《えが》く、以ってそれ罍と名づくは、雲雷より取りたる故なり」とあります。「罍」の字が缶に従うのは、それが陶器であったとされていたからですが、殷墟において出土した罍は、陶製のほうが銅製のものより多く、青銅製の罍は殷の晩期に出現し、漢代になってもなお常用されていました。『儀礼』「少牢饋食礼」には「司《し》宮《きゅう》〝罍水《らいすい》〟を設け、洗うに東にす、木斗《ぼくと》あり」とあります。ここから、罍は水入れでもあり、またその水を汲むときには木の柄杓（木斗）を使ったということが分かります。

　罍には円形のものと方形のものの二種類があり、円形のものはすぼみ口で、頸は短く肩は広く、左右の肩のところに環をかけた耳がついており、底部は小さく平底あるいは囲み足となっています（図6-45　参照）。方形のものは口が小さく、肩の部分はなだらか、方形の囲み足で、多くは蓋付きです。

＊1　邢昺《けいへい》…宋末の人、『爾雅疏』を著す。

図6-44　新石器時代紅山文化彩絵陶罍

図6-45　西周対罍

斗　料

「斗《と》」は酒や水をすくうための道具です。『詩経』「大雅・行葦」に「大斗《だいと》を以てして、以って黄耇《こうこう》を祈《もと》めり」、また『穆天子伝』巻六「佐者《さしゃ》は斗を承りて哭す」の郭璞注にも「佐は飲なり。斗は水を斟むの杓なり」とあります。甲骨文では「」（乙117）、金石文では「」（秦公簋）、いずれもその姿を写した（図6-46参照）象形文字です。殷周時代の青銅製の斗は、円形の水が入る部分に湾曲した柄がついています。清・朱駿声の『説文通訓定声』に「北斗七星、南斗六星、また天市垣《てんしえん》小斗《しょうと》五星《ごせい》、皆みな斗の形に象り、故に以って名となす」とあるよう、北斗七星や南斗六星などは、星の排列がこの「斗」に似ているところから付けられた名称です。『詩経』「小雅・大東」に「維《こ》れ北に斗あれば、西に柄の掲げり」とあるのも、星座と斗が同じ形であることを言っているわけです。

　斗は酒がめから酒を酌み注ぐ道具ですから、さかづきに入れる酒の量を調整する、すなわち「計る」ことが出来ます。そこから斗は計量器としての役割も果たすようになりました。古く十升を一斗、十斗を一石としていたその計量器「斗《ます》」の形が、この酒を酌むひしゃくの「斗」と相似ていたのは、その起源が酒器の斗にあったためです。「斗」の字が星の名前や計量単位として使われるようになった後、もともとの意味を表す字として作られたのが「料《とう》」の字です。現在の中国

図6-46　商蛙首饕餮紋銅料

語では「斗《ドウ》」と「枓《ヂュ》」ですが、古くは同じ音で発音されていました。木偏が加えられたのは、これが多く木で作られるようになったためです。

＊1　天市垣は紫微垣（北極星を中心とした区域）の東南がわ、小五斗は西洋で言うところのヘルクレス座と蛇つかい座にまたがっている。

壺

「壺《こ》」は酒を入れておく器です。甲骨文では「」（前5・5・5）、金石文では「」（番匊生壺）、どちらの字形も上部に蓋、左右に耳《つまみ》があり、下部が囲み足になった「壺」の形をそのまま象っています。『詩経』「大雅・韓奕」には「顕父《けんほ》餞《はなむ》けするに、清酒百壺あり」、『孟子』「梁恵王章句下」には「簞食《たんしょく》し壺漿《こしょう》して、以て王師を迎う」とあります。「壺漿」の「漿」とは酒のこと。また「殳季良父壺」の銘文に「用盛旨酒」とあることからも、「壺」が、本来酒器であったことが分かりましょう。

古代の酒は種類が多く、また「壺」はそうした酒を入れる器の中で、最も長く使われてきたものであったため、その形も種類に従ってさまざまにあり、円壺《えんこ》（丸い壺）、扁壺《へんこ》（丸く平たい壺）のほか方壺、瓠壺《ここ》（ヒョウタン形）など、かなり複雑に分かれています（図6-47、48　参照）。

図6-47　仰韶文化彩陶双連壺

図6-48　眉県西周青銅壺

図6-49　商双羊尊

尊

「尊《そん》」の原義は酒を入れる器でした。甲骨文では「」(前5・4・7)、金石文では「」(召仲鬲)、いずれの字形も両手で酒器を奉げ持つ姿を象っています。これは酒を奉げる祭祀の様子を反映したもので、「尊」が主として、祖先を祀る「宗廟」の祭祀において用いられるものだということを表わしています。その字形の「奉げ持つ」というところから、この字は後世「とうとぶ」「うやまう」「たてまつる」と言った意味で使われるようになり、またそれが祭祀の様子を反映しているところから、祭祀に用いられる礼器の総称としても使われるようになりました。尊は大きく分けて「有肩大口尊」「觚形尊」「鳥獣尊」の三つに分類することが出来ます。有肩大口尊は、「かえし」のついたラッパ状の大きな口を持ち、下は囲み足。觚形尊は「觚《こく》(既出)」に似ていますが、觚に比べると作りがやや簡単です。鳥獣尊はさまざまな種類の鳥や獣の姿を象ったもの、象尊、犀尊をはじめ、牛尊、羊尊、虎尊、豕尊、駒尊、怪獣尊、鷙尊《しそん》、鳧尊《ふそん》などというものがあります(図6-49~53　参照)。

図6-53　曽侯乙墓兎尊

図6-52　春秋鳥尊

図6-51　西周牛尊

図6-50　西周虎尊

禾 秉 兼

「禾《か》」の原義は穀物、甲骨文では「」(粋8)、穀物一本の形を象ったもので、字形上部は穂と葉、下部は茎と根を表わしています。

「秉《へい》」の字は甲骨文で「」(続6・23・10)、金石文では「」(虢叔鐘)、どちらの字形も「禾」と「又」すなわち手の組み合わせで出来ており、『説文』「又部」に「秉は禾の束なり。又の禾を持つに従う」。『儀礼』「聘礼」、「四秉を筥《きょ》と曰う」の鄭玄注に「これ秉は禾の刈りたるを謂う、手に盈《み》つるをこれ秉とすなり」とあるよう、これは手で一本の穀物を握っているところを表わし、一把の穀物を意味します。「秉」はやがて「秉筆《へいひつ》」、「秉燭《へいしょく》」と言うように、何かを「持つ」と言う意味に使われるようになりました。手を表わし、穀物に添えられていた「又」の部分が、「禾」の中央に組み込まれて出来たのが今の「秉」の字です。

「兼」の字は「詛楚文」では「」と書かれています。片手に二本の穀物を持っているところを象り、同時に複数の物を持つ、あるいは複数の事を行うといった意味を表わしています。『説文』「秝部」には「兼は并《なら》ぶなり。又の秝《れき》を持つに従う。兼は二禾を持ち、秉は一禾を持つ」とあります。

耒

「耒《らい》」の原義は、土をたがやす農具です。中国において、牛による耕作とその道具は、春秋時代に出現しました。この牛と犂《すき》による耕作以前に使われていたのが「耒」です。耒は手と足を同時に使う農具で、最も原始的な耒は、先を尖らせただけの真っ直ぐな木の棒、尖らせた部分の少し上に横木を縛りつけ、そこを足で踏んで使っていました。殷周時代には真っ直ぐな棒から、力をかけやすい曲がり木で作られるようになり、同時にその先端も一本から二股へと変わりました。殷代の金文では「」(耒方彝)、これは道具の形をそのまま象ったもの。また「」(耒簋)とも、これは耒の字形に「手」を加えたもの、左上にあるのがその「手」です(図6-54参照)。

耤

「耤《せき》」は、天子がみずから耕す田地のこと。「天子の御田」として分別された一千畝の土地、それが「耤」です。この土地を耕す時は、まず天子自身がいくばくかの作業をし、それを手本とするように、あとは農民たちが代わって耕し、種を

図6-54　漢播种画像磚

播きます。これを「借用民力」と称していました。すなわち「耤」とは「借」から出た字。『説文』「耒部」には「耤は帝耤《ていせき》の千畝なり。古えは民を使うこと借りるが如し、故にこれを耤と謂う」とあります。文献では多く「藉」の字が使われています。たとえば『礼記』「月令」に「天子親《みずか》ら耒耜《らいし》を執《と》り……躬《みずか》ら帝藉《ていせき》を耕す」、『漢書』「文帝紀」に「それ藉田《せきでん》を開くに、朕親ら率いて耕すなり」とあるなどがそれです。

甲骨文では「」（乙4057）、字形右がわが農具、その下のほうにある二股になった曲がり木の部分が「耒《すき》」です。二股になっているこの先端の少し上に、横木が一本縛り付けてあり、そこを足で踏んで使っていました。左がわは人で、片足で地面を踏まえ、もう片方の足を耒にかけています。上部は、手で耒の柄を握っているところです。甲骨文にはこれを「」（前6・17・5）としているものもあります。この字形の耒は、二股の間に横木がはさまみこまれています。これは先端部分を補強するためのもの。またその二股部分の上に、踏みつけるための横木があるのも分かります。また「」（前7・15・3）とも書かれました。これは両手で耒の柄を握っているところを象っています。今の「耤」の字は、耒に従い昔の声の形声文字です（図6−55　参照）。

図6-55　晋農耕図

第七章

漢字と住まい、暮らし、交通

住居の歴史は、人類が穴居していた洞窟や地下から地上へ、あるいは樹上から大地に降り立ったときからはじまっていると言えます。そうした歴史と、王侯貴族の住宅を比較してゆくと、そこには人類の住まいの歩みが、風水や社会的な地位などといった規格化された文化的影響として体現されているということが分かってくるのです。古代の戦争は、戦車による戦いを主としていました。そこから、戦車戦における習俗や儀礼の中には、古人の人間観というものが色濃く含まれています。また、古代における移動の手段やその概念からも習俗儀礼の影響というものが如実に見てとれます。

穴

人類最古の住居は、自然ある山の洞窟や大樹の上でした。遠い昔、北方の人々は、多く天然の洞窟に住んでおり、南方の人々にも洞窟に住まう者はありましたが、大部分は樹上に巣を作って暮らしていたものと思われます。古い文献の中には、こうした太古の状況が伝説としてよく記載されています。たとえば、『淮南《えなん》子《じ》』「主術訓」に「民の掘穴狭廬《くつけつきょうろ》に身を託するの所以なるものあり」、『周易』「繋辞下伝」に「上古は穴居して野に処る、後世の聖人これに易《か》うるに宮室を以ってし、棟《むなぎ》を上にし宇《のき》を下として、以て風雨に待《そな》う」、『荘子』「盗跖篇」には「古えは禽獣多くして人少なく、ここにおいて民は皆みな巣居《すうきょ》して以てこれを避く。昼は橡栗《とちくり》を拾い、暮れては木上に栖《す》む。故にこれを命《なず》けて有巣氏《ゆうすうし》の民と曰う」とあり、また『太平御覧』巻七八に項峻の『始学篇』*1を引いて「上古は皆みな穴居なり。聖人ありてこれに巣居を教う。大巣氏と号す。今、南方の人巣居し、北方の人穴処《けっしょ》するは、古えの遺俗なり」などというのもあります。

旧石器時代に属する北京周口店の北京原人の遺跡や山頂洞人*2の住処は天然の洞窟でした。半地下式とも言える竪穴《たてあな》式住居（図7-1　参照）は、新石器時代の仰韶文化のころにはすでに存在していました。竪穴式住居は一般に、床面を地表から五十～八十センチほど掘り下げ、穴の中心に木の柱を立て、その周囲にびっし

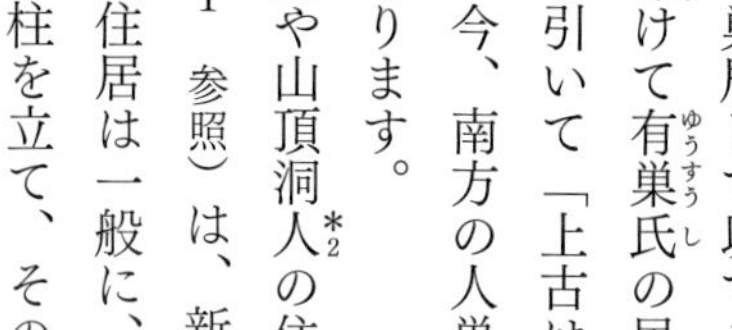

図7-1　仰韶文化時期穴

りと木を立て並べたもの。その外面は、草や草と泥を混ぜたものなどで覆《おお》われていたとされています。

『説文』「穴部」には「穴は土室なり」、すなわち竪穴式住居と同じような、土で周囲を塗り固めたむろだとあります。「穴《けつ》」の字の上部の「宀」はこうした家屋を表わし、下部の「八」はその出入口の形なのです。

＊1　項峻の『始学篇』…佚書。項峻は後漢末から三国魏の人と推測される。

＊2　北京原人・山頂洞人…「山頂洞人」は一九三〇年代、に北京原人と同じ周口店龍虎山の山頂付近の洞窟から発見された旧石器時代晩期の人類化石で、現生人類の古いタイプ。「上洞人」ともされる。いわゆる「北京原人」は同山の森林で発見されており。山頂洞人よりはるかに古い更新世に生きていたホモ・エレクトス、すなわち猿人の一種で、現生人類と進化の過程上の関係はない。

宮

「宮《きゅう／ぐう》」の原義は家屋。甲骨文では「宮」（前6・13・2）、金石文では「宮」（此鼎）。「宀」は家屋を正面から見た時の輪郭を、「呂」は屋根にあけられた通気孔と、下にあけられた出入口を象ったもので、その字形は、半穴居時代と言える仰韶文化の頃の家屋（図7-2）の姿に良く似ています。

図7-2　仰韶文化時期宮

「宮」は、先秦時代にはいわゆる「家屋」、すなわち「室」や「屋」などとは違い、壁に囲まれた居住建築のことでしかなかったのですが、やがて「宅」や「院」と同じように、一般に尊貴な者の居所とされ、秦以降にはさらに発展して、帝王の居所の専称とまでなりました。

堂室房

古代の貴族の住居建築は、北がわを中心として南向き、いわゆる「坐北朝南」に作られており、その外部は「院墻《いんしょう》」、すなわち外塀で囲まれていました。院墻の南がわ中央には大門があり、その両脇には「塾《じゅく》」と称される小部屋がついています。大門をくぐるとそこは「庭院《ていいん》」、その中央には東西に塀があり、南北に分割しており、その南がわは「外庭《がいてい》」、北がわは「内庭《ないてい》」とされ、内外を分かつ塀中央に二つの門があって、「閨《けい》」と呼ばれていました。住居全体を囲む「院」の北がわには、主たる居住空間があります。この建物は「堂《どう》」「室《しつ》」「房《ぼう》」を包括したもので、高台の頂上を平らに均した場所に建てられました。この高台の南がわには二本の階段が作られ、それぞれ「東階《とうかい》」「西階《せいかい》」と呼ばれます。建物の南がわが「堂」、堂の北中央にあるのが「室」、その東西に「房」と呼ばれる部屋があります。堂と室の間には門と窓があり、門は東がわ、窓は西がわにあいていて、それぞれ「戸《こ》」「牖《ゆう》」と呼ばれました。室の北がわにはもう一つ窓があり、これは「向《こう》」と呼ばれていました。堂の東西は壁でふさがれていますが、南がわには壁がなく、左右二本の柱で屋根を支える形となっています。この柱を「楹《えい》」と言いました（図7-3　参照）。

「堂」は居住の中心となる空間であり、平時、家の主人はここで、議事・礼事・接客などの日常活動を行います。「堂」という字は「土」と「尚」の組み合わせ、「土」が構成要素にあるのは、それが古代、建築資材の主たるものであったことを表わしており、「尚《しょう》」は字音を表わす声符ですが、意味を兼ね含んだ表義の要素も持っています。徐灝の『説文解字注箋』に「尚は、上を尊ぶの義、向慕《こうぼ》の称たり」、『集韻』の「漾韻」に「尚は貴なり」、『字彙』「小部」に「尚は崇なり、また尊なり」などとあるよう、この「尚」の部分は、「堂」というものが建物の中心、尊崇されるべき地位にある場所だということを表わしているわけです。

「室」は会意文字で、「宀」と「至《し》」を組み合わせたもの、「宀」はこれが家屋であること、「至」は『説文』「宀部」、「室」の下文に「至は止《とど》まる所なり」とあるよう、帰結する所、最終的に帰る場所であるということを意味しています。

「房」は「戸」と「方」の組み合わせ、「戸」で家屋を表わし、「方《ほう》」は声符ですが、意味も兼ね含まれています。古く「方」と「旁《ぼう》」は、音が近しいことから通用されていました。たとえば『尚書』「堯典」に「四岳湯湯《しがくしょうしょう》として洪水方《あまね》く割《かつ》す」とあるに、王引之『経義述聞』が「家の大人（王念孫）曰く、方は皆な読み

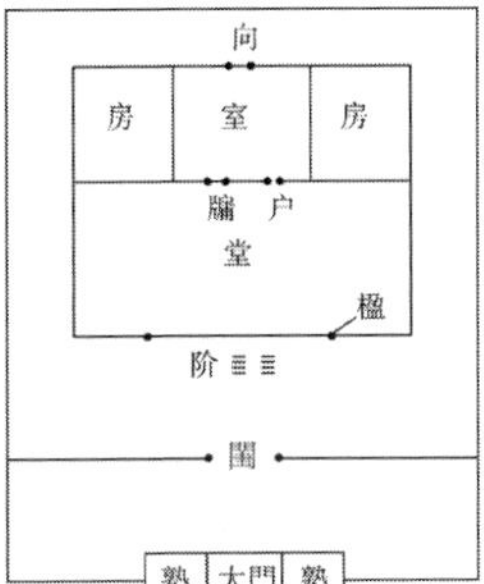

図7-3

て旁となすべし」としているのもそのため。段玉裁『説文解字注』にも「方は、又仮借して旁となす」とあります。さらに『説文』「戸部」に「房は室の旁《かたわら》に在るなり」とあり、段玉裁が「凡そ堂の内は、中を正室となし、左右を房となす。いわゆる東房・西房なり」と注し、『六書故《ろくしょこ》』[*1]に「房は、室の旁《かたわら》にありて室を夾《はさ》むなり」、『釈名』「釈宮室」にも「房は、旁なり。室の両旁なり」とあることなどから分かるように、「房」の構成要素である「方」は、声符であると同時に、これが「室」の「旁《かたわら》」にある建物だということも表わしているわけです。

　こうした古代の居住環境を理解すると、古代における配偶関係や、親族の呼称の由来などが一目瞭然分かってきます。たとえば、古代において第一夫人、すなわち正妻の住居は「室」、ゆえに正妻を「正室」と称しました。宋・張斉賢の『洛陽縉紳旧聞記《ろくようしんしんきゅうぶんき》』[*2]にも「数歳のころに張の〝正室〟が亡くなり、ついに士子の妻を以って後妻、すなわち継室となした」とあります。後に「室」が「正房」とも称されるようになると、正妻もまた「正房」と呼ばれるようになりました。明代の戯曲『牡丹亭』[*3]の「僕貞（第四十齣）」に「活鬼頭（蘇生した人）が秀才さまの〝正房〟に収まった、おらが死んだ娘も小間使いになって」という台詞があります。

　正妻以外の夫人を「側室」「偏室」「偏房」などと称するのも、その住居が「室」の左右にあったことに起因します。『漢書』「西南夷伝」に「朕は、高皇帝の側室の子」、顔師古注に「正嫡の生む所にあらざるを言うなり」とあり、宋・羅燁《らよう》の『酔翁談録《すいおうだんろく》』[*4]の「紅綃密約張生負李氏娘」に「張資責、李氏を娶りて正室となし、

図7-4　漢陶庄園

その越英を偏室となす」、明・王世貞の戯曲『鳴鳳記《めいほうき》』の「夏公命将」の段にも「前に揚州にありて娶《めと》りし一女・蘇賽琼、用いて偏房と作し、以て後胤《こういん》を図るなり」とあります。

すでに述べたように、「堂」は住居の中心であり尊崇されるべき場所とされていました。古く父母のことを「高堂」とも称するのは、家庭内で尊崇される父母という存在が、この「堂」における活動の主催者であったことからきています。続范亭将軍の『五百字詩』[*5]に「人《ひと》々斉しく称賛す、早々に公糧の交《わた》さるを、以て妻子を悦《よろこ》ばせるべし、以て高堂に奉《たてまつ》るべし」とあります。また母親に対する呼びかけに「令堂」というのがあります。元の鄭光祖の戯曲『㑇梅香《すうばいこう》』の第三折に「この声音の九分は、これなんじが令堂なり」とあるのがそれです。

家内の人口が増えると、庭院の東西にも家屋が建てられました。これを「東廂房」「西廂房」と言い、後世、孫の世代が住む場所として用いられるようになりました。これによって各世代の家族が、一つの「堂」を共用することとなり、ここから「四世同堂」「五世同堂」という言葉が生まれたわけです。また、祖を同じくする兄弟を「堂兄弟」、姉妹を「堂姐妹」、おじを「堂叔伯」などというのも呼称も起源は同じです（図7-4～6　参照）。

＊1　『六書故《ろくしょこ》』…南宋・戴侗の編んだ字書。経書などで常用される漢字を選んで解説を振った、いわゆる常用漢字字典であるが、当時の観念からするとむしろ革新的なものであった。

＊2　『洛陽縉紳旧聞記《らくようしんしんきゅうぶんき》』…著者の張斉賢は北宋時代の人。五代から北宋に到る時代における

図7-5　西漢銅室

図7-6　漢陶粮食操作间

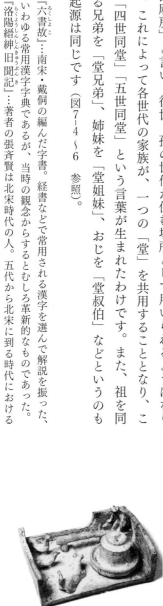

洛陽での著名人の伝記・逸話を集めたもの。

＊3　『牡丹亭《ぼたんてい》』…『牡丹亭』は昆劇芝居の一つ。『牡丹亭還魂記』『還魂記』とも称される。死せる杜麗娘と柳夢梅秀才の恋物語。明・湯顕祖の作。有名な一節であるが、同題の唱本（劇の芝居のストーリー本）は多種あり、ここに挙げられた原文が、いつごろの、どのような版本によるものかは判然としない。

＊4　『酔翁談録《すいおうだんろく》』…宋代の戯曲や話本（白話小説）について記した随筆集、羅燁は南宋の人。

＊5　『五百字詩』…山西省出身の抗日英雄・続范亭将軍（一八九三〜一九四七年）の詩集。

戸　門

「戸《こ》」とは、一枚扉の出入口のことです。甲骨文では「」（甲589）、字形はその一枚扉を象ったもの。小篆体になり、字形が「」と変化し、この上辺の一画が本体から離れ、今の「戸」という字形になったわけです。

「門《もん》」は甲骨文で「」（甲840）、二つの「戸」が向かい合っている様子、すなわち二枚扉の出入口を表わした象形文字です（図7-7　参照）。

古代貴族の院（外塀に囲まれた屋敷全体）の出入口は二枚扉であったので「門」と呼ばれます。これに対して、寝起きする部屋の出入口は一枚扉であったため「戸」と呼ばれました。この区別は、大変に厳密なものだったようで、たとえば『公羊伝』の「宣公五年」には「ここにおいて、勇士某をしてこれを殺しに往かす。

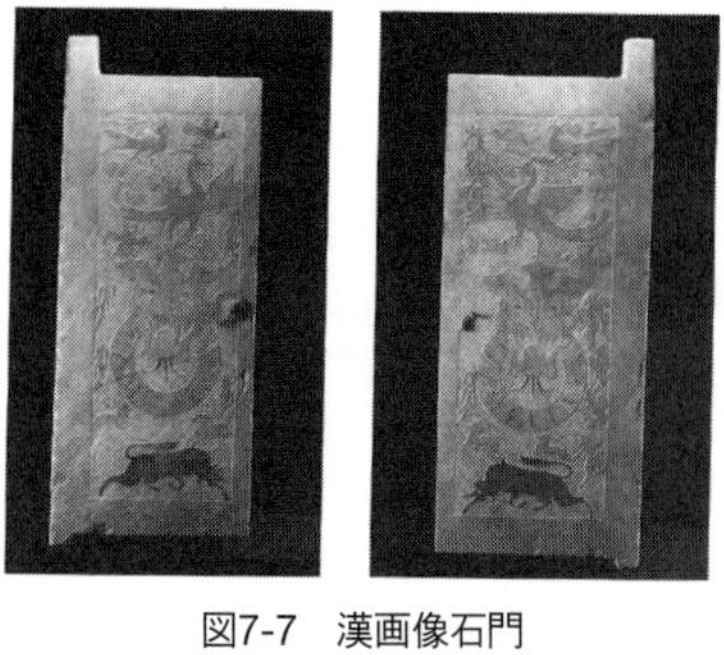

図7-7　漢画像石門

勇士その大門より入らんとするに、則ち門に人無し。その閨より入るに、則ち閨に人無し。その堂に上るに、則ち堂に人無し。俯してその戸を窺うに、まさに魚《ぎょ》飧《さん》を食す」とあります。この一段は晋の霊公が、清廉な大臣の趙盾に刺客をさしむけるくだりですが、ここでは外界に通じた外の出入口を「門」、院の中にある二番目の出入口を「閨《けい》」、建物の中の出入口は「戸」と、きちんと書き分けられています。楽府詩「孔雀東南飛《くじゃくとうなんにとぶ》」*1には「門を出で車に登りて去り、涕落つること百余行」「往昔初陽の歳、家を謝して貴門に来たる」とあります。これらの「門」はいずれも間違いなく外の門。これに対し同じ詩で「府吏（＝焦仲卿）黙して声無く、再拝して還りて戸に入る。言を挙げて新婦に謂うに、哽咽《こういん》して語る能わず」とある「戸」、ここで焦仲卿は母親の部屋（堂）を出て、妻の待つ「房」へと入っているわけですから、この「戸」は正妻の部屋である「室」の出入口です。

古代貴族の住居にはかならず門があり、かつそれは、車馬が出入りできるほど大きなものでした。門は二枚扉の出入口です、貧しい一般庶民の家に、そうした「門」などあろうはずもありません。あってもせいぜいがところ一枚扉の「戸」。貴族や役所を称するのに「豪門」「朱門」「衙門《がもん》（＝役所）」と「門」の字が用いられるのに対し、一般人を称するのに「屠戸（＝肉屋）」「猟戸（＝猟師）」など「戸」の字が用いられるようになったのも、こうしたところに起源があります。

＊1　「孔雀東南飛《くじゃくとうなんにとぶ》」…魏晋のころに書かれたとされる楽府体の詩。『楽府詩集』や『玉台新

詠』に収録されている。貞婦である焦仲卿の妻について歌ったもので、本当の題は「焦仲卿妻」もしくは「古詩為焦仲卿妻作」だが、「孔雀東南飛」というその歌いだしが秀逸であるため、こう呼ばれる。

向

「向《こう》」の原義は北向きの窓のことです。小篆体では「」と書き、「宀」と「口」の組み合わせで出来ています。「口」は窓の象形、「宀」は家屋を正面から見た形で、「口」が人の口でなく、家屋の窓のことだと示唆する働きをしています。

『説文』「宀部」には「向は、北に出ずるの牖なり」とあります。「牖《ゆう》」と言うのは窓のこと、徐灝の『説文解字注箋』は「古えには前に堂、後ろに室、室の前なるを〝牖〟となし後を〝向〟となす。故に〝北に出ずる牖なり〟と曰う」としています。冬の北風は猛烈なので、古代では一般に、冬になるとこの「向」を塗りふさいでいました。『詩経』「豳風・七月」にも「十月蟋蟀《しつしゅつ》、我が牀下《ゆかした》に入る。穹《すきま》を窒《ふさ》ぎて鼠を熏《くす》べ、向を塞ぎ、戸《くす》を墐《ぬ》る」とあります。古代の住居は、一般に北がわを中心として南向き、いわゆる「坐北朝南」とされていました。「向」が後に、方向や「〜をむく」という意味として使われるようになったのは、「坐北朝南」の建物の中でも、北に面する窓として、特に方角を示唆する性格が強かったことに起因しているわけです。

厠　圂

「厠《し》」の原義はトイレのことです。本字は「廁」で、「广」に従い、「則」は声符です。广はもともと斜面や崖端に作られた部屋を指し、文字の構成要素としては建築物を表わします。「廁」の読みは「側」から来たもので、これが住宅のはずれ・角地などに建てられるものであることを表わしています。『玉篇』「广部」にも「廁は、側なり」とありますが、文献上、トイレが「側」と記されることがあるのもこのゆえです。古代において、トイレは肥料の重要な供給源でした。そのため便槽は大きく、深く作られましたが、建築自体は比較的簡粗で、今も田舎の農村などで見られるトイレなどと同様、せいぜい便槽の上に石か木の板を数枚架け渡した程度のものでした。『左伝』「成公十年」には「(晋侯)まさに食わんとす。張して廁に如《ゆ》き、陥りて卒す」という一節があります。病んで夢に鬼を見た成公黒臀は、占いで食べてはいけないと出た麦を食べ、腹が張って廁に行き、便槽の中に落ちて死んだのです。古代のトイレが人が落ちて死ねるほど大きく深く、かつまた人が落ちてしまうほど簡単な構造であったということが、ここからも知れましょう。

秦漢時代のトイレはブタ小屋とつながっていました（図7-8　参照）。これは人糞を豚に食わせ、その糞を肥料として蓄積するという、一段考慮の加えられた構造です。『史記』「呂后本紀」に漢の呂后が戚夫人の手足を切断し、トイレの中に遺棄して「人彘《じんてい》」と呼んだとありますが、「彘」というのはブタのこと、当時のトイレがブタ小屋とつながっているものであったことは、この有名な逸話からも明らかです。

『漢書』「武五子伝」、「厠中の豕《いのこ》群れ出でて、大官の竈《かまど》を壊す」の顔師古注に「厠は、豕を養うの圏なり」とありますが、「厠」の同義語には「圂《こん》」という字があります。囗に従い豕に従う、「囗」は家畜を飼養する「かこい」すなわち「圏」、中に入っている「豕」はブタ。すなわちこれは、「厠」に対する顔師古の注そのものの意味を表わす字というわけです。『漢書』「五行志」、「豕、圂を出ずる」の注には「圂は、豕を養うの牢（家畜を飼う囲い＝圏）なり」とあり、顔師古はこれが「厠」と同義だとは言っていませんが、『説文』「囗部」に「圂は、豕厠なり。囗に従い。豕《しし》の囗中に在るに象《かたど》る」とあり、段玉裁『説文解字注』、「圂」下文の注に「人の厠を或いは圂と曰う」とあることからも、「厠」同様に、トイレを意味する字であることは間違いありません。

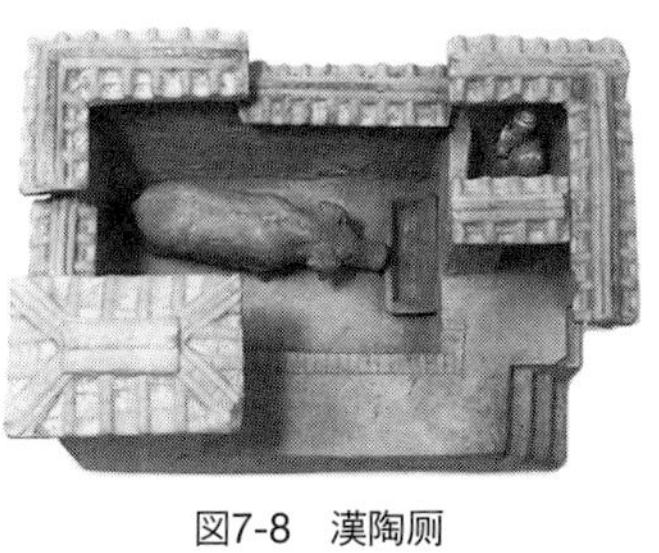

図7-8　漢陶厠

塾

先秦時代の宮殿には一般に三方向に出入口がありました。それぞれの出入口である大門の両脇に設けられた小部屋が「塾《じゅく》」というものです。『爾雅』「釈宮」に「門側の堂をこれ塾と謂う」とあり、郭璞注に「門を夾《さしはさ》むの堂なり」とあります。「塾」の字は土に従い孰の声、土に従うのはこれが建築物であるということを表わしたもの、「孰」は「熟」の古字で、ここでは声符ですが、意味も兼ね表しています。すなわち、この「塾」という建物は、家臣幕僚たちが君侯に朝見する場所でした。家臣が王に会いに来るというのは、一般に何か提議あってのこと、ここに来ると、彼らは心の中で、王にどのようなことを、どのように奏上するのかということを、忘れたり間違ったりしないよう反復熟習しています。それゆえに「塾」の名がついた、というわけです。晋・崔豹の『古今注』[*1]「都邑」にも「塾はこれ言の熟したるをなすなり、臣、君に朝せんと、塾門《じゅくもん》に至るには、更々《こもごも》応対するところの事に詳塾せり」とあり、『詩経』「周頌・糸衣」、「堂より基に徂き、羊より牛に徂き」の孔穎達注にも「(基とは塾のことであり)『白虎通』に云う、(門に)必ず塾あるの所以《ゆえん》、何ぞ門を飾るを以ってせんや。因《ちな》みてその名を取りたるは、明らかなる臣下の、君に見《まみ》ゆるにあたりては、必ずその事を熟思《じゅくし》したるにあり」とあります。

旧時、裕福な家庭で子供のために教師を雇った時には、この「塾」で勉強を教えさせていました。「私塾」という言葉も、そこからきているわけです。

＊1 『古今注《ここんちゅう》』…晋・崔豹著、三巻。さまざまな事物に関して解説した、いわゆる「名物学」の百科事典的な書。

蕭

「蕭《しょう》」の原義は「香蒿《カワラヨモギ》」。『説文』「艸部」に「蕭は、艾蒿《がいこう》なり。艸に従い粛の声」とあり、『詩経』「王風・采葛」「かの蕭を采りとる、一日見《まみ》えざるは、三秋が如し」の注で、孔穎達は陸璣を引き「今人謂うところの荻蒿《てきこう》がこれなり。或いは牛尾蒿《ぎゅうびこう》とも云う。白蒿《はくこう》に似て、白葉、茎粗、科生、多きものは数十茎となる」と言っています[＊1]。

古代の家屋で、正門をくぐってすぐのところに、門と建物との間を塞ぐ、小さな塀（墻）がありました。これを「蕭墻《しょうしょう》」と言います。その語からして、おそらくはじめは、「蕭」を植えた垣根のようなものであったと思われます。文献によれば、天子の居所の蕭墻は宮殿の門の外に設けられましたが、諸侯の蕭墻は門の内がわに設けられることになっていたそうです。蕭墻の主な役割は、住人たちの視線をさえぎり、宮仕えする人々が外を見られないよう、また宮殿の外の人々が内を窺えないようにすることでした。この「蕭墻」は密閉型建築である中国の伝統的建築の特徴の一つになっています。『荀子』「大略篇」には「天子は外に屏し、諸侯は内に屏するは礼なり。外に屏するは外を見るを欲せざるなり、内に屏するは内を見るを欲せざるなり」とあるよう、「蕭墻」は「屏《へい／びょう》」とも呼ばれました。また『論語』「季氏篇」に「吾が恐るるは季孫《きそん》の憂、顓臾《せんゆ》に在らずして、蕭墻の内に在らむことなり」という言があります。「顓臾」は季氏が攻めようとしていた魯の属国で、今の山東省費県のあたりにありました。ここからも、古人が「蕭墻」をもって、内外の境界線と見ていたことが分かりましょう。後にこの「蕭墻」という語は、内乱・クーデターを暗示する語として使われるようになりました。『韓非子』「用人篇」にも「蕭墻の患《うれ》いを謹まずして、金城を遠境に固うし、近賢《きんけん》の謀《はかりごと》を用いずして、外に万乗の交《ちぎ》りを千里に結ぶ。飄風一旦起きれば、則ち賁を育つるも救うに及ばず。しこうして、外交の至るに及ばざる、禍これより大なるはなし」[*2]とあります。

＊1　香蒿・艾蒿・荻蒿は同じくカワラヨモギ、ヨモギの一種で日本では外来植物。ヨモギよりやや葉が細かい。枯れてすぼんだところが牛の尾先に似ているので牛尾蒿の別名がある。白蒿はシロヨモギ、葉の表面にも毛があり、全体が白っぽい。白葉はそのことを言ったもの。茎粗は茎部表面に凹凸があること。科生は叢生に同じ、一本の根元から何本も束のように分かれて生えること。陸璣は三国呉の学者。『詩経』に出てくる動植物の解説書『毛詩草木虫魚疏』を著す。

＊2　『韓非子』「用人篇」「蕭墻の患いを謹まずして…」内乱の危機を無視して、外敵にそな

え国境を固めること。臣下の意見を無視して、いたずらに外部の意見を容れようとすること。変事災害が一旦起きれば、どんな勇者が身内に育っていたとしても救われないし、外に助けを求めても間に合わない。内より外を大切にすること、これ以上の禍はない。

構 購 講 媾 溝

「構《こう》」の原義は木で建屋《たてや》を作ることです（図7-9 参照）。『玉篇』「木部」に「構は、屋を架けるなり」とあり、『尚書』「大誥」の孔穎達注にも「子すなわち堂基《どうき》を為すに肯《がえん》ぜず、いわんや屋を構立するに肯んずるをや」[*1]とあります。基礎の上に建てられる家屋は木で作られます。字が木偏なのはそのためで、「冓」は声符ではありますが、意味も兼ね含まれています。「冓」の字は甲骨文で「〓」（前1・40・5）、二匹の魚が向かい合い、交わっている姿を象ったもので、もともとたがいに向き合う、交わるといった意味があります。木で建物を作る際には、木材を向き合わせたり、交差させたりしなければなりません。つまり「構」における「冓」は、「交」を意味する構成要素でもあるわけなのです。『淮南子』「氾論訓」に「筑土《ちくど》構木《こうぼく》し、以て宮室をなす」とあり、高誘は注で「構は、架けるなり。材木を上に乗せて架くるを謂うなり」としています。土で基礎を作り、材木を上に乗せて架けわたす、まさに家作りの本質そのものを表わす字なのです。

図7-9　三国木構房

「購」の原義は金銭と欲しい物を交換すること。『説文』「貝部」に「購は、財を以て求むる所を有すなり」、段玉裁の注に「重價を縣（＝懸）けて以って求め、その物を得るなり」とあり、『史記』「項羽本紀」にも「吾れ聞けり、漢、我が頭《こうべ》を千金万邑に購《あがな》うと」という一節があります。金銭に関わることから「購」の字は貝偏になっています。「貝」は古代の貨幣でした。そして「交換」するところから、「冓」が表義も兼ねた声符として付いているわけです。

「講」の原義は仲裁することです。調停し仲裁するためには言葉が用いられます。ゆえにこの字は言偏なのであり、仲裁というのは双方に取り入り、「交流」させ和解させること。ゆえにこれも「冓」を声符とします。『説文』「言部」にも「講は、和解なり」とあり、段玉裁も注で「合わざる者をこれ調和す、紛糾したる者をこれ解釈す、これを講と曰う」と言っています。

「媾」の原義は、双方が交互によしみを結ぶこと、『説文』「女部」に「媾は、重婚なり」[*2]段玉裁の注に「重婚とは、重畳交互《ちょうじょうこうご》に婚姻をなすなり」とあります。女偏であるのはこれが婚姻に関することだという表示、「交互に」というところを「冓」が、声符兼表義の要素として表わしているわけです。

「溝」の原義は、井田《せいでん》の間を縦横に交差する用水路。『周礼』「考工記・匠人」に「井《せい》間は広さ四尺、深さ四尺、これを溝と謂う」とあります。用水路なので「氵」、「交差」するがゆえに「冓」を声符としています。

このように、いくつもの文字が同一の声符を持ち、さらにその意味合いにも共通性があるという現象には、大きく分けて二種類の成り立ちが考えられます。その一つがもともと広い意味合いを持った一つの文字から、後にそれぞれ異なる事物を表わす、異なる文字が造られた場合。こうして派生した文字は、分化字あるいは累増字と称されます。たとえば本来「相交わる」という意味であった「冓」が、木にあてられて「構」、金銭にあてられて「購」、言語にあてられて「講」、婚姻にあてられて「媾」、水にあてられて「溝」の字になったというわけで、こうした文字はみな「冓」の分化あるいは累増文字ということになります。もう一つは、逆にもともと何かしらの事物についてのみ指し示す、具体的かつ専門的な意味しかなかった文字が、後にそのほかの事物を指すものとして拡張されていった結果、上述のような現象が作り出された、というものです。*3

*1　孔穎達の注…「厥子《けっし》すなわち堂するに肯《がえん》ぜず、矧《いわ》んや構するに肯ずるをや」に付せられたもの。「厥子」は跡継ぎの子。親が家づくりについていくら考えても、その子が基礎も建屋作りもしないなら、どうしようもあるまい、という王様の嘆きを表現している。ここから親の跡を継ぐことを「堂構《どうこう》」と言う。

*2　重婚…日本語で「重婚」というと、すでに配偶者のある者が重ねて婚姻する法律上の違反行為だが、ここに言う「重婚」は、例えば『国語』「晋語」に「今まさに婚媾し以って秦に従う」とあるように、国同士などで「よしみを通ずる」手段として、王族などの婚姻関係を交互に結ぶことである。

*3　この後者の例によって生じた文字は「孳乳字《じにゅうじ》」あるいは「後起字《こうきじ》」と呼ばれる。

隅　奥　宧　窔

「隅《ぐう》」の原義は山すそです。「阝」は「阜」であり、阜は大きな土山を表わします。旁の「禺」の役割は字音を表わす声符ですが、字義も暗示されています。すなわち、遭遇の「遇」、偶然の「偶」などのように、「禺」を声符とする字には「出会う」「向き合う」といった意味を持つものが多くあるからです。後世「隅」は、家屋や塀のかどの部分を表わす字として使われるようになりました。たとえば『論語』「述而篇」に「一隅《いちぐう》を挙げて三隅《さんぐう》を以て反せざれば、則ち復《ま》たはせず」とあるのは、四角い部屋の一つのかどについて教えてあげたのに、残りの三つのかどについて理解することができなかった、同じことは二度くりかえし教えない、という意味で、「挙一反三《きょいつはんさん》」という成語の由来となった一節です。古代の建築はきっちりとした四角形を追求して作られていたので、屋内の四つのかどはすべて同じ、ゆえに「一つを挙げれば三つを反《かえ》す」ことが可能であったわけです。[*1]「隅」はこうした壁や塀のかどの部分の総称でした。一つの部屋にはかどが四つ、ゆえに四角いものの四つのかどを「四隅」と称するわけです。

屋内の四隅は同じカタチではありますが、その四つのかどにはそれぞれに専用の名前が付けられていました。西南のかどを「奥《おう》」と言います。『説文』「宀部」には「奥は、宛《ま》がるなり。室の西南の隅。宀に従い类の声」[*2]とあります。形声文字で、家屋のかどを表わすところから「宀に従う」とされています。

　東北のかどは「宧《い》」と呼ばれました。同じく『説文』「宀部」には「宧は、養うなり。室の東北の隅。食する所に居る。宀に従い臣の声」とあります。東北という方向は陽気の生じる処とされていました。陽の気は万物をはぐくみ育てるもの。東北の方角が飲食と関係付けられているのは、それが人の身体をはぐくむものであるためです。段玉裁『説文解字注』に「東北は陽気の始めて起こり、万物を育て養うなり。形声なり以って会意を包《ふく》む」、『爾雅』「釈宮」には「東北の隅をこれ宧と謂う」とあり、郝懿行*3は「食する所に居る、とは、古人、包厨食閣《ほうちゆうしよつかく》みな室の東北の隅に在るを云う、以て養気を迎うるなり」としています。

　東南のかどは「窔《よう》」と呼ばれました。『釈名』「釈宮室」には「東南の隅を窔と曰う。窔は幽なり、亦《ま》た幽冥に取るなり」とあります。「窔」の字は穴に従い交の声、原義は奥深くひっそりとしていることです。

　西北のかどは「屋漏《おくろう》」、「漏」は「魑魅魍魎《ちみもうりよう》」の「魎」の借字で、家に住むという鬼の名前です。古代、屋内西北の隅には、布で囲った一角、いわゆる「帳《ちよう》（とばり）」の小さなものが設けられており、家の神のよりしろなどがそこに納められていました。『詩経』「大雅・抑」「爾《なんじ》の室に在りては、なお屋漏に愧《は》じざらんと相《み》る」の鄭玄注に「屋は小さき帳なり。漏は隠るるなり」とあります。「あなたは部屋の中では何をやってもいい、家の神にだって当然、何も恥じ入ることはないと思ってるらしい（が）」といった意味です。

以上、伝統的な「坐北朝南」に建てられた家の各方角の隅の名称をまとめると、図7-10のようになります。

「奥」は家の内部で最も尊い場所とされていました。段玉裁『説文解字注』にも「室の西南の隅は、宛然として深く蔵せらる、室の尊き処なり」とあります。むかしは室内において座る場所にも、尊卑の分や順番がありました。図7-10に数字で示したとおり、東向き西がわの場所が最も尊く、つぎが南向き北がわ、次いで北向き南がわ、最も低いのが西向き東がわの場所でした。このような室内の場所・位置の順番は、安全面から考慮されたものでもあります。古代の住居の出入口は南がわの、やや東に寄りの場所にありました。これは戦争の時の陣地、すなわち軍帳でも同じです。つまりこの尊卑の基準というものは、もし何者かが闖《ちん》入《にゅう》し危害を加えようとした場合の安全性に対応したもので、最も尊い場所が最も安全な場所、最も卑《ひく》い場所は最も安全ではない場所というわけなのです。『史記』「項羽本紀」にも「項王即日、因りて沛公を留《とど》め与《とも》に飲む。項王・項伯、東に向きて坐し、亜父南向きに坐す。亜父《あほ》は范増なり。沛公北向きに坐し、張良西に向いて侍す……噲、遂に入り、帷《とばり》を披《ひら》き西に向いて立つ」とあります。

　項羽が自分から東向きに座ったのは、その中で自分が最高位であることを表明しており、この時の実力の差を現実的に反映したものでもあります。范増《はんぞう》は項羽にとって最も重要な軍師で、項羽から「亜父」と呼ばれ、父親に匹敵する存在、第二の父ともされていました。従って二番目に尊貴な場所に座ります。『史記』

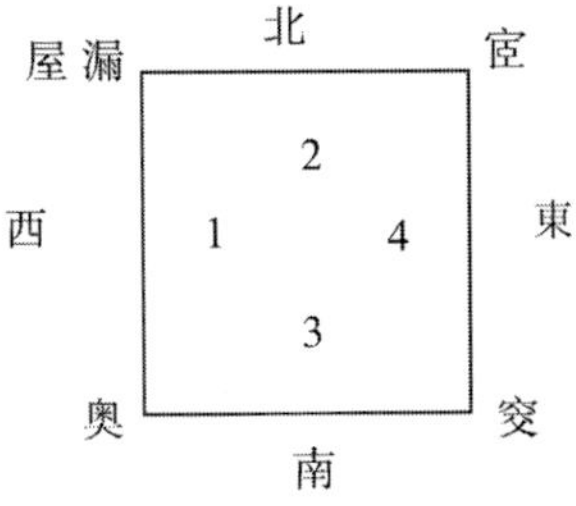

図7-10

がこれ以前の文では単に「范増」としていたのに、ここでわざわざ「亜父」と書き、さらにその解説まで加えているのは、彼がなぜ南向きの尊い場所に座るのかの説明でもあるのです。沛公、すなわち漢の始祖である劉邦は北向きに座っています。これは項羽にとって彼が、基本的に尊ぶべき客には当たらない者、むしろ招かれざる者であるということを表明したようなもので、彼を貶《おとし》める意図もあってわざとやっているわけです。張良の地位はさらに低く、最も入口に近い西向きの東がわ、さらに「坐」ではなく「侍」と書かれているということは、項羽にとって彼は正式な会談相手ではないということを表わしています。樊噲《はんかい》に到っては帷幕の外、このころの彼は劉邦の車右、すなわち副官でしかありませんでした。しかしそれゆえに却って、入口から入り西向きの位置、すなわち項羽の真正面に立つことが出来たわけです。この時の各人物の位置を分かりやすく表わすなら、図7-11のようになりましょう。

横一列に並んで、同一の方向に向くような場合にも、尊卑の分はありました。『礼記』「曲礼上」に「席、南郷北郷なれば、西方を以って上となし、東郷西郷なれば、南方を以って上となす」とあります。「郷」は「向く」ということ。すなわち同じく南あるいは北を向いて並ぶ場合には、西がわが尊く、東あるいは西向きに並んだ場合には、南がわが尊いというわけです（図7-12、13 参照）。

先ほどの「鴻門の会」で、項伯は項羽の伯父、ゆえに長幼の序にもとづき、年長者である項伯は項羽の南がわに座ることになります。

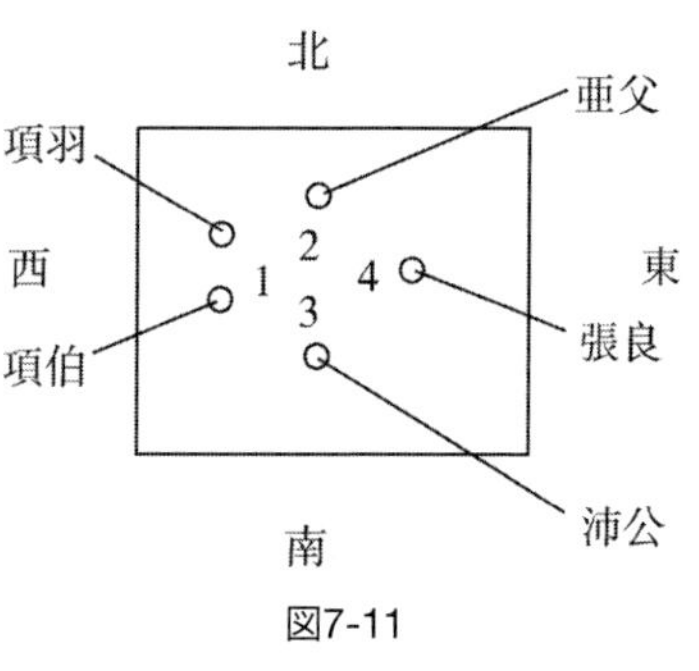

図7-11

図7-12　東漢対坐宴飲画像

漢代の文献記録には、こうした席次のきまりごとと付き合わせてみると、実に腑に落ちるような例が、数多くあります。たとえば『史記』「魏其武安侯列伝」「(武安侯)かつて客を召して飲む、その兄・蓋公を坐して南郷せしめ、自らは坐して東郷す、おもえらく漢相《かんしょう》を尊しとして、兄の故を以って私に橈《たわ》むるべからずと」。東向きは最も尊貴な位置、南向きがこれに次ぎます。礼では本来、年長者である兄をたてるべきところ、自分の「漢相」すなわち漢の大臣の地位という公職の偉さは私事で曲げるべきではないと驕《おご》りたかぶって、兄を下位においたわけです。『史記』「淮陰侯《わいいんこう》列伝」にも「ここにおいて広武君を縛して戯下(=麾下)に致す者あり、信すなわちその縛を解き、東郷して坐さしめ、西郷して対し、これに師事す」という一節があります。最も尊貴である東向きに座らせたのは、趙国の優秀な軍略家である広武君に尊意を表わしたもの、西向きに座って対したのは、淮陰侯・韓信が自らを最も卑い地位に置き、老師に対する待遇を以って彼に対したということなのです。

＊1　「挙一反三」…これを解説するということ自体「挙一反三」に反するのかもしれないが、原作者の訳は「挙一反三」の成語の一般的な解釈からさかのぼってなされた説明で、四角い部屋の一角について教えたら、残りの三つの角をその反論として駆使し、食ってかかってくるくらいでなければ——と、学問におけるパッションの重要性について述べたもの、というあたりが原典に即した解釈である。この後に書かれているよう、「部屋の四隅は同じカタチだが名前は異なる」のだ。禅宗の有名な経典である『碧巌録』に「挙一明三」と、これに似た句がある。こちらは「一を挙げて三を明らかにす」とまさにそ

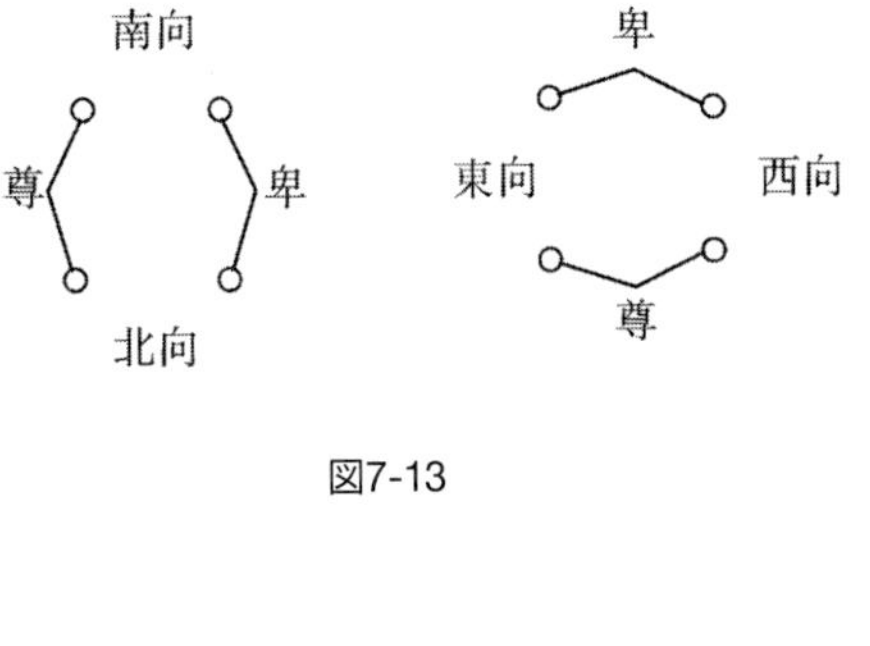

図7-13

のままの意味。

＊2 「奥」…原作者は「类の声」とするが、『説文』大徐本ではここに上が「釆（のごめ）」で下が「大」すなわち「奥」の字の中の部分、段注本には上が「釆」下が「廾」になった字が入っている。これは「類」の異体字の「类」ではない。藤堂明保『漢字語源辞典』はこれをに「𠔉」として「𠔉（ケン・ハン）が音符であるはずはない…会意文字である」とある。『説文』「廾」には「𠔉は、飯を摶めるなり。廾に従い釆の声」とある。

＊3 郝懿行《かくいこう》…清代の考証学者。『爾雅義疏』『山海経箋疏』などを著わす。

灶（竈）

人類が食物を煮炊きするようになってから、すでに一万年以上が経つと言われています。しかしながら、そこに「かまど」というものが現われてからの歴史は、実はそれほど長くはありません。人類ははじめ焚き火の上に物をかざし、直火で煮炊きしていました。初期の煮炊き具である鼎や鬲などには、背の高い足が付いているのは、その下で柴草を燃やし、器を直接熱していたからです。原始社会の「いろり（火塘）」は焚き火を固定化したもので、円形、瓢形、方形など、さまざまな形のものがありました。いろりの火の横には火種を貯蔵しておく罐《かん》があり、住居の中央に位置していました。戦国時代になると、足のない煮炊き具が大量に出現します。密閉型の燃焼器具である「かまど」が出現したのはこの時期だと考えられています。初期のかまどは、鍋をかける穴が一つだけ、燃料をくべる焚き口が前に、煙突が後ろについているタイプのものが普通でした。しかしこの一つ穴のかまどでは、火室で燃料を焚いて生じた熱の大半は鍋釜が吸収した分を除き、ほとんどすべて煙突を通って外へと逃げてしまいます。そこでまずは、このただ逃げてしまう熱を無駄なく利用できるように、鍋をかける大きな穴の後ろに、小さな穴を増設したタイプが出現しました。鍋をかける穴のことを中国語で「眼《イエン》」と言いますが、このタイプのかまどには、両眼、三眼のものなどがあります。いちばん大きな穴を後部に移し、かまど前部の左右に水を温めるための缸《こう》（かめ）を設置したものもありました。このように、かまどの熱を充分に利用し、また調理加工の時間を短縮するため、さまざまな工夫の凝らされたかまどが出現してきたのです（図7-14、15　参照）。

　かまどは生活の中でとくに重要なものであったため、「かまどを祭る」という祭祀習俗はかなり古くからありました。古代、かまどの祭りは初夏に行われていました。これは『礼記』「月礼」に「孟夏の月……その祀るは竈、祭りは肺を先にす」、孔穎達の注に「夏に竈を祀るは熱類に従うなり」とあるように、かまどというものが熱を発するものであることから、それに類した最も暑い季節が選ばれたことによります。[*1] かまどの祭の主宰者は老年の婦女と決まっていました。漢・応劭の『風俗通義』「祀典」にも「竈は、老婦の祭りなり」とあります。かまどの神様（灶神）も、はじめは女性であるとされていました。『荘子』の「達生

図7-14　漢陶灶(一)

図7-15　漢陶灶(二)

篇」「竈に髻《けつ》あり」との、郭象注*2に「髻は竈の神、赤衣《しゃくい》を著て、状《かたち》美女の如し」とあります。後にさまざまな演変を経て、この美女の竈神は「灶王爺《ザオワンイエ》」という老漢と変わり、祭りの時期も農暦の十二月二十三日となって、現在に到っております（図7-16参照）。

＊1 俗説ではこの日、竈の神は昇天し、家人の善悪行状を天帝に告げることになっている。人間としては不利なことを報告されたくないため、竈神の像の口に晒し飴の類を塗って口を粘らせる、といった風習があった。また『東京《とうけい》夢華録』に「酒糟を以って竈門（焚き口）に塗り、これを酔司命《すいしめい》と謂う」とあるように、神像ではなく竈自体に塗る風習も広く報告されている。また「竈の神は女性」という観念がまったくなくなったわけではない。竈神は夫婦の二柱で男のほうを「灶王爺」、女のほうを「灶奶奶《ザオナイナイ》」とする伝承も広く流布している。

＊2 郭象《かくしょう》…西晋の思想家。『荘子注』を著す。

車

わが国古代において、最も主要な陸運手段は車と馬でした。文献あるいは出土品から見て、車というものに関する技術は、殷代においてすでに成熟しており、その基本的な構造もすでに定まっていたと考えられています。これはまた、殷代における「車」の字形からも証明することができましょう。「車《しゃ》」は、殷代の金

図7-16　隋炊事俑

文で「」（叔車觚）と書き表わされています。字形下部左右は車輪、中間は車体部分で、上に突き出ている縦線が轅《えん》（ながえ）、字形上部が衡《こう》（よこぎ）と軛《やく》（くびき）です。甲骨文字には「」（乙３２４）というものもあります。これは車軸と車輪だけ。「車」というものが車輪の発明から生まれ、車輪こそが車を代表する重要な部分であるということです。西周の金文では「」（応公簋）とも書かれました。これが現在の「車」という字の起源であるわけですが、この字は車輪を一つ描いただけの省略形だとも、真ん中が車体で、上下の横線が車輪とも考えることが出来ます（図7-17 参照）。

『淮南子』「説山訓」の「飛蓬《ひほう》の転がるを見て、車を為《つく》るを知る」は、車が「飛蓬」すなわちヨモギ[*1]をもとに創造された、と言うのではなく、ヨモギの転がるさまが似ているのは「車」ではなくて「車輪」、つまり車は車輪の発明に起源する、ということです。『周礼』「考工記」にも「凡そ車の道を察るに、必ずや地に載するものよりせんや、この故に車は輪より始まると察《み》るなり」とあります。甲骨文における「車」の字は、複雑なものから単純な省略体までさまざまで、変異体も数多いのですが、どの字形にも車輪は必ず描かれています。これはすなわち、古人が「車輪」というものを、車で最も重要な部分と考えていた証で、文献にある、古人の「車」に対する認識とも符合しています。殷代から春秋の末期までの古いタイプの車には、車体と家畜を結ぶ轅が一本しかありませんでした。従って、甲骨文字に表わされた車は、すべてこの独轅型となっています。戦国時代に入ると、

図7-17　東周天子六駕車馬坑

双轅型の車が出現してきました。独輈型では二頭の馬しかつなげませんが、先秦時代にはこれが双轅となり、一般に四頭の馬がつながれました。この四頭のうち内がわの二頭を「服馬」もしくは単に「服」と言います。『詩経』「鄭風・大叔于田」「両服は上襄《じょうじょう》し、両驂《りょうさん》は雁行《がんこう》す」の鄭玄注には「両服は、中央にして轅に夾《はさ》まるる者なり」とあります。この「服」は「承服する」のほう、服役、服刑、服務などの意味。「両驂」すなわち「驂馬」とは、服馬の外がわ左右の二頭を言います。「驂」の旁の「参」は声符ですが、同時に「参与する」という意味をも表わしています。

古代の帝王は一般に、六頭だての馬車に乗っていたとされています。六頭だてでは、驂馬の外がわにさらに二頭の馬が付き、この二頭を「騑《ひ》」と称しました。『説文』「馬部」に「騑は、驂の旁らの馬。馬に従い非の声」とあります。「騑」の旁の「非」は「飛《ひ》」と同じ意味、車が走り出すとこの二頭がちょうど、左右に生えた羽のようになるところから名づけられたのだとされています。

古代における車の名称は種類も多く複雑ですが、主なものとして、以下のようなものがあげられます。

「大車」「小車」は対の語。ともに言われるとき、大車は牛車、小車は馬車を指します。『論語』「為政篇」に「人にして信なくんば、その可なることを知らざるなり。大車輗《げい》なく、小車軏《げつ》なくんば、それ何を以てかこれを行わんや」という一節があり、後漢・何晏《かあん》の注に包咸《ほうかん》の説を引いて「大車は牛車なり……小車は駟馬《しば》

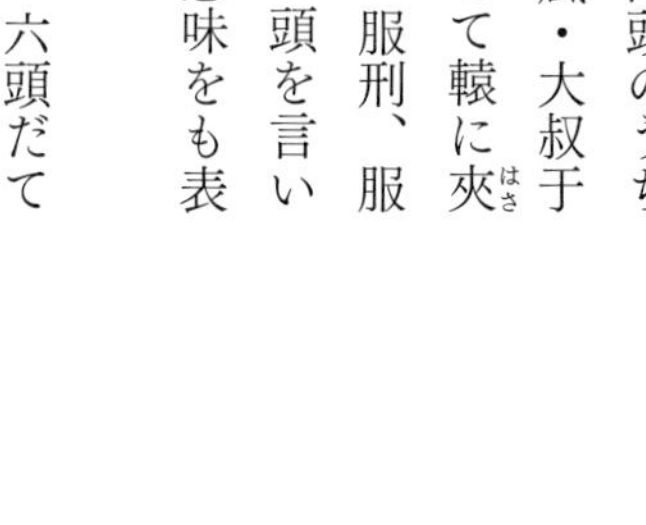

図7-18　六朝陶牛車

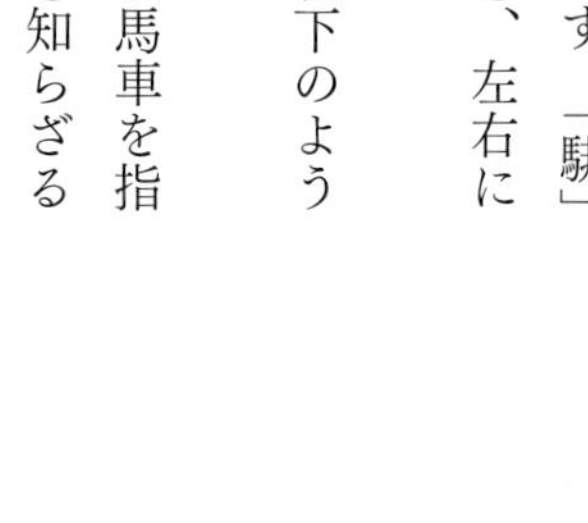

図7-19　唐陶牛車

の車なり」とあります。『周易』「繋辞下伝」に「牛を服し馬に乗り、重きを引き遠くを致し、以って天下を利する」とあるよう、牛車もまたその起源は大層に古いのですが、当初は主に荷物の運搬のみで、馬車のように広く使われていませんでしたが、魏晋の後に、牛車が流行してもてはやされ、以降は貴顕の乗る車として使われるようになりました（図7-18、19　参照）。

「安車《あんしゃ》」は乗用の車です。[*2]『礼記』「曲礼上」、「大夫は七十にして事を致す……四方に適《ゆ》くには安車に乗り」の鄭玄の注に「安車はその身体を養うの所以なり。安車は坐して乗る。今の小車がごときなり」とあり、『晋書』「輿服志」には「坐して乗るものをこれ安車と謂い、倚《よ》りて乗るをこれ立車と謂い、またこれを高車とも謂う」とあります（図7-20）。

「軺車《ようしゃ》」は、車体の四面が覆われていない小型の車。立って乗ることも座って乗ることもできました。『釈名』「釈車」は「軺は、遥なり。遥は、遠くなり、四向遠く望むの車なればなり」としています（図7-21、22　参照）。

「輜車《ししゃ》」は、密閉された車体をもち、両側に窓があいています。婦女が乗るのは多くこの種の車で『後漢書』「張敞伝」「君母出門す、則ち輜軿《しへい》に乗る」にある「輜軿」もこの「輜車」のことです。輜車は車体部分が大きいので、横になったままでも乗ることができました。『漢書』「張良伝」には「上、疾《やみ》しと雖《いえど》も、強《し》いて輜車に乗す、臥してこれを護らんがためなり」とあります。輜車は荷物を運ぶこともできたので、軍隊で輸送・補給をつかさどる部隊を「輜重《しちょう》」というように

図7-20　秦銅安車

図7-21　武威雷台東漢墓銅軺車

図7-22　東漢軺車行進画像

なりました。輜重とはつまり重量物を載せる輜車ということです。『老子』に「ここを以って聖人は終日行うに輜重を離れず」（第二十六章）という言があります。生きるには（輜重で運ばれるような）物が要る、という意味です。[*3]

「兵車《へいしゃ》」は戦車、秦漢以前の中国では最も重要な兵器でしたので、この兵車とその戦い方に関する儀礼や習俗は実に多く伝えられています。『左伝』「成公二年」に起こった「斉・晋、鞌《あん》に戦う」を例にあげて説明しましょう。まず古えの兵車では車一輌に三人が乗るのが一般的でしたが、この三人の場所と順次には二種類のパターンがありました。一つめは、車上の尊者が一般の軍官である場合、この時は尊者が左で、御者が中央、車右（戦闘者兼副官）が右につきます（図7-23 参照）。古代屋外においては、左がわが尊い位置とされていたので、尊者である軍官は左に位置するわけです。尊者の役割は主に弓を持って射撃すること、車右（図7-24 参照）はいわばその護衛で役割は二つ。一つは敵が接近してきた時戈や矛を執って防御・攻撃すること。その二つめは車が障害に出くわした際、車を下りて推したり障害物を排除したりすることです。「鞌の戦」で、晋の指揮官の車右だった鄭丘緩《ていきゅうかん》は「始めて合いて（＝合戦）よりして、いやしくも険しきところ有れば、余必ず下りて車を推せり」と言っています。対する斉侯の車右は逢丑《ほうちょう》父《ほ》、斉軍は包囲され「逢丑父、公と位を易う」、すなわち彼は斉侯と入れ替わり、晋軍に誤認させて、斉侯を脱出させようとしました。こうしたこともまた護衛たる車右の役割であったわけですが、これはまた、古代の戦争においては、君王とそのほ

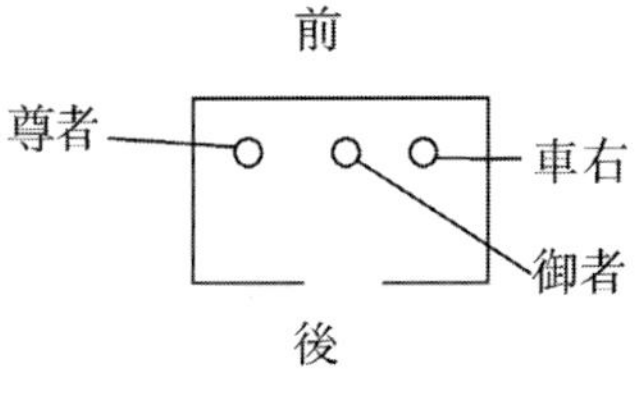

図7-23

図7-24　秦始皇車右俑

かの軍人の鎧甲に区別がなかったということも表わしています。みな同じような鎧甲を着けていた――逢丑父がからくも斉侯を逃し得た理由も、古代の君王が功績のあった臣下に自分の鎧甲を贈呈する理由も、これによって説明がつくというわけです。

『左伝』の「宣公二年」、晋の霊公が大臣の趙盾に酒を飲ませ「甲を伏せ、まさにこれを攻めんと」した時にも、趙盾の車右・提彌明《しびめい》が殿上にかけのぼり、趙盾を救出しています。有名な「鴻門の宴」の時、項羽の幕営に押入って劉邦を護った樊噲《はんかい》も劉邦の車右、みな同じように護衛役という職責を果たしているわけです。

兵車に乗る尊者が主帥（総指揮官）あるいは国王である場合には、御者の位置が左、尊者は中央、車右が右となります（図7-25 参照）。これは戦争における主帥や国王の役割が、「擂鼓揮旗《らいこきき》」、すなわち太鼓を打ち旗をふるって指揮することなのに由来しています。「鞌の戦」に晋侯は参加しておらず、軍の指揮官は郤克《げきこく》でした。『左伝』によれば彼はこの時「矢に傷つき、流血屨《くつ》に及べども、未だ鼓音を絶たず」という状態となり、やがて「余病めり」と叫んで、御者の張侯に指揮の引継ぎを頼もうとしますが、張侯は「師の耳目《じもく》はわれらが旗鼓《きこ》に在り。進退これに従う。この車一人これに殿《しんがり》たれば、以て事を集《な》す可し。これをなんぞ、それ病めるを以て、君の大事を敗《やぶ》らんや」全軍の進退はあなたの旗と鼓にかかっています。この車さえ無事ならば何とでもなる（まだ死んでもいないのに）たかだか怪我をしたくらいで譲って良いものでもありますまい、と郤克をはげまします。

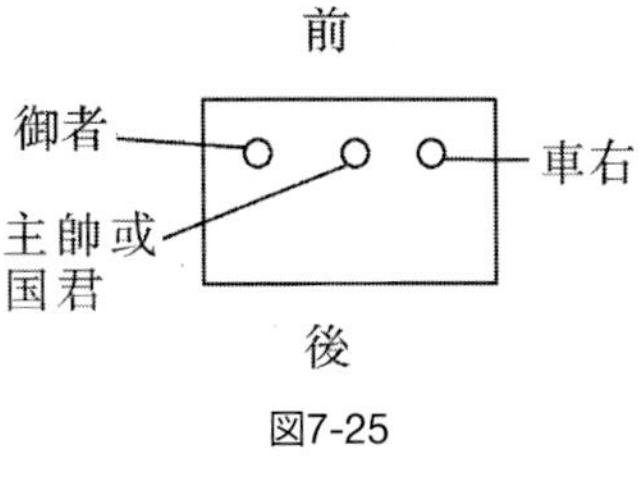

図7-25

つまりこのころの指揮官というものは、指揮を執るため、自ら太鼓を打ち鳴らさなければならなかったということです。この後、張侯は「左に轡《ひ》を并《あわ》せ右に枹《ふ》を援《と》りて鼓つに、馬逸して止むること能わず。師これに従う」と活躍し、結果「斉の師、敗績《はいせき》す」晋軍の勝利となります。主師の郤克は中央におり、御者の張侯はその左がわ。「轡《ひ》」というのは「たづな」のことです。一輛の兵車には四頭の馬がつきますから、「たづな」はそれぞれの馬に左右一本づつ、四頭で合計八本ありますが、左右の「驂馬」の内がわのたづなは、車前部に付けられた「軾《しょく》（しきみ）」と呼ばれる横木に繋がれているので、御者である張侯は、片手に三本づつ、合わせて六本のたづなを握っていました。負傷した郤克を手伝って太鼓を打ち鳴らすため、彼はその六本のたづなをすべて左手に移します。郤克は彼から見て右がわにいますので、右手を空けて太鼓のバチを執り打たなければならなかったのです。しかし六本ものたづなを、左手一本で完全に操ることは不可能ですから、自然とコントロールが失われ、馬たちはやがて狂奔して止まらなくなりました。しかしその勢いに晋軍がのせられたため、かえって事態が好転し、斉軍を破ることができたというわけです。『左伝』「成公二年」にはまた「斉侯親《みずか》ら鼓し、士、城を陵《しの》ぐ」ともあります。国王もまた同様に、自ら鼓を打ち鳴らし指揮を執っていたことは間違いありません。

「鞌の戦」で戦いに敗れた斉侯と逢丑父を猛追し、丑父を捕らえたのは、晋軍の司馬（戦目付）の韓厥《かんけつ》でした。彼はこの戦役においては、軍を直接指揮する指揮官でも、もちろん国君でもありませんので、本来は上官として車の左位となるはずだったのですが、戦いの前の晩、夢で父親に、開戦したなら兵車の左右に乗るのは避けろと言われたからと、この日は中央に坐して御者の代わりに車を操っていたと言います。これもまた、兵車における位置どりに一定のきまりがあったということを説明する、好例の一つだと思われます。

古代、車戦が開始される前には、馬の尻尾が路の両辺の樹木に引っかかったり、車の操作に影響しないよう、あらかじめ、馬の尾を結いむすんでおくことになっていました。「鞌の戦」の時、斉候は晋軍の力量を軽視しており、この準備がまだ整わないうちに出撃し、却って悪い結果を招きました。『左伝』にはこうあります。「齊侯曰く、余姑《しばら》くこれを翦滅《せんめつ》して朝食せんと、馬に介せずしてこれに馳す」、「介」は「馻」の借字で『説文』「馬部」に「馻は、馬の尾を繋ぐなり」とあります。案の定、戦闘中に斉侯の車は「まさに華泉に及ばんとするに、驂《さん》、木に絓《かか》りて止ま」ってしまうのです（図7-26　参照）。

「鞌の戦」で、斉侯を包囲した時、晋軍は、「韓厥、縶《ちゅう》を馬前に執り、再拝稽首《さいはいけいしゅ》して觴《しょく》を奉じ、璧《へき》を加え以て進め」という態度をとります。觴はさかづき、璧は玉の飾りで贈り物です。本来なら、斉侯は捕虜なのに、ここではまるで賓客を接待するかのように扱われていますが、これは当時、たとえそれが敵対国の主君であったとしても、国君に対しては国君に対する礼を以って応対するのが、礼儀・習慣であるとされていたためです。この「縶《ちゅう》」は一般に、馬の脚をひっかけてこ

図7-26　秦始皇陵結尾車馬

れを倒すため張られる縄のトラップ、「絆馬索《ばんばさく》」のことであると解釈されていますが、これは間違いで、本当は馬車の馬同士を繋いでいる縄を指します。「縶を執る」というのは、客人が到来した時、これをひきとどめるという意向を表わす仕種なのです。『詩経』「周頌・有客」に「客あり宿宿、客あり信信、言《ここ》にこれに縶を授け、以ってその馬を縶《つな》がん」とあります。宿は一晩泊まること、信はまた泊まること、一晩二晩では名残惜しいからといって、客人の馬を絆馬索にかけてひっくりかえす、などということはありえません。これによっても「縶」が「絆馬索」ではないということは分りましょう。当然のことながら、この時代においても、戦闘中に留客の礼を以って捕虜を遇するなどということは、そうそうありませんでしたが、『左伝』の「襄公二十五年」にも同様の例が見えます。この年、鄭国の子展は軍を率いて陳国に攻め入りましたが、戦いの中で陳侯と見えた子展は「縶を執りて見《まみ》ゆ。再拝稽首して、飲を承《ささ》げて進献《しんこん》ず」と対応しています。これらはみな古人が礼というもの義というものを、どのように捉えていたかを如実に体現していると思われます。春秋戦国の時代、礼の制度は崩壊しはじめたわけですが、これより古い時代に戦闘中に示された君子ぶりというものは、さらに濃厚なもので、それを示すものとしてはたとえば『左伝』「僖公二十二年」の、次のようなエピソードがあげられましょう。

「宋公、楚人と泓《おう》に戦わんとす。宋人すでに列を成すも、楚人未だことごとく済《わた》らず。司馬曰く、彼は衆《おお》く我は寡《すく》し、その未だことごとく済らざるに及びて、請うこれを撃たんと。公曰く、不可なりと。ことごとく済りて未だ列を成さず。また以って告ぐ。公曰く、未だ可ならずと。すでに陳《じん》して而して後にこれを撃つ。宋の師敗績《はいせき》す。公、股を傷つき、門官殲《つ》きたり。国人皆みな公を咎《とが》むるに公曰く、君子は傷を重ねず、二毛を禽《とりこ》にせず。古えの軍をなすや、阻隘《そあい》を以てせざるなり。寡人《かじん》、亡国《ぼうこく》の余りといえども、列を成さざるに鼓うたず、と」。

「寡人、亡国の余りといえども」とは、宋国が周に亡ぼされた殷の末であることを言ったもの。宋公の述べているのは、そうしたより古い時代における戦争習俗です。しかしこれは春秋の頃にあってもすでに、ほとんどの人が認めるようなものではなくなっていたわけです。

＊1　「飛蓬」…『詩経』「衛風・伯兮」に「伯が東せしより、首飛蓬の如し」とある。『詩経』はこれを「飛ぶ蓬」と訓じ、注にはその花柳絮《りゅうじょ》の如し聚まりて飛ぶこと乱るる髪のごとし、としている。ここには「花」とあるが、「乱るる髪のごとし」というからには花序を含む茎の部分を指すものであろう。「説山訓」…原作者は「飛篷」とするが「飛蓬」とするほうが多いようだ。

＊2　「安車」…「安車蒲輪」という四字熟語がある。安車は作者の説明にあるとおり、座ったまま乗る老人用の馬車。座ったまま乗るため屋根や蓋傘が低い。蒲輪は車輪に蒲の葉を巻いてクッションとすること、合せて老人をいたわりもてなすことを言う。

＊3　前文は「重きは軽きの根、静かは躁の君たり」であるところから、「輜重」を「静重」の誤写として、聖人は何をするにも静かで落ち着いている、という解釈、終日行軍を続けても足の遅い補給部隊を置き去りにしたりはしない、という兵書的解釈、重たいものは重いなりに進ませるという解釈、荷車の重みからあえて逃げ出そうとはしない、重た

い負荷があっても気にも留めないという解釈などがあり、一定しない。

舟 船

「舟《しゅう》」は甲骨文で「」（乙930）、古代の船舶の形状をそのまま象っています（図7-27 参照）。舟の起源について『淮南子』「説山訓」には「窾木《かんぼく》の浮くを見て舟を為《つく》るを知る」とあります。「窾木」は中空になった木のこと。すなわち舟は、中がうつろになった枯れ木が水中に浮いているのをインスピレーションとして発明されたのだということです。最も古いタイプの舟は「丸木舟」（図7-28 参照）。『周易』「繋辞下伝」に「木を刳《く》りて舟となし、木を剡《けず》りて楫《かじ》となす、舟楫《しゅうしゅく》の利は、以って通れざるを済《わた》す」とあります。『説文』「舟部」にも「舟は、船なり。古え共鼓・貨狄[*1]、木を刳りて舟をなし、木を剡りて楫となす、以って通れざるを済す」とあり、段玉裁は注で「古人〝舟〞と言い、漢人〝船〞と言う」」、「舟」と「船」を古字・今字だとしていますが、『説文』には「船《せん》」は舟に従い、鉛の省声とあります。解放後に発見された丸木舟のうち最古のものは、山東省栄成県の毛子溝から出土した殷代の舟で、長さ三・九メートル、幅は頭部で六〇センチ、中ほどで七四センチ、尾部で七〇センチありました。

図7-27　東漢陶船

図7-28　東漢舟漁画像

＊1　共鼓・貨狄…黄帝の家臣と伝えられる。『山海経』「海内経」、「…番禺、これ始めて舟を為る」の郭璞注に「『世本』に云う〝共鼓・貨狄、舟を作る〟と」とある。共鼓・貨狄以下の文は直前に引かれた「繋辞下伝」とほぼ同様だが、「繋辞下伝」におけるこの一節の出だしは「黄帝尭舜…」となっている。

伝（傳）

「伝《でん》」の原義は「駅站《えきたん》」、あるいは「駅車《えきしや》」。古代、重要な街道には、一定の間隔で駅站というものが設けられていました。駅站は主に政府の信使、すなわち信書や情報を伝達する者に休息や食事を供するため設置された公的な宿で、主要な駅站には「駅車」「駅馬」と呼ばれる、通信用の交通手段が用意されていました。この「駅車」「駅馬」の総称が「伝」だったのです。甲骨文にも「伝氏孟伯（伝は孟伯に氐《いた》る）」（後下7・13）の語が見えますから、その起源はかなり古いものと思われます。『戦国策』「斉策五」に「昔、趙氏、衛を襲うに、車舎人は伝に休まず」とあります。「車舎人」は「伝車」、通信用の車をつかさどる役目の者のことで、「伝に休まず」とはすなわち、緊急事態を告げるため、常に休むことがなかった、と言っているわけです。秦・漢過渡期、駅站は「亭《てい》」と呼ばれていました。「亭」は「停まる」という意味です。亭には「亭長」という役人が配置され、亭長は「亭」の主管であると同時に、亭付近における刑事事件に対し責務を負うことになっていました。後代になると「長亭」「短亭」という語も生まれ、十里の間隔に置かれたものを長亭、五里のものを短亭としました。

「伝」は旧字体で「傳」、甲骨文では「」（佚728）「」（後下7・13）と書かれます。字形左は「人」の字、これは駅站・駅車が人に供せられるものであることを表わしています。右は「専」、専の原義は糸を紡ぐために使われる「紡錘車《ぼうすいしゃ》」というもので、甲骨文の右がわはまさにその象形文字です。上部に描かれた三叉の線は、紡錘車の軸がくるくると回っているところ、一本の軸がぶれて三本に見えているわけです。字形のいちばん右には「又」、すなわち手が描かれており、人が手で紡錘車を回している様子を表わしています。「専」の字は甲骨文で「」（拾2・18）とも書かれました。これは両手で紡錘車を回している形です。

「傳」における「専」は、意味を持った声符で、そもそも駅車・駅馬の「傳」という総称、それ自体がそもそもこの「専」から取られています。『釈名』「釈宮室」に「傳は、伝えるなり。人の止息《しそく》しては去り、後人の復た来る所、輾転《てんでん》して相い伝え常主《じょうしゅ》無きなり」すなわち、紡錘車がくるくると回転しては次々と糸を紡ぎだすよう、際限なく人や車が行き来するところ、とあります。一九九〇年、甘粛省敦煌市の懸泉置遺跡から、西漢時代の駅舎の配置や、車輌の配備など駅伝制度に関する貴重な文書（図7-29参照）が出土しています。

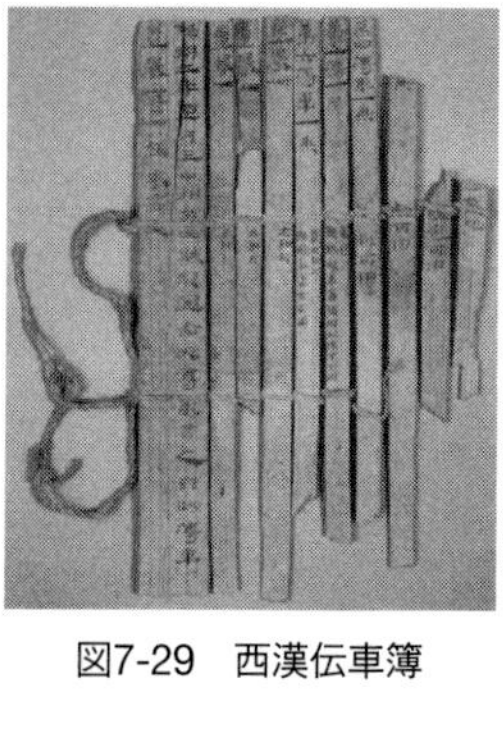

図7-29　西漢伝車簿

道

「道《どう》」の原義は道路です。金石文では「」（貂子卣）。行に従い首に従う。すなわち、真ん中にあるのが「首」で、その回りを囲んでいるのが「行」の字です。「行」は古代、路を表わす象形文字として使われていたもので、いわゆる「十字路」を象っています。この「首」は人の頭部で、人間を表わしたもの。ちょうど頭の上にカメラを乗せたような観点で、人が路上を歩いてゆく姿を写し、人の作った道路を表したものです。金石文には「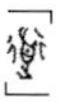」（散盤）という字形も見えます。これは先の字形に「止」を加えたもの。「止」は足、すなわち歩いてゆくこと、歩く場所であることを表わしているわけです（図7−30、31　参照）。

途

「途《と》」の原義は道路。甲骨文では「」（前6・25・2）と書きます。字形下部は「止」、これは人の足の象形文字で、人間を表示するもの。上部は家屋。古代、政府の通信係や商人が旅の途中で休息宿泊した施設を表わしています。「伝舎」と総称されるそうした施設について、『周礼』「地官・遺人」には「凡《およ》そ国野《こくや》の道

図7-31　漢車馬出行画像磚

図7-30　漢車馬出行画像石

には、十里に廬《ろ》あり、廬には飲食あり。三十里に宿あり、宿には路室ありて、路室には委《い》あり。五十里に市あり、市には侯館《こうかん》ありて、侯館には積あり」とあります。すなわち、国の首府である城郭から外、五百里の街道沿いには、十里ごとに飲食物を用意した「廬」、三十里ごとには「宿」、宿には旅に必要な物資を少量備蓄（委）した「路室」が設けられ、五十里ごとに「市」、市には「侯館」が設けられ、比較的多くの旅行用物資（積）が備蓄されている、ということです。[*1]

＊1　「途」の「余」の部分は、宿泊施設といってもごく簡便なほったて小屋、仮小屋の類を表わしている。字形は柱で支えられた屋根だけの建物、いわゆる「あずまや」である。それのある道路が「途」、あくまでも簡便・簡易な施設に足を止めるだけの道行なので「途」と書くとされる。下の『周礼』にある十里ごとの施設「廬」は、字形的には全面を壁で囲われていない仮小屋に煮炊きするための炉を切ったものに類するものを示す。

奔

「奔《ほん》」の原義は狂乱してかけだすこと。金石文では「」（盂鼎）、字上部は「夭」で、人が手を振り乱しながら走る姿、下部に三つあるのは「止」の字で、人の脚部。狂乱状態の者の足どりは、目にも止まらぬ動きなので、見るがわからすると、二本の脚が三本にも四本にも見えてしまうからです。古くは「三」という数で「たくさん」を表わしていました、すなわち「止」が三つで脚が「たくさん」見えてしまっていることを表わしているわけです。『詩経』「小雅・小弁」にも「鹿の斯《これ》奔《はし》るや、維《こ》れ足伎伎《きき》たり」とあります。「斯」は語気詞で意味はなく、「伎伎」は早足で駆けてゆく様子です[*1]。「奔」の字の原義はすでに述べた通りですが、古代の文献において「奔」という字は、だいたい二つの意味で使われています。その一つは国外へ脱出・逃亡すること。『玉篇』「夭部」に「罪あるを以て他国へ走り出ずるを〝奔〟と曰う、今は〝奔〟に作る」とあります。『左伝』「隠公元年」の「五月辛丑、大叔《だいしゅく》出でて共《きょう》（国名）に奔《はし》る」は、鄭国の大叔段が、共国に亡命したことを言ったもの。『管子』「大匡」にも「鮑叔牙、公子・小白を奉じ莒《きょ》（国名）へ奔る、管・夷吾は、召忽は公子・糾《きゅう》を奉じて魯に奔る」とあります。二つめは女子が礼による正式な段取りを経ずに、私的に男子と結ばれること、現在言うところの「かけおち」にあたります。『礼記』「内則」に「聘するを則ち妻となし、奔するを則ち妾となす」とあり、『国語』「周語上」に「恭王、涇上に游ぶ、密《みつ》（国名）の康公に従う、三女ありてこれに奔《はし》る」とあります。国外に逃れて難を避けることも、かけおちも、「狂おしいほど」切羽詰まって行われること、よって同じく「奔」の字で表わされるようになったのです。

＊1　『説文』には「奔は走るなり」とあり、下の三つの「止」を足がたくさん見えるではなく、「たくさんの人」として戦いに負けた首領が逃亡する様子を表わしたのだとする説が一般的である。

走

「走《そう》」の原義は「はしる」こと。金石文では「[illegible]」（盂鼎）、文字上部は手を振り乱してはしる人の姿で、下は「止」すなわち人間の脚部を表わしています。『釈名』「釈姿容」に「徐《おもむ》ろに行くを歩と曰い、疾《はや》く行くを趨《すう》と曰い、疾く趨《かけ》るを走と曰う」とあります。『韓非子』[*1]「五蠹篇《ごとへん》」に有名な「兎の走りて株に触れ、頸《くび》を折りて死す」という一節があります。「株《しゅ》」、すなわち木の切り株というものは、地面からややつきでていますが、しげみに埋まっていると、よほど近づかないかぎり分からないものです。はね回っていた兎が、かわそうとして及ばず、かえって「頸を折りて死」んでしまったわけです。『孟子』「梁恵王上」には「甲を棄て兵を曳《ひ》きて走る」という一節があります。この「走」も駆け足の意味。四字熟語に「走馬観花《ゾウマーグアンホア》」という語があります、いそぐなかれ、物事の表面ばかり見るなかれという比喩ですが、これも馬を「はしらせ」ながら花を見たのでは、その細かな美しさまでは当然分からないものだからです。

＊1　「守株《しゅしゅ》」の故事。この様子を見ていた農民は仕事を投げ出して毎日切り株を見張った。あてにならない幸運を頼みとする愚かしさを言う説話。

＊1　ここで諸例を引いて「走」について解説しているのは、現代の中国語では「あるく」が「走《ゾウ》」、「はしる」は「跑《パオ》」なためである。「守株」の故事で「あるいていた兎が切り株に衝突して死んだ」ではというのがこの項目の主旨で、訳者が「走」を「はしる」とひら

がなで表記したのはこのためである。日本語と用法にずれがあるので、特記する。

歩

中国語で「歩《ほ》」は「行」の対義語で、行が通常速度で「ゆく」ことだとすれば、「歩」はそれより遅く、「ゆっくりゆく」という意味になります。『釈名』「釈姿容」に「徐《おもむ》ろに行くを歩と曰う」、『淮南子』「人間訓」には「それ走るとは、人の疾《はや》しとなすの所以なり、歩むとは、人の遅しとなすの所以なり」という一節が見えます。

「歩」は甲骨文で「」（甲388）、左右の足を交互に出し、ゆっくりと移動する姿です。[*1] 同じ甲骨文でも「奔」には三つの足が描かれ、「走」には一本しか描かれていません。これらがいずれも人が「はやくゆく」姿を象ったものだとすると、「歩」は二本の両足を一つ一つ前に出して、まさに「ゆっくりゆく」姿であるわけです。また単にどこかへ「ゆく」の意味ではなく「ゆっくりゆく」の意味だからこそ、「散歩」「漫歩」「安歩」といった語が生まれたのです。

＊1　日本語では「歩く」の対義語は「走る」だが、前項の訳注にも述べたよう、現在の中国語では「走」が「あるく」、「歩」は「ゆく」で、ここにあるとおり「行」の対義語である。日本語と中国語で、使われている文字は同じだが、その用法が微妙に異なる顕著な例の

一つ。引用にある通り『淮南子』の段階では「走・歩」が対であったことからすると、日本における用例はいずれもその古式をとどめている、と言えるかもしれない。

趨

「趨《すう》」の原義は「こばしり」に行くこと。「走」に従い「芻」の声。現在の中国語では「走」は「あるく」の意味ですが、古くは「はしる」ことを意味していました、そのため義符として「走」が付いているのです。[*1]『釈名』「釈姿容」には「疾《はや》く行くを趨と曰う」とあります。古い文献において「趨」は、多く礼節を示す行為、すなわち尊者長者の前で恭順尊敬を表わす行為の一つを表すものとして出てきます。『礼記』「曲礼上」に「先生に遭う時は道に趨して進み、正しく立ちて拱手《きゅうしゅ》し、先生のこれ言を与うれば、則ち対《こた》う。これ言を与わざるも、則ち趨して退くべし」とあり、孔穎達注に「これ道路に師長と相い逢うの法を明らかにするなり。遭は、逢うなり。趨は、疾きなり。拱手し師に見えて起敬す、ゆえに疾趨して進みこれに就くなり」とあります。『戦国策』「趙策四」には、「左師触龍、言う、太后に見えんと願う。太后、気盛んにしてこれと胥《あいみ》る、入りて徐《おもむ》ろに趨《はし》り、至りて自ら謝して曰く、老臣足を病む、曽《すなわ》ち疾走すること能わず」、『左伝』「成公十六年」には「郤至《げきし》三たび楚子の卒に遇う。楚子を見れば必ず下り、冑を免ぎて趨風《すうふう》す」とあります。「趨風」は、そのまま意を取れば「風のようなはやさで」「疾風のように」と言ったところですが、晋と楚の戦いで、晋国の将・郤至は、敵国の国王に出遭い、古時の礼法に従って礼を致しているのですから、冑を脱ぐことも「趨」することも、どちらも礼節行為であったと解釈したほうが正しいでしょう。とはいっても、相手は敵国の人間。ゆえに傷つけられないよう、その所作は「風のように」素早かった、というわけです。『礼記』「曲礼上」にはまた「帷薄《いはく》の外では趨せず、堂上では趨せず、玉を執りては趨せず」ともあります。「帷薄」は士大夫の屋敷の門内に設けられた布の屏風やすだれ、[*2]内に住まう人間にとってはこの外で尊者と出会うことがないので、礼をとる必要はなく、堂上は狭いので「趨」をする必要はなく、玉器を手にしている時には、落して壊したりしないよう、「趨」する必要がない、ということです。しかし、この三つの状況下で「趨」をする必要がない、とわざわざ規定しているからには、このほかの状況下ではすべて「趨」すべきであるとも言っているわけです。

漢のはじめ、叔孫通が劉邦のため朝廷の儀礼を制定した折、古い規定に従って、入朝時には必ず「趨」することとしていました。しかし漢建国の論功行賞において、第一とされた蕭何だけは、「剣を帯び履《くつばき》にして殿に上り、朝に入りても趨せざる」（『史記』「蕭相国世家」）という待遇を賜っています。これは礼の規定を越えた最大級の賞誉でもあったわけです。

＊1　「走」は「はしる」…「走」の項目訳注参照のこと。
＊2　「帷薄」…本書第七章「蕭」の項目参照、門内から門外を、また門外から門内への視線をさえぎるために設けられる障壁。

渉

「渉《しょう》」の字は甲骨文で「」（前5・29・1）「」（粋1178）と書きます。「」は「止」の字で、人の足の象形文字、真ん中にある「」や「」はいずれも「水」の字で、ここでは川を表わし、字形全体で「徒歩で川をわたっている」様子を描いた象形文字となっています。『広韻』「葉韵」に「渉は、徒行して水を渡るなり」とあり、『詩経』の「鄭風・褰裳」にも「子、恵《いつくし》んで我を思わば、裳を褰《かか》げて溱《しん》を渉らん」という一節が見えます。「裳を褰げて溱を渉らん」というのは、手で着物の裙をからげて徒歩で溱水（川）を渡ろうという意味で、「渉」の字が原義のまま使用されている例の一つです。「渉」は小篆体で「」、ここで二つの「止」の間にあった「水」の字が左に移され、「止」も上下に並べられた結果「歩」の字となりました。今の「渉」という字形は、この小篆体の字形を起源としています。

陟降

「陟《ちょく》」の字は甲骨文で「」（寧滬1・592）「」（後下11・12）。字形中央の「」「」は「阜」、土山を表わす象形文字です。「」は「歩」、両足を前後に並べたもので、字形全体で徒歩で山に登っている様子を表わしています。『説文』「阜部」に「陟は、登るなり。阜に従い歩に従う」とあるよう、「陟」の原義は低いところから高いところへと進むことで、『詩経』「商頌・殷武」に「彼の景山に陟《のぼ》れば、松柏丸丸《しょうはくがんがん》たり」、同じく「周南・巻耳」に「彼の高崗《こうこう》に陟《のぼ》れば、我が馬玄黄《げんおう》たり」とあるのは、いずれもその原義に従った用例です。

「降《こう》」は甲骨文で「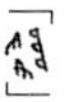」（乙7793）「」（粋901）、文字の構成は「陟」と同じですが、上下に二個並んだ「止」、すなわち足の向きが「陟」とは逆になっています。「陟」の字では爪先が上を向いていましたが、「降」は反対に下向きで、その原義も「陟」と反対。『説文』「阜部」に「降は、下るなり」とあるよう、高いところから低いところへと進むことです。『詩経』「大雅・公劉」に「陟《のぼ》りて則ち巘《けん》にあり、復《かえ》り降《くだ》りて原にあり」という一節があります。「巘」は小山のこと、鄭玄の注にも「陟は昇る、降は下るなり」と見えます。現在の「降」右がわの「夅」は、爪先を下にした二つの「止」が変化した形です。*1

＊1　「夅」…字書類では「夅」は「降」の古字とも異体字ともされる。『説文』「夂部」には「夅は、服なり。夂㐄に従う。相承して敢えて並ばざるなり」とあり、その意味は「降伏」の「降」である、とされるが、「降」の字が甲骨文にすでに見えるのに対して、「夅」の用例はさほど見つからない。これを「降」の古字もしくは本字とする説明（「今作降」「俗作降」）は、明代以降の字書に多く見えるが、中国語では「降」には二つの発音があり、それぞれで意味が異なること、また『説文』段注本にも「夅…凡そ降伏の字はまさに此れに作るべし」とあるように、むしろこれは「降」の字を「降伏」「服従」の意味・発音で、限定して用いる場合の省略字ではないかと考えられる。

正　乏　延

「正《せい》」の原義は、片寄らず、傾いていないこと。甲骨文では「」（甲３９４０）金文では「」（格伯簋）。上部の横一線は目的地、ゴールを表わし、下部は「止」、すなわち人間の足を表わす象形文字。字形全体で一人の人間が、曲がらず寄らず、まっすぐ目的地へと前進している様子を表わしています。『荀子』「君道篇」には「儀正しくして景《かげ》正し」という語があります。日時計が正確に設置されているならば、その針の落す影もまた正確、という意味です。

「乏《ぼう》」は「正」の反対となる字で、中山王壺には「」という字形で見えます。字形下部の「止」は「正」とまったく同じですが、上部の横一線、目的地を表わすそれが、「正」ではまっすぐなのに対し、「乏」は斜めに傾いています。これは

行進している者が、正反対、あるいは間違った方向に向っていることを表わしたもの、ゆえに「㞷」の原義は「ただしくない」と言うことになります。『説文』「正部」にも「㞷、『春秋伝』に曰く、正に反するを㞷となす」とあり、段玉裁は「これ字形をして義その中に在ることを説く」としています。[*1] 現在の「㞷」の字は「止」の部分が「之」に変化したものですが、そもそもこの「之」自体が「止」の変異形の一つです。

「延《えん》」は「廴」と「㞷」の組み合わせで、「廴」は「彳」の変異体、道路を表わす象形文字です。旁の「㞷」は目標に対し斜めに進むこと、まっすぐ進めば距離も短く早く着きますが、斜めに進めば回り道となり、自然、距離も長くなります。「延」の字はこの「㞷」を構成要素とすることで、回り道することを表わしたものので、その原義は『説文』「延部」に「延は、長く行くなり」とあるよう、遠方へとおもむくことをいいます。ここから後世「ながい」「のびる」と言った意味に使われるようになったわけです。

＊1　『説文』が「正に反するを㞷となす」をその原義とするのは、「㞷」の字が小篆体で「正」をちょうど左右真逆にしたものとなっているからで、そもそもこの『春秋』の言葉自体が「字で書くと」という意味に過ぎず、段玉裁の注もそれを説明しているのに過ぎない。白川静は「正」の甲骨文（甲１９３）をもとに、これを軍勢が城に向って行進する姿、と考え、そこから「㞷」をその逆、城から敗走する姿ととらえている。ここでは論議の余地のある字解であるとのみ付す。

行役徒徙

「行《ぎょう》」の原義は道路です。『爾雅』「釈宮」に「行は、道なり」とあり、『詩経』「周南・巻耳」に「嗟《ああ》、我れ人を懐《おも》うて彼の周行《おおみち》を寘《お》けり」、同じく「豳風・七月」に「彼の微行《こみち》に遵《したが》って、爰《ここ》に柔桑《わかきくわ》を求む」とあるのは、いずれもその原義による用例です。「行」は甲骨文で「〓」(後下2・12)、東西南北にのびる両道が交差するところ、いわゆる「十字路」を象っており、この意味における中国語本来の発音は「ハン(hang2)」でした。人が隊列を組んでゆく姿が、道路と同じように長く見えることから、「行列する」という意味にも使われるようになり、商売が異なるとその行列のさまも異なるところから、「おこない」「行業(業務・職業)」を表わすようにもなりました。中国語ではこの字を「ゆく」という意味で使うときには「シン(xing2)」で読みます。これは道路というものが、人の行き来のために供されるものであることから派生した意味で、それに特化して、発音が変化したわけです。古い文献・資料では「行」と「彳《てき》」は通用で、区別がありません。どちらも道路を象った別個の象形文字ですが、この場合の「彳」は、「行」を省略して書いたもの、とも考えられます。

「役《えき》」の原義は辺境地帯を守備することです。守備警戒のためには、その地域を常に隊列を組んで巡っていなければなりません。よって「彳」が偏。旁の

「殳《しゅ》」は甲骨文で「」（乙8093）、手に武器を持っている姿を象っており、全体で守備兵が巡回していることを表わしているわけです。

「徒《と》」は金石文で「」（禹鼎）、「彳」「止」「土」の三つ出来ています。道路、「止」は足の象形で「あるいてゆく」と言うこと、「土」は字音を表わす声符です。「徒」の原義は路上を歩いてゆくこと。現在も「徒歩旅行」などと言いますが、これなども、「徒」と「歩」という同義語を連ねることで「あるく」を強調しているわけです。現在の「徒」の字、右がわ下の「」は「止」の変異体の一つです。

「徙《し》」の原義は「うつる」こと、殷代の金石文には「」（徙觶）とあります。この字の左は「彳」すなわち道路の象形文字で、右には左右の足が上下に描かれ、字形全体で路上をあるいて行き来する様子、すなわちどこかへ「うつろう」としていることを表わしています。現在の字形の右がわになっている「走」は、金文での二つの「止」が変化したもので、上はそのまま、下の「」もすでに述べたよう「止」の変異体の一つです。

御　馭

「御《ぎょ》」の原義は車馬をあやつること。『説文』「彳部」には「御は、馬を使うなり」

とあります。甲骨文では「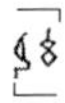」（乙6611）、左がわは座っている人物、これは車上の御者を表わしています。現在の中国人とは違い、古代の人々は両膝を地面につけ、足裏を天に臀部をかかとの上にのせるようにして座っていました。現在も日本や朝鮮半島では同様の座り方をしていますが（正座のこと）、この甲骨文の左の人物も、まさしくそれと同様です。字形右がわにあるのは馬の鞭だとも、馬の口にはめ、馬をあやつるために使われる「轡《くつわ》」だとも言われますが、わたしは後者の説と考えています。甲骨文の「御」には、「」（前6・6・3）というものがあります。この字形では、右に「攴」の字が追加されていますが、この「攴」という字はもともと「手に鞭を持っている」形を象ったものです。もし「」が「鞭」だとするなら、そもそもここに「攴」が追加される必要はなかったはずです。一つの字形に、文字の構成要素が重複して追加された例はあるにはありますが、それらは往々にして、前からあった構成要素が変化変形し、原義が分かりにくくなってしまった結果行われるものです。甲骨文字はその形によって意味を伝えている部分が大きいので、「御」のようなケースで、そうした状況が出現することはまずありえません。したがって「」は、紐縄をねじりひねったもの、すなわち「轡」であり、この轡を以って「あやつられるもの」、すなわち馬の代わりとして表わしているのだと考えられるわけです。

「御」の甲骨文にまた「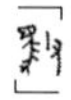」というものがあります。左がわは「馬」の字で右は鞭を持った手。すなわち御者を表わしたもので、現在の「馭《ぎょ》」の字の原形にあ

たります。「御」「馭」、どちらの甲骨文字も「御者」と「御されるもの」の組み合わせで車馬をあやつることを表現しているわけですが、前者が御者のほぼ全形を描いているのに対し、後者はこれを「攴」すなわち「鞭を持った手」としてのみ表わしています。また逆に、前者は轡を表示することで馬に代えていますが、後者では「あやつられる」馬の全形が描かれているわけです。古い文献資料においては、「攴」と「又」は互換通用されていました。そこから「攴」を「又」に換えて出来たのが、現在の「馭」の字であるわけです。

「御」の甲骨文字には、「彳」と「止」が追加されているものがありました。「彳」は甲骨文で「[illegible]」、道路を表わすもの。「止」は人の足の象形文字で、「あるいてゆく」ことを表わします。つまりこの二つによって「車馬をあやつる」ことに、「路上をゆく」という意味が付け加えられたわけです。この型の甲骨文字を原形とし、「[illegible]」が「午」に、「[illegible]」が「卩」に変わって、現在の「御」の字が生まれました。「御」は本来「車馬をあやつる」ことですが、後に、人を含めた物事全般をあやつること、意のままに動かすことをも意味するようになりました。たとえば『荘子』「逍遥游」には「それ列子、風を御して行く」とあります。「風を御す」とは、風をあやつり乗ってゆくという意味です。人に対し用いられる場合には、「統治する」「治める」と言った意味になります。『尚書』「大禹謨」に「下に臨みては簡を以ってし、衆を御するには寛を以ってす」とありますが、この「衆を御す」というのは、大衆を統治するということです（図7-32　参照）。

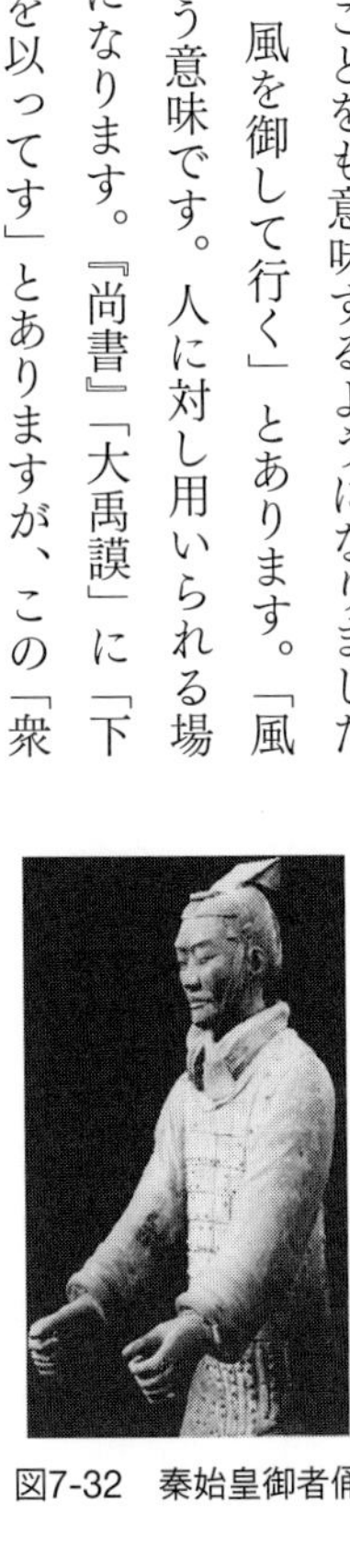

図7-32　秦始皇御者俑

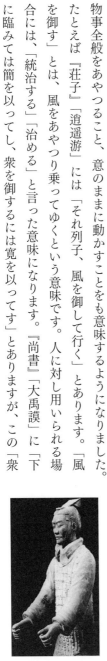

第八章

漢字と日々のくらし・自然・人体

古の人々が、夜、灯りをともした方法や、沐浴・洗顔などの身支度、座りかたなどは、すべて現在のそれとは違っていました。我々にとって、その多くはすでに失われた習俗ですが、漢字の字形のなかからは、かつてのそうした習俗を、なお原形をとどめたままの姿で見出すことができるのです。
漢字は人の身体や自然界のさまざまな状態を絵のように伝えます。そしてそこには古代の人々の考え方や思いが反映されているのです。

坐跪跽踞

「坐《ざ》」の意味は、原義も今と変わりがありません。しかし南北朝の時代に「桌《たく》」と「凳《とう》」、すなわちテーブルと椅子が生み出される以前の人々の坐りかたは、現在とかなり違っていました。古い時代の人々にとって「坐る」とは、両膝を地面に着け、すねを下に、足裏を天に向け、臀部をかかとの上にのせた姿勢をとることだったのです。現在も日本や朝鮮半島には、この種の坐りかたをする習俗が残っています（正座のこと）。「坐」の古字を『説文』は「㘴」としています、これは向かい合った二人の人物が、地面に坐っているところを象った会意文字で、字形上部の左右が向かい合った人間、中央は「土」の字です。すなわち古代の人々にとって「坐る」とは、椅子に坐ることではなく、地面に（あるいは地面に敷いたむしろやござの上に）直接坐ることであったわけです。現在、地面に直接坐りこむことを中国語で「席地而坐《シーディアルズオ》」（地に席《むしろ》して坐す）と言いますが、これも我々がもともと地面の上にむしろやござを敷いて、その上に坐っていた表われなのです。この坐りかたの起源はかなり古いものらしく、殷代の婦好墓から出土した玉製の人形にも、この種の姿勢をとっているものが数多く見られます（図8−1、2　参照）。このことからも、古代の人々にとってはこの坐りかたこそが、休息・休止の常態であったと考えられましょう。陝西省の始皇帝陵兵馬俑坑から出土した陶製の坐

図8-1　商婦好墓玉人（一）

図8-2　商婦好墓玉人（二）

俑も、同様の坐形をとっていますし、漢代の吹簫陶俑の坐りかたも同様。これら玉や陶製の坐俑から見るに、古代の人々は、坐る時には両手に何も物を持たず、手は両膝の上に置いていた、ということ、またその姿勢がとても端正であり、これこそ古人いうところの「端坐《たんざ》」という姿である、ということが分かります（図8－3　参照）。

　このように坐ったまま、臀部を少しおこして、上半身を前かがみにした形、これが「跪《き》」と呼ばれる姿勢です（図8－4　参照）。「跪」は、足に従い危の声。足に従うのは、すねが地面に着いていることを表わしたもので、声符の「危」には、前かがみになったこの姿勢が不安定、すなわち「危険」であるという意味合いが兼ね含められています。『釈名』「釈姿容」には「跪は、危ういなり。両膝《りょうひざ》地を隠し、体危阢《きげい》したるなり*1」とあり、『正字通』「足部」にも「朱子の謂う、古人はただこれ跪坐するのみ。『跪坐拝説*2』に云う、両膝を地に著け、尻を以って踵に著けてやや安らかなるを〃坐〃となし、腰の伸びて股に及ぶをして勢危うきを〃跪〃となす」とあります。「跪」は恭順尊敬を示す所作の一つですが、一般には「拝《おがむ》（本章後項参照）」という行為の前に行われる動作とされていました。

　「跽」同様坐ったまま臀部を少しおこした状態で、上半身をまっすぐに立てた姿勢を「跽《き》」と言いました。「跽」は足に従い忌の声ですが、甲骨文では「」（存1673）と書かれ、止に従い己に従う字となっています。この「止」は「足」と同じです。「跽」の姿勢をとると、腰から上がまっすぐに立っているので「跪」

図8-3　秦女座俑

図8-4　西漢銀跪俑

の時よりも身体が長く見えます。ここから「跽」は「長跪《ちょうき》」ともされました。『説文』「足部」には「跽は、長跪なり」とあり、段玉裁は注で「人、安坐すれば則ち形弛《ゆる》むも、敬すれば則ち小跪す、体を聳《そび》えさすること長きを加うるがごとし、故に長跪と曰う」と言っています。また『篇海類編』[*3]「身体類・足部」にも「跽は、長跪なり。両足両膝を伸ばして地に著けて身を立つる」とあります。

「跽」という姿勢は、以下のような場合になされる所作でした。

(1) 他人に対して尊敬・尊重の念を表わす。

『釈名』「釈姿容」に「跽は、忌むなり。見る所を敬い忌みるに、あえて自らを安んぜず」また『戦国策』「秦策三」に「秦王跽して曰く、先生幸いに寡人を教えざるか」、『史記』「孟嘗君列伝」に「秦王跽してこれに問うて曰く、何を以て秦をぞ離する無くして可ならしむるとや」とあります。

(2) 切迫した思いを表わす。

古楽府「飲馬長城窟行」[*4]に「長跪して素書《そしょ》を読めど、書中竟《おわ》りや何如」。遠く戦地にある夫から届いた手紙を手にした妻の、切実な思いを表現しています。

(3) 警戒していることを表わす。

『史記』「項羽本紀」に「噲《かい》、遂に入り、帷《とばり》を披《ひら》きて西に向きて立ち、目を瞋《いか》らせて項王を視る。頭髪上指《とうはつじょうし》して、目眦《まなじり》ことごとく裂く。項王、剣を按じ跽して曰く、客は何する者ぞ、と」とあります。坐っている時の重心は臀部にありますが、「跽」の姿勢をとると、その重心が膝に移ります。ここから「跽」は「膝席《しっせき》」

とも言われました。同じく『史記』の「魏其武安侯列伝」に「灌夫、悦《よろこ》ばず、起ちて酒を行《めぐ》らせて武安に至る。武安、膝席して曰く、満觴《まんしょう》に能《た》えず、と」とあります。

この坐・跪・跽の側面から見た形を、甲骨文字風に書くなら、図8-5のようになりましょうか。

古人の坐形にはもう一つ、「踞《きょ》」と呼ばれる、礼のしきたりからはずれた坐りかたがありました。これは両足を前に伸ばしたまま、臀部を地面に着け、上半身を足に対してほぼ直角に立てた坐りかたで、その姿がちょうど脱穀に使うザル「簸箕《はき》」のように見えるため、別名を「箕《き》」あるいは合称して「箕踞《ききょ》」とも言いました。「踞」の字は、足に従い居の声の形声文字です。「踞」という姿勢は傲慢無礼なものとされ、相手を蔑視し争う構えを表わすときにする所作とされていました。『礼記』「曲礼上」に「立ちて跛《あしひ》く毋《なか》れ、坐して箕する毋れ」とあることからも、「箕踞」という姿勢が礼に容れられないものとされていたことが分かります。『韓詩外伝』巻九には「孟子の妻、独り居て踞す。孟子、戸より入りてこれを視、その母に白して曰く、婦無礼なり、請うこれを去らしめん、と。母曰く、何ぞなりしや？　曰く、踞したり、と。その母曰く、何ぞこれを知るや？　孟子曰く、我れ親《みずか》らこれを見たり、と。母曰く、すなわち汝の無礼なり、婦の無礼にあらず……いま汝、独り燕私《えんし》するの処へ往き、戸より入るに声あらず、人の踞するをしてこれを視る、これ汝の無礼なり、婦の無礼にあらざるなり、と。ここに

図8-5

おいて孟子、自らを責め、敢《あ》えて婦を出さす」という逸話が見えます。ここからも「箕踞」という姿勢が、どれほど重大な無礼であるとされていたのかが分かりましょう。また同時に、誰もいない場所で隠れてやるならば、このように、のびのびと両足を伸ばして坐ることも、よしとされていた、ということも分かります。

漢の高祖・劉邦という人物は、無位無官の布衣から成り上がった、傲慢無礼きわまる人物であったとされており、たとえば『史記』「田叔列伝」には「趙王張敖、自ら案を持し、食を進む、礼恭《れいきょう》なること甚だし。高祖、箕踞してこれを罵る。この時、趙の相趙午等数十人皆みな怒り、張王に謂いて曰く、王の上に事うること礼備わる、今、王を遇することかくの如し、臣等は請う、乱をなさん、と」とあります。また、同書「刺客列伝」に「軻《か》（＝荊軻《けいか》）、自ら事の就《な》らざるを知り、柱に倚《よ》りて笑い、箕踞し以て罵りて曰く…」とあるのは荊軻は、秦王に対し軽蔑の意を表わしているのです。また『荘子』「至楽篇」には「荘子の妻死す、恵子これを弔うに、荘子則ち方えに箕踞して盆を鼓して歌う」とあるのも、彼が世俗に対して異見を表わしているのだと捉えることができましょう。

＊1　「危隉」…作者は「隉」を「邪」と解釈している。この部分『漢魏叢書』などの版では「危俔」とする。『一切経音義』第十六巻「長跪」の項に『釈名』を引いてこれを「危隉…隉は音、五結反」とし、清・畢沅『釈名疏證』などはこれに従うが文字についての説明はない。『続一切経音義』新華厳経巻第十一「雉堞」の項目に「雉隉なり」すなわち雉の巣とある。猟師の説に雉は巣作りが下手で、その巣は地面に作られはなはだ粗である

という。「阢」と同部首かつ同音の字に「隉」があり、「危」同様に人の不安定な態を表わし類音でもある「兀」の派生字と組み合わせて「杌隉」「阢隉」などで不安定なさま・危険なさまを表わす。ここから「阢」は「隉」と同じく、いずれももろい土山の倚るものなく切り立った状態（棒倒しの砂の山を想像あられたい）を指す不定表記の擬態語と思われる。『釈名』がこれを「危阢」と表記したのは「跪」の旁に仮託したものであろう。

＊2　『跪坐拝説《きざはいせつ》』…『朱熹文集』にみえる著述。

＊3　『篇海類編《へんかいるいへん》』…字書。明・宋濂撰。

＊注　「飲馬長城窟行《いんばちょうじょうくっこう》」…後漢時代に作られた詩賦、『玉台新詠』では蔡邕の作となっている。

主　灶

「主《しゅ》」の原義は「灯心《とうしん》」。古代、油に浸し火を点した照明の縄紐です。『説文』「丶部」に「主は、鐙中《とうちゅう》の火を主とするなり」とあり、[*1]甲骨文には「[illegible]」（前2・21・3）という字形があります。この字の下部は「木」（図8−6　参照）、商承祚[*2]の『殷墟文字類編』は「この字が木に従うのは、おそらく立ち木を焼いて、それを灯りとしたところを象ったものだからで、〃主〃とほぼ同じものと考えられる」としています。これによれば、これは立ち木に火をつけたもの、ということになりますが、「立ち木の火」とふつうの火に、どんな区別があったと言うのでしょうか。わたしはこの火炎は、ふつうの「火」とは違うものだと考えています。原始の人々

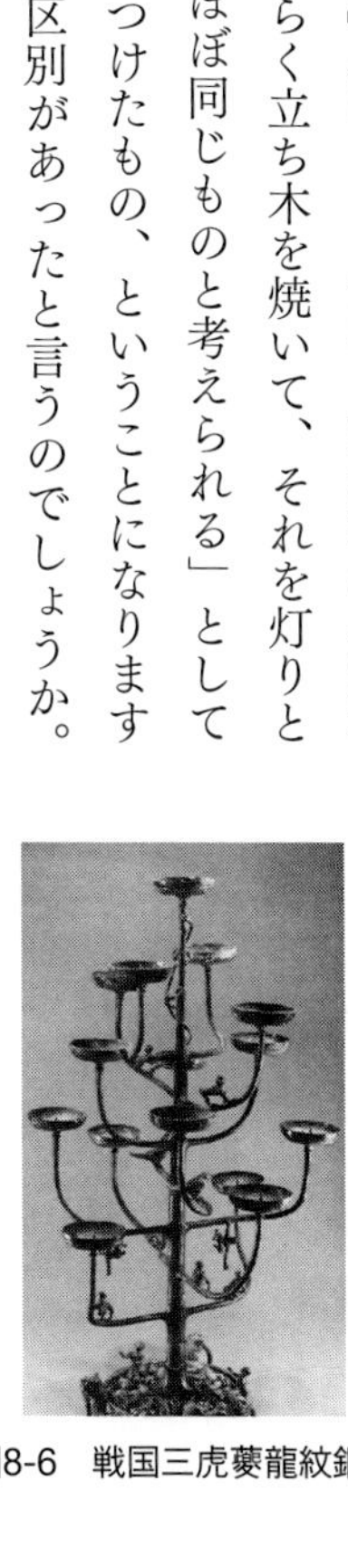

図8-6　戦国三虎夔龍紋銅灯

は、菌類や朽木に火をつけたものを火種として持ち歩いていました。形は今の「たいまつ」に似ています。たとえば中国の東北地方、興安嶺一帯に住むオロチョンの人々は、狩りの時、乾燥させたキノコの類を木の棒に挿し、火がついた状態のそれを火種として持ち歩きます。「火」というのは一般に、柴草を積み上げ燃焼させたもののことですが、「主」というのはこのような乾燥させた木、もしくは木の棒の先につけられた可燃物にともされた火、照明などに用いられる灯火《ともしび》を指すものなのでしょう。照明の火というのは、「火種」でもあります。甲骨文の「火」は「」(前6・49・3)、ぼうぼうと火炎をあげながら燃えているさまを象っていますが、火種を絶やさないというためだけならば、このように大きな火は必要ありません。「主」の字における火炎の部分は、木の棒の先にともされた小さな火、原始の灯りなのです。小篆体で「主」は「」、これは人類が照明として油脂の類を使うようになったという進化の表われでもあります。すなわちこの字形の「」は「灯盞《とうさん》(油ざら)」、「」が火炎を象っています。人類の照明方法の進化に従って字形が改造された結果、前の甲骨文で「木」であった部分が「土」に変化したわけで、木の棒から灯盞へというその進化の過程を適確に反映しているのです(図8-7、8参照)。

　甲骨文の「主」の字は『漢語大字典』『甲骨文字典』『古文字類編』などいずれの本にも所載がなく、その由来縁故をたどる手段がありません。「主」は後に、おもに家長や主人、首領などの意味に使われるようになり、字の原義を表わすも

図8-7　漢石辟邪灯

図8-8　西漢長信宫灯

のとして「炷《しゅ》」が作られました。「炷」の字が火を構成要素としているのは、これがもともと灯火であったことを表明しているのです（訳注）。

＊1　「鐙中の火を」…原文「灯中火主也」とす。『説文』大徐・段注本により訂正。段玉裁は『爾雅』「釈器」を引き「鐙」を「瓦豆」の別名「登」で、鐙錠、いまの照明に使う金属製の油ざらだとしている。

＊2　商承祚《しょうしょうそ》…（一九〇二〜一九九一年）古文字学者、羅振玉に師事。書家としても知られる

〈訳注〉原作者の「主」＝「炷」でこれを灯火の類とする説は『説文』の解釈に依ったもの。『集韻』でも「主」「炷」は一つの項目にまとめられている。ただし甲骨文「」は「柱」の本字、「はしら」を表わす字で、「あかり」の「主」とは別の字だとする説もある（諸古文字字書に「主」の甲骨文がないのはそのためでもあるようだ）。こちらでは甲骨文下部は枝をはらって先端を二股にした木、上部の点はそこに通された横木だと解釈されている。「主」＝「炷」という説は明代以降の字書ではあまり見られず、「あるじ」か「はしら」とする解説が多くなる。そもそもこの「主」＝「炷」の字源説では、「木主」「神主」など、霊のよりしろとして立ち木やはしらが使われる古礼が説明されない部分もあり、文字学者の間でも決着はついていないようだ。

斤

「斤《きん》」は、木を伐る斧に似た道具のことです。甲骨文では「」（坊間4・204）

柄のついた「斤」の全体を象っています。一九五七年、河南省の信陽長台関楚墓から、青銅製で曲がり木の柄のついた、甲骨文字に描かれたそのままの「斤」が、一挺出土しています（図8-9　参照）。

「斤」と「斧」の違いは、

（1）一般に、斧より小さい。

（2）斧の刃を縦向きだとすると、斤の刃は横向きで現在の鋤鍬などと同じ。

といったあたりが挙げられます。

現在の斧の柄はだいたい真っ直ぐですが、昔の斧や斤ではこれ同様にみな上のほうがやや湾曲していました。斤には平刃のものと丸刃のものの二種類がありました。『荘子』「徐無鬼篇」に、「運斤成風《うんきんせいふう》」（斤を運《めぐ》らし風を成す）という成語のもとになった故事があります。楚国である人が壁を塗らせている時、鼻先に壁土をほんの少し、蠅の羽根ほど薄く塗りつけ、大工の棟梁の石《せき》に削りとらせようとしました。大工は手に斤を掴むと、びゅっとそれを振るい、見事壁土を削り落とします。もちろん鼻には傷一つ付かず、やられたほうも顔色一つ変えませんでした。石はのち王に呼ばれ、技の披露を望まれますが「あれが出来たのは、あの相手がいてこそだったのだ」と答えました。ここから職人技の素晴らしさを「運斤成風」と言うようになったわけですが、この故事からも斤というものが、古代の大工の常用工具だったことが分かります[*1]。

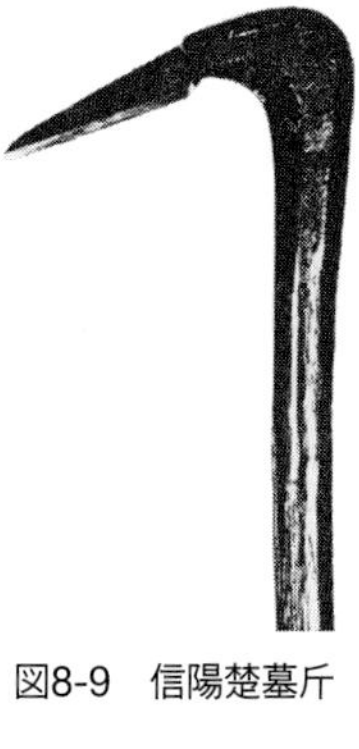
図8-9　信陽楚墓斤

今

「今《きん》」の甲骨文は「A」(後下1・7)。字形は「木鐸《ぼくたく》」を象っており、「A」の部分がその本体、下の「一」が木製の舌になります(本書「鐸」の項参照)。木鐸は古く、時を知らせる道具として使われていました。後代、夜回りが梆子やドラを[*1]打って時刻を報じたのもその遺俗と言えます。木鐸が鳴らされる時刻を「現時《げんじ》」とも「此時《しじ》」とも「今時《きんじ》」とも言いました。『説文』「亼部」には「今は、是時なり」とあります。この「是時」も「此時」と同じ「現在」「この時」の意味です。つまり「今」という字は、時を告げる木鐸を描くことにより、その木鐸の告げていた「いま現在」という時間を表わそうとした文字であるわけです(図8-10参照)。

図8-10　商代銅鐸

*1　日本で言うところの「ちょうな」という道具にあたる。「ちょうな」は「手斧」で、日本でもこれを小型の斧としていたことはこの名からも知れる。斧は樹木に対し水平に打って木を切り倒す、あるいは木目に沿って割るために使われるが、「ちょうな」は樹木の表面を削って平らに均すために使われる。鉋《かんな》の普及後はあまり使われなくなり、現在ではフルサイズのものは宮大工などの、より小さなものは楽器職人などの間で使われている程度である。

*1　梆子《バンズ》…四角い木魚のような打楽器。

扇

「扇《せん》」はもと「戸」と同じく、片開きのドアを意味していました（本書第七章「戸」参照）。『説文』「戸部」には「扇は、扉なり。戸・羽（段注：『韵会』の引く所により改む）に従う」とあります。[*1] 「戸」は甲骨文で「[illegible]」（後下36・3）、片開きのドアを象った象形文字ですが、「戸」が偏で、「羽」に従うというのは、その形や作りが鳥の翼と似ているところからきたものです。段玉裁『説文解字注』、「扇」の下文にも「羽に従うとは、翼が如きなればなり」とあります。『礼記』「月令」「孟春…すなわち闔扇《こうせん》を修め」という一節の鄭玄注には「木を用うるを闔と曰い、竹葦を用うるを扇と曰う」とあります。つまりかつての「扇」というのは、竹や葦を編んで作られた戸だったわけです。後に「扇」が、ゆらして風を送る道具「うちわ（風扇）[*2]」を意味するようになったのも、初期のころの「うちわ」が、材料も作り方もこうした「とびら」と同じであったからでしょう。実際、古代の「うちわ」が「箑」「篷」と竹冠の字で表わされているのも、これが竹を編んで作るものであったからにほかなりません。出土品から察するに、古代も戸は多くが長方形で、現在のドアとあまり変わりがなかったようですが（図8-11　参照）、漢代に

図8-11　曽侯乙墓漆扇

は長方形のものと円形の二種類のとびらがありました。最も、当時でも、円形のとびらというものは極めて稀なものであったようです。

＊1　現在中国では「扉《とびら》」という字はあまり使われず、通常のドアは単に「門」、その「とびら」を特に表わす時にはこの「門扇」が使われる。中国家屋のドアは大体が観音開き片開きのスイング・ドアなので「門扇」ということが多いのである。日本などで見られる「引き戸」式のドアは古い納屋や穀物倉、あるいは倉庫ぐらいでしか見られず、そうした場合の「とびら」は「門板」というが、これも一般家屋というより商店のシャッター的な意味合いが強い。

＊2　「扇」と書かれるが日本の開閉式の「おうぎ」は独特のもので、古代の中国にはない。中国語で「扇」と書くときは日本で言うところの「団扇《うちわ》」の類を指す。

監　鑒

「監《かん》」の原義は「かがみ」です。甲骨文では「[illegible]」（寧滬1・500）、字形右下「[illegible]」の部分は「皿」で、水を張った器を表わしています（図8-12、13参照）。左がわは人物が、その水を張った器の前で「跪」の姿勢をとっているところ。人体上部に大きく描かれているのは目玉で、この人物が何かを「見ている」ことを表わし、字形全体で、古人が水鏡を使っている様子を表現しているわけです。「監」は金文で「[illegible]」（頌鼎）と書かれました。これにより現在の字形の上部「臥」は、

図8-12　西周銅監

図8-13　春秋呉王夫差監

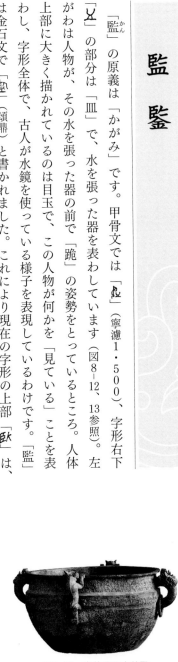

人の形の変化したものであることが理解できましょう。ガラス製の鏡は西方から我が国にもたらされたもので、それ以前の人々は、表面を磨いた銅製の鏡を用いていました。そして、銅鏡もまだ一般に広まっていなかったころの人々は、こうして盆状の器に水を張り、その水面に自分の姿を映していたのです。甲骨文字で目玉が大きく描かれているのは、盆に映る自分の姿を見つめているから、この字はまさに昔の人々が水を「かがみ」として使っている様子を描いた線刻画なのです。『尚書』「酒誥《しゅこう》」に「古人に言ありて曰く、人の水において監《かんがみ》ること無く、まさに民において監るべし」とあります。統治者は自分の姿や行いを水に映す必要はなく、民衆こそが自分を正しく反映しているものと考えるべきだ、ということです。この文からも、古代においては水鏡こそが、最も普遍的な「かがみ」であったということが分かります。鏡として用いられた容器は、もともと陶製でしたが、後に、銅製となったので、後代「監」に「金」の要素を加えた、「鑑」「鑒」という字が作り出されました。ゆえに『淮南子』「俶真訓」に「人の流沫《りゅうまつ》に鑑《かが》みること莫し、止水《しすい》に鑑《かんが》みるはその静かなるを以てなり」とある「鑒」は「監」の原義と同じ意味で用いられているわけです。『左伝』「昭公二十八年」に「むかし有仍氏女《ゆうじょうし》を生む、黰黒《しんこく》にしてはなはだ美なり、光を以て鑑とすべし」という一節が見えます。「光を以て鑑とす」というのは、黒髪の艶がすばらしく、人の姿を映すことが出来た、という意味です。鏡に姿を映すのは、自分の面相・容貌について考察するということでもあります。ここから「鑒」「監」は視察する・考察するという意味に用いられるようになりました。「鑑定」の「鑑」も、同様に「考察する」という意味です。

盥　匜

「盥《かん》」の原義は「手を洗う」こと。昔の人々の手の洗いかたは、現在のそれとは異なっており、水を張った容器に手を入れてその中で洗うのではなく、ちょうど水道で手を洗う時のように、「匜《い》」と呼ばれる水注しを持った者が、洗う人の手に水を注ぎかける、という方式で行われていました。下にはその水を受ける「盤《ばん》」という容器が置かれます。すなわち古人の手洗い用具は、水を注ぎかける「匜」と洗った水を受ける「盤」の二つがあったわけです（図8-14、15　参照）。「匜」は、後部に把手があり、前に注ぎ口のついた器で、手洗いにはかならずこの二器が使われたため、遺跡からも、「匜」は「盤」とともに出てくることが多いようです（図8-16　参照）。

「盥」は小篆体で「[illegible]」。「𦥑」は左右の手で、中央は水、下部の皿は水受けの「盤」です。字形は古人の手洗い方法とその姿を如実に反映しています。『左伝』「僖公二十三年」に「匜を奉《ささ》げて盥に沃《そそ》ぐ。既にしてこれを揮《ふる》う」とあります。これは晋国の公子・重耳が秦国に亡命した時の話しで、秦は穆公の娘で、もと晋

図8-14　西周荀侯匜

図8-15　西周散氏盤

図8-16　曽侯乙墓匜盤放置祥式

の懐公（重耳の弟・恵公夷吾の子）の妻であった懐嬴を重耳に嫁しましたが、彼は内心これに不満で、懐嬴が匜を捧げもって手に水をかけると、手をふるって、そのしぶきをわざと懐嬴にかけたのです。古代においては、よほど特別な人物以外、手洗いの後に布の類を使うことはなく、たいがいは手をふるって水気をとばし、手を乾かしていました。「盥」にこめられたイメージを知っていれば、こうした文献上の場面も、より鮮明に浮かんでくるのではないでしょうか。

宿

「宿《しゅく》」の原義は、夜に睡眠をとること。甲骨文は「」（粋970）。字形上部は「宀」、すなわち家屋、「」は寝ござで、その横は「人」の字です。部屋の中の寝ござの上に、人物が横たわっているところを描いて、夜眠っていることを表わしたのです。『玉篇』「宀部」は「宿、夜に止《とど》まるなり」、『荀子』の「儒效篇」には「武王、紂を伐つに、暮れに百泉に宿す」とあるのは、どれも「夜」眠ることの意味です。

几

古人は坐る時、地面に直接もしくはむしろを敷いて、両膝を地面に着き、臀部をかかとの上に乗せていましたが、こうした坐りかたをずっと続けるのは、あまり楽ではないので、目上の者や年寄りは、「几《き》」という物を使うことになっていました。「几」は坐っている者の右後ろか前に置き、もたれかかるための器具です（図8-17　参照）。『荘子』「徐無鬼篇」の「南伯子《なんはくし》綦《き》、几に隠りて坐す」を陸徳明は『経典釈文』で「隠は、凭れるなり」としています。『字彙』「几部」にも「几、古人の凭れて坐するもの」とあり、また『詩経』「大雅・行葦」「筵《むしろ》を肆《つら》ね席を設け、几を授けるに緝御《しゅうぎょ》あり」の、鄭玄注に「年稚《わか》き者の筵を設けること已《おわ》り、老いたる者これに加わるに几を以ってすなり」、孔穎達の注に「几は身を安んずるの所以、少しく当らずして几に凭る」とあります。「几」は帯板状の器具で、凭れかかる部分は細長く、かつ中央部は少し下向きにたわんでいます。その両側には足がついており、全体にはまさに「几」の字、そのままといった形です（図8-18　参照）。楚墓（戦国楚国時代の墳墓）から出土した几の多くは、両側が凭《もた》れかかる部分より高く、全体でH形になっており、その長さや幅や高低はばらばらでした。一九五七年に河南省信陽長台関の楚墓から出土した「雕花木漆几」は、全高四八センチ、上面は長さ六〇・四センチ、幅一八・一～二三・七センチ。一九七

図8-17　漢劉勝墓凭几玉人

図8-18　東周漆几

八年、湖北省の曹侯乙墓（戦国初期）出土の几は、高さ五一・三センチ、長さ六〇・六センチ、幅二一・三センチ。馬王堆一号墓（漢代）から出土した几は、高さ四三センチ、長さ六三センチで、凭れかかる部分は中央部が広く、両端がすこしすぼまった形になっていました。

筵席

南北朝時代以前の中国には、「凳《とう》（縁台・ベンチの類）」や「椅子」といったものはありませんでした。人々はたいがい地べたに直接坐っていましたが、貴族は、むしろやござの類の上に坐っていました。ここから現在中国で地面に直接腰を下ろすことを「席地而坐《シーディアルズオ》」と言うようになったわけですが、この「席」というのは実は、地面に直接敷かれるものではなく、下にもう一枚、敷物を敷いた上に重ねられるもの、いわば「上敷き」のことなのです。

「筵《えん》」の原義は竹を編んだ敷物（図8-19参照）。比較的硬く、丈夫なので、「席」の下敷きとして用いられました。筵は一般に比較的大きなもので、宴会などで敷かれ、そのとき筵の上の坐る場所を示すため置かれる小さな「ござ」が「席」だったのです。『説文』「竹部」に「筵は、竹の席なり。竹に従い延の声」とあります。飯や料理を置くものであったところから、現在中国語では、「喜筵《シーイエン》」「寿筵《ショウイエン》」「筵《イエン》

図8-19　戦国彩漆竹席

席《シー》（＝宴席）」というように「宴会」を意味する語として使われています。古い文献で、「席」は「筵」と常に対で言われ、席はすでに述べたように「筵」の上に設けられた坐る場所を意味します。『周礼』「春官・司几筵」には「莞筵《かんえん》を設くるには純（＝順序）を紛し、加えて席を繅《めぐ》らすには純を画すなり」とあり、賈公彦は注で「はじめ地に在るものは一重にしてすなわちこれを筵と謂う、重ねて上に在るもの、すなわちこれを席と謂う」と言っています。「席」の字は巾に従い庶の省声、音から生まれた形声文字です。「巾」に従うのは、古代貴族の使っていた「筵」や「席」は、縁の部分が織物で包まれていたからです。西漢時代の馬王堆一号墓の「遺策（副葬品の目録）」には「莞筵二、其一青縁、一錦縁」と書かれています。出土したその「莞筵」は、一枚が長さ二一九センチ、幅八一センチ、もう一枚は長さ二二二センチ、幅八二センチ。いずれも周縁部が、幅二〇センチほどの絹で包まれていました。

　古代、目上の者が坐る場所は、たとえば家内で最も年長者の席はどこ、学校で先生の坐る場所はどこ、というようにあらかじめ決められていました。宮廷内で帝王と皇后が坐る席もあらかじめ定められて、朝議に臨む家臣たちなどは、その官位功績が、坐る席によって分かるようになっていたのです。『後漢書』「王常伝」に「王常、横野大将軍と為る、位次は諸将と絶席す」とあるのは、諸将と並ぶことのない、単独の席を与えられていたと言うことで、古代の席次というのは身分を表わすものでもあったわけです。現代中国語の「主席《ジュウシー》」という語は、字面的には坐した中で最も主要な地位にある者の場所という意味になります。講義・授業を行う者の立つ場所を「講席《ジャンシー》」というのも同類です。しかしこうした古代の専用座席というものは常設ではなく、用いられるつど設けられるものでした。ここから、重要な人物が参加することを「出席」と言うようになりました。「出席」すなわち「席を出だす」とはもともと、そうした人物が来たので「席」を出して場を設けることで、一般人が「出席」などと称することが出来るような語ではありませんでした。このほか、現在の語にある「席位（席次）」、「入席（着席）」なども、起源は椅子でなく、地べたに「席」を置いて坐っていたことに由来するものなのです。

　古代には身分に違いがなければ、一つの「席」にともに腰をおろしても非礼であるとはされませんでした。『漢書』「爰盎伝《えんおう》」に「上、上林に幸《みゆき》するに、皇后、慎夫人従う。それ禁中に在れば常に同坐するに、坐するに及び、郎署長、席を布《し》き、盎、慎夫人を引き却《しりぞ》いて坐さしむ。慎夫人、坐するを肯《がえ》んぜず、上また怒起す。盎、前説に因みて曰く、臣聞く、尊卑に序あらば則ち上下和する、と。今、陛下すでに后を立つるを以てせば、慎夫人はすなわち妾なり。妾・主あに以て坐を同じうすべきかな、と」とあり、また『史記』「田叔列伝（附伝）」[*1]に「任安・田仁、倶《とも》に衛将軍の舎人となる。平陽公主の家を過《よぎ》るに、両人を騎奴《きど》と同席せしめて食さす。これ二子、抜刀し、席を断ちて坐す」とあります。ここで二人が「席を断《た》った」のは、騎奴（馬方）とは同席できぬ、対等互角の者として扱われたくはないという意思を、席を分かつことで示したわけです。『世説新語』「徳行」にある「管寧・華歆ともに園中に菜を鋤く…また嘗て席を同じうして書を読むに、軒冕《けんべん》に乗りて門を過ぐる者あり。寧は読むこと故の如く、歆は書を廃して出でて看る。寧、席を割《さ》き分かちて曰く、子は吾が友にあらざるなり、と」や『太平御覧』巻七〇九三一に『謝承書』[*2]を引いて「許敬、字《あざな》は鴻卿、それ郷吏に誣君する者あり、県令の坐すに会して、敬、抜刀し席を断ちて曰く、敬は悪人と同席するに忍ばず、と」とあるのも同様です。

『晏子《あんし》春秋』「内篇諫下」にはこんな話があります。「景公、休に猟し、地に坐して食す。晏子後《おく》れて至り、左右に莨を滅して（抜いて下に敷く）席す。公、説《よろこ》ばずして曰く、寡人、席せずして地に坐す。二三子、席すること莫くして、子、独り艸《くさ》を搴《ぬ》きてこれに坐するは何ぞや、と。晏子、対《こた》えて曰く、臣聞く、介冑《かいちゅう》して陳（＝陣）に坐するに席せず、獄訟《ごくしょう》に席せず、尸《しかばね》の堂上に坐するに席せず、三つは皆な憂いなり、故に敢えて憂いを以て侍坐せず、と。公曰く、諾《だく》、と。人をして席を下さしめて曰く、大夫、皆みな席せよ、寡人もまた席せん、と」。ここから古代の貴族は、次の三種の状況では「席しない」、言い換えるならそれ以外では必ず「席する」ことになっていた、ということが分かります。一つめは鎧兜を身につけた戦闘の最中、二つめは訴訟に臨む時、三つめは葬儀の期間です。

「席」に坐っていて、目上の者や年長者に対し礼を致す必要がある場合、最も丁重とされたのが、それまで坐っていた席から離れる、「席をはずす」ことで、これを「避席」「違席」と言い、尊敬・尊重の念を表わす「長跪」よりも、さらに上の尊敬を表わす礼節の所作とされていました。たとえば『戦国策』「燕策」に「太子跪きて逢迎《ほうげい》し、却行《きゃくぎょう》（あとずさり）して道を為し、跪きて席を払う。田先生、坐定まる、左右に人無し、太子、避席し請うて曰く、燕・秦は両立せず、願うらくは先生意を留めよ」、『史記』「魏其武安侯列伝」にも「飲酒酣《たけな》わにして、武安起ちて寿《ことほ》ぐ、坐すもの皆みな避席して伏す」という場面があります。

古代においては「堂」にのぼる時には靴を、「席」につく時には靴下を脱ぐことになっていました。『左伝』「哀公二十五年」には次のようにあります。「衛侯、霊台を藉圃に為して、諸大夫と酒を飲む。褚師声子韤《ばつ》して席に登る。公怒る。辞して曰く、臣疾ありて人に異なる。もしこれを見ば、君まさにこれに殻《えず》かん、これを以って敢えてせず、と。公愈《いよ》いよ怒る。大夫これを辞すも可《き》かず。褚師出づるに、公、戟《げき》をその手にして曰く、必ず而《なんじ》の足を断たん、と」。「韤」が靴下。「殻《えず》く」は嘔吐を催すという意味です。

＊1　『史記』「田叔列伝（附伝）」…「附伝」は『史記』の正文ではなく、主に他書に引用された佚文などから附されたもの。この部分は隋・虞世南『北堂書鈔』に「史記に云う…」として引かれていたもの。現行の増補版などでは区別されていないものもある。

＊2　『謝承書』…范曄『後漢書』の元となった漢代の歴史書の一つ、呉の謝承の著。後代に散逸したが、さまざまな史書・類書に引用されている。

桌凳椅

南北朝以前の我が国に、テーブルやイスの類はありませんでした。これ以前の人々は、地面にござ（席）の類を敷いて坐っていたからです。そのため古代において「坐る」という行為は、地面に敷かれた席のうえに腰を下ろすことを示しており、凭《もた》れかかるために、二尺ほどの高さの「几《き》」が、文字を書く時には「案《あん》」が用いられました。テーブルというもの自体の発生が、比較的新らしい時代であったため、当初は新たな文字が造られず、「卓」という字を借りてこれを表わしていました。『清平山堂話本』[*1]「簡貼和尚」に「これ王氏を看るの時、燭灯《しょくとう》、卓《たく》子《し》の上に放かれて在り」、宋・史縄祖の『学斎佔畢』[*2]巻二には「蓋しそれ地に席して坐り、椅卓《いたく》を設けず、すなわち古えの筵を設けて席を敷くなり」とあります。いずれの「卓」もテーブルの類を指しています。なぜこの「卓」の字が使われるようになったかと言うと、「卓」のもともとの字義に、テーブル類の特徴がよく反映されていたからにほかなりません。テーブルが生み出されたのは、古人がイスの類を用いるようになってから以降の事と考えられます。このとき登場したテーブルは、それまで地面に坐っていた時に用いていた「几」や「案」よりも、格段に背が高いものでした。テーブルの几や案と比べ、もっとも目立つ特徴が「背の高いこと」で「卓」という字の原義もまさに、「ほかよりもぬきんでている」

こと「高く立つ」ということだったのです。『説文』「匕部」にも「卓は、高いなり」とあり、『後漢書』「祭遵伝」にも「卓《たか》きこと日月が如し」とあります。テーブルのこの「(ほかより)背が高い」という特徴を以って、古人はこれを「卓《たく》」と名づけ、そのことを表わすその字をそのまま借用して使っていたわけです。後に原義とテーブル、それぞれの意味で用いるときの区別をつけるため、「卓」の字を一部改造して生み出されたのが、現代中国語でテーブルを表わす字として使われている「桌《たく》」の字です。この字が造り出されたことにより、「卓」の字の負っていた代行業務はようやく終了したと言えましょう。テーブルは木で作られます。「桌」はこれにちなんで「卓」の下部を「木」に改造したもの、これにより「桌」の字は、木に従い「卓」の省声の形声文字となりました。この「卓」は字音を表わす声符ですが、意味も兼ね含んだものとなっているわけです。この「桌」の字が造り出されたのは、かなり最近になってからのようで、明代以降の著作物の中でしか見つかっていません。

「凳《とう》」は「登」にちなんで名づけられました。「登《とう》」というのはもともと、馬車に乗るときに用いられる踏台ですが、仕種が馬車に乗るときのそれと似ていることから、ベッドに入る時に用いられていた踏台も「登」と呼ばれるようになりました。このベッドに入る時の踏台がまた、「几」に形が似ていたことから、これを専門に表わす文字として造り出されたのが「凳」の字です。『広韵』「嶝韵」には「凳は、牀凳《しょうとう》なり。『字林』に出ずる」とあります。「凳」の字は、几に従い登に従う、登はまた声符でもあります。後に、このベッドの踏台の背が高くなり、腰かけとして使われるものとなったのが今の「凳」です。清・銭大昕の『恒言録』「居処器用類」にも「凳は、木《ぼく》登《とう》の字……蓋し牀に登るを以って名づくを得る、後人これをやや高くし、以て坐具となすのみ」とあります。

「椅《い》」と「凳」の違いは、「背もたれ」があるかないか（図8-20参照）。「倚《よ》る」すなわち「もたれかかる」ことができる、というところから名づけられ、実際初期のころには「倚」の字で表わされていました。唐代の『済瀆廟北海壇祭器雑物銘碑陰』[*3]には「縄《じょう》牀《しょう》十、内四倚子」とあります。また宋・黄朝英は『靖康湘素雑記』[*4]巻三で「今人、倚《い》卓《たく》の字を用うるに、多く木の旁《つくり》に従う、殊《こと》に義理なし」と言い、孔平仲『珩璜新論』[*5]には「古字の通用して、後人、草なれば則つ草を加え、木なれば則ち木を加え、遂に相承して知られざるなり。倚卓の如きは遂に椅《い》桐《とう》の椅、棹船の棹《たく》と作るなり」とあります。「椅」は、イスが木製品であることを表わすため、「倚」の人偏を木偏に取り替えたものであるわけですが、「椅」という字形の文字それ自体は『爾雅』や『説文』の中にもすでに見られます。ただしこの字はイスではなく「イイギリ」[*6]という樹木の一種の名でした。これはもともとあった「椅」の字がイスを示すものとして使われるようになったのではなく、イスを表わすために作られた「椅」の字が、樹木の一種を意味していた「椅」の字と、たまたま同じ形となったということなのです。[*7]

図8-20　宋代石椅

＊1　『清平山堂話本《せいへいさんどうわほん》』…明代の短編小説集。洪楩《こうべん》（＝清平山堂）の出版した『六十家小説』の一部。中国ではほとんど散逸してしまったが、同シリーズの一部として出版されたものが日本の内閣文庫に十五編所蔵されており、これが後に『清平山堂話本』と名づけられた。

＊2　『学斎佔畢《がくさいてんひつ》』…筆記小説（随筆集）。この一節は巻二「飲食衣服今皆変古」という章に見える。

＊3　『済瀆廟北海壇祭器雑物銘《さいとくびょうほっかいだんさいきざつぶつめい》・碑陰《ひいん》』…済瀆廟北海壇は河南省済源市廟街村にある古い廟、黄河など四つの大河の神（四瀆）を祀る。唐の時代に創始され、今も一部に宋代の建築が残る。この資料はそこにあった唐代の器物の銘文や碑文を集めたもの。

＊4　『靖康《せいこう》緗《しょう》素《そ》雑記《ざっき》』…筆記小説（随筆集）。この一節は巻三「倚卓」。

＊5　『珩璜新論《こうこうしんろん》』…宋代の筆記小説（随筆集）。孔平仲（こうへいちゅう）は北宋代の詩人・政治家。

＊6　「イイギリ」…原文「山桐」、和名「飯桐」もしくは「南天桐」とも言う。キリとはあるが桐の仲間ではない。南天に似た真っ赤な果実をつけ、それから絞った油が、桐油の代替品として用いられるところからついた名である。

＊7　「桌」はテーブルの類。「凳」は長椅子、ベンチ、縁台の類。「椅」は背もたれのあるイスの類を指す。中国語でテーブルを表わすのには主に「桌」の字形が用いられ、日本語で使われる「卓」は、中国語ではほぼ人名漢字としてしか用いられない。

罶

「罶《りゅう》」の原義は、魚を捕らえるために使われる竹製の用具です。字形は「罒」

と「留」を組み合わせたもの。「罒」は网の字の変異体、竹で出来た「网《もう》」すなわち網のなかに、魚が「留めおかれている」という意味を表わしています。ここからも分かるよう「罶」という名は「留」から取られたもの、すなわち「留」は、意味を兼ね含んだ声符であるわけです。「罶」は魚籠《びく》に似た形の、竹を編んで作られた器で、口は大きく首のところはすぼまり、長く大きな腹部を持ち、底はとじられていません。夜にこれを川の流れに沈めておき、朝に回収します。流れに入れるまえに、底の部分を縄で縛ってとじ、回収してから、縄をほどいて、中に入った魚を取り出すわけです。「罶」の首の部分は、魚が中には入りやすいが外には出られないよう、竹を「逆編《さかあ》み」にしています。この種の道具で魚を獲ることは、体力・腕力をあまり必要とせず、非力な婦人でもできるので、古くはこれを「寡婦《かふ》の笱《こう》」、「やものやな」と呼んでいました。「罶」は『詩経』にすでに数多く触れられており、その漁法の起源は相当に古そうです。たとえば「小雅・苕之華」には「三つ星、罶に在り」とあります。毛亨《もうこう》はこれに「三つの星罶に在りとは、久しくは可ならざるを言うなり」としています。「三つ星」とは天体の「心宿」[*1]のこと、晴れた日の夜明け前に空に現れ、太陽がのぼるとたちまち消えてしまいます。すなわち「三つ星、罶に在り」とは「罶」を仕掛けてから、引き揚げるまでの時間があまりにも短い、僅かであるということ、時間のはかなさ短さを喩えたもの、毛亨がこれを「久しくは可ならず」と解釈しているのも、それゆえです。[*2]

＊1 「心宿《しんしゅく》」…蠍座のアンタレスとその左右。

＊2 「苕之華」の「三星」は、原作者の言うように「三星は心なり。天に在り、昏の始め東方に見わる、建辰の月なり」（詩経集註）と「心宿」とされるが、「建辰の月」だと旧暦三月なのに、「苕之華」を朱熹に従いノウゼンカズラ（凌霄花）とすると、花季は夏となる（古註は陵時すなわちサルビアの類（おそらくはキバナアキギリか）とするが、これも花季は夏である）、また「三星」と呼ばれる星はほかにもあるため、本草の立場などからは、古註に対して若干の疑問も呈されている。アンタレスは白道、すなわち太陽の軌道に近い位置にあるため、太陽が出るとすぐに見えなくなる。一般には飢饉のつらさをうたったもので、朱熹の伝で「三つ星、罶に在り」は、やなにも魚が入ってないので水面は静か、空の星が映っているよ、と解釈されている。

賓客各出

「賓《ひん》」は『説文』「貝部」に「賓とは、敬う所なり」とあり、原義は賓客、すなわち敬いもてなすべき客人を指します。甲骨文では「」（後下30・1・4）。字形上部は「宀」すなわち家屋の象形、その中にあるのは「人」の字で、下部は「止」すなわち「足」の古字、これは人が歩いている態を表わしており、字形全体で、家屋の中にいる一人の人物が、歩いてやってくる客人を迎えようとしているところを表わしています。金石文になり、字形から「人」の部分が除かれ「貝」が追加されて出来たのが、現在の字の原型となったものです。「貝」は古代の貨幣、文字の構成要素としては金銭・財産を表わします。この字に「貝」が追加されたのは、「古代には賓客至らば、必ず物を用意してこれに贈った」（王国維『観堂集林』「与林浩卿博士論洛誥書」より）ためです。『淮南子』「氾論訓上」には「すなわち鄭伯が命を矯《た》めて犒《ねぎら》うに十二牛を以って、秦の師を賓し、これを却《しりぞ》く」とあります。鄭の商人・弦高は自国を攻めようとした秦国の軍隊を賓客として扱い、十二頭の牛を贈って、秦軍を退却させてしまいました。これなども、賓客には財物を贈呈することになっていたということを表わす記事でありましょう（図８–21　参照）。

「出《しゅつ》」の原義は内から外へ移動することです。『集韻』「至韻」には「出は、内よりして外するなり」とあります。甲骨文では「」（合集６０５７）「」（合集６０９３）と書き、字形上部は「止」すなわち「足」の象形で、爪先を上、踵《きびす》を下に向けています。字形下部の「」「」は人類が穴居生活をしていた時代の家、すなわち洞窟の象形文字で、足は人を表わし、字形全体で一人の人物が洞窟から出てゆくところを表現しています。甲骨文字には「」（甲２４１）「」（甲４７６）という字形もあります。これは前に挙げた字形に「行」を追加したもの、漢字の構成要素としての「行」は「ゆく」「すすむ」といった意味を表わします。つまりこれにより、「出」の字に「でて・ゆく」という、より明確な意味を加えたわけです。『詩経』「鄭風・出其東門」に「その東門を出ずれば、女あり雲の如し」の「出」などが、その原義としての最も古い使用例でしょう。現在の「出」という字形は「」の上部が、「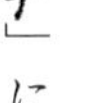」に変形したものです。

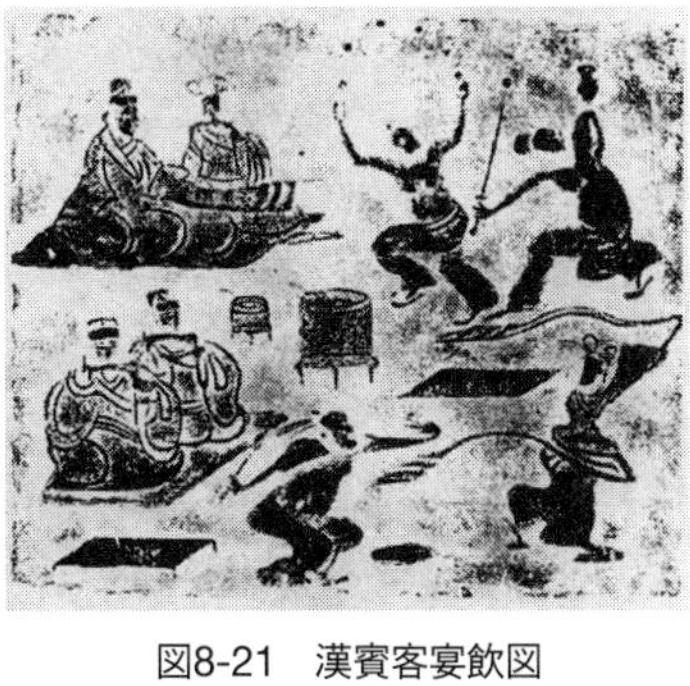

図8-21　漢賓客宴飲図

「各《かく》」の甲骨文は「」（合集5439）、「」（前5・24・4）。上は人を表わす足の象形「止」、下は穴居洞窟で、字形的には「出」と同じ構成と言えましょう。一点異なっているのは、「出」の字の足が洞窟に踵を向け、穴から出てゆく様子を表わしていたのに対して、「各」の足は爪先を洞窟に向け、人が洞窟へと「入ってくる」様子を表わしているところです。ここからも分かるよう「各」の原義は「くる」ことです。楊樹達も『積微居小学述林』の中で「各もまた〝来る〟なのである」と言っており、「善鼎」[*1]の銘文に「王各大師宮」（王、大師宮に各《いた》る）、すなわち大師宮に王が到来した、「敔簋」[*2]には「王各于成周大廟」（王、成周大廟に各る）、成周（洛邑　周の下都）の大廟に王が到来したとあります。こうした金文で「各」は「」（沈子簋）「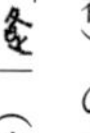」（庚嬴卣）と書かれています。これは甲骨文の字形に「彳」や「辶」を加えたもので、「出」の字と同様「いたる・くる」と意味を明確に表わすためであったと考えられます。

「各」と「賓」は同一の象形要素から出来ていると言えますが、「各」では移動している人物が「到来する」という動的な意味を表わすものでしかないのに対し、「賓」の移動している人物は大切な「賓客」そのものを指しています。これは「各」の人物が「外からの人間」、すなわち自分たちと同一の氏族集団に属さない者であるためで、ゆえに「各」はのち「おのおの」すなわち、それぞれ同じからざるものを意味するようになったわけです。『説文』「口部」には「各は、辞《ことば》を異《こと》にするなり」とあります。これもその「いたり・きた」者が、言語の異なる外部からの人間であることを言っているのです。

「客《きゃく／かく》」の原義は客人、金文では多く「賓客」と連文で用いられています。「客」は甲骨文にない文字で、その起源は比較的新しく、「各」をベースに、「宀」を加えて造られた文字と思われます。「宀」は地上に作られた建屋であり家屋です。ここからこの字は人類が穴居住居を出て、竪穴式住居での新しい生活を開始したころに造られた文字であるとも考えられましょう。「各」の上に「宀」を加えたものなので、「各」と「客」は古くは同音でした。「賓」と「各」が同じ象形要素から生じているということは、同時に「各」の最初の意味は、「賓」が「きた」ということを表わすものであったという可能性をも示唆しています。それゆえに、「各」が「客」となってもかならず連文で記され、引かれて「賓客」そのものを表わすようになったのだ、とも考えられます。

＊1　「善鼎《ぜんてい》」…パリ・セルニュスキ美術館所蔵の青銅器。西周中期のものとされる。
＊2　「敔簋《ぎょき》」…同じく西周中期の青銅器。現物は失われ、銘文だけが伝わっている。一九九〇年に河南省平頂山応国墓地で同じく「敔簋」と銘された青銅器が発見されており、些か紛らわしいが前者は銘文一三四文字、文頭から「十月敔簋」、後者は二七文字で「八月敔簋」と区別されている。本書引用の銘文は前者のもの。

拜（拝）

「拜《はい》」は古代、日常的であった礼節の所作です。まず「跪」の姿勢（本章項目参照）をとり、つぎに両手を前に出して「拱手」、すなわち重ね合わせ、うつむいて顔を手のほうへ向け、心臓の位置まで腕と頭を下げます。文献の中でこの礼は「空《くう》首《しゅ》」とも「拜手《はいしゅ》」とも書かれています。『周礼』「春官・大祝」、「九拜を辨《べん》ずるに、一を稽首《けいしゅ》と曰う、二を頓首《とんしゅ》と曰い、三を空首と曰う」の鄭玄注に「稽首とは拜するに頭、地に至るなり、頓首は拜するに頭、地を叩くなり、空首は拜するに頭、手に至る、いわゆる拜手なり」とあります。段玉裁は『説文解字注』で、『説文』の各本が「拜とは、首の地に至るなり」とするのを「首の手に至る」の間違いとした上で、「足部に〝跪とは拜するの所以なり〟とあり。すでに跪きて拱手し、しこうして頭、俯かせて手に至るに心と平《ひと》しくす、これをこれ〝頭、手に至る〟と謂う。荀卿子（＝『荀子』）に曰う、平衡なるを拜と曰うとは、これなり。頭、地に至らざればこそ、これ以って周礼にこれを〝空首〟と謂うなり」としています。「稽首」は古人にとって最高の尊敬を表わす礼でした。家臣が君主に対して稽首の礼を行う場合には、まず「拜」の姿勢をとり、しかる後に両手を拱手のままで地に置き、額を手の前の地面に落とし、しばらくそのままで停止します。またこの所作は、ゆっくり、緩慢であることが望ましいとされていました。「頓首」

は一般に、葬儀の時用いられる礼で、まず「拜」の姿勢をとり、両手を拱手のままで地に置き、額で手の前の地面を一度叩きます。こちらの所作は稽首とは逆に、すばやく、慌しく行うのが良いとされていました。稽首・頓首はどちらも頭を地面に着けますが、一般の「拜」では、頭を地に着けないところから、これ「空首」と言うようになったわけです。「拜」の所作が「拜手」とも呼ばれていたことからは、この礼において重要視されていたのは「手」であったということが分かります。「拜」は金石文で「[illegible]」(大作大仲簋)、隷書体では「⿰扌𠦪」と改められました。手に従い𠦪に従うのは、この礼が手を中心とした所作とされていたからであり、𠦪は声符です。現在の字形「拜」の左は確かに手偏ですが、右がわの旁の部分はこの𠦪の変異体であるわけです。「拜」は金文で「[illegible]」(㝬簋)「[illegible]」(友簋)とも書かれています。これらの字形の右がわ、旁の部分は、跪いて「拜」の姿勢をとっている人の姿をそのまま象ったものです。稽首・頓首などの礼にはかならず「拜」の所作が含まれています。「拜」がこの類の礼節行為の総称とされるようにもなったのはこのためです(図8-22、23参照)。

贈 賞 賀

「贈《ぞう》」の原義は、財物をやりとりすることです。『説文』「貝部」に「贈、玩好《がんこう》

図8-22　東漢拜謁画像

図8-23　東漢迎謁画像

を相い送るなり。貝に従い曽の声」とあり、『詩経』「鄭風《ていふう》・女曰鶏鳴《じょえつけいめい》」には「子《し》の来たるを知らば、雑佩《ざっぱい》以てこれに贈らん」とあります。「玩好」は珍しい品物、「雑佩」も貴重な玉の類で作ったアクセサリーのことです。「贈」の字は「貝」を構成要素としています。文字の構成要素としての「貝」は、多く金銭・財産を表わし、「贈」のなかでは「おくりもの」とされる物品そのものを表しています（図8-24参照）。「曽」は声符ですが、ここにもまた意味が含められています。『説文』「會部」、「會」の下文には「曽、益なり」とあります。「益」とは「増える」こと、ここからは「贈」の字が「増」から出たものであり、また古人は他人に「おくりもの」をすることを、「他者の財産を増やす」ことと考えていたのが分かってきます。

この「他人におくりものをする＝他人の財産を増やす」という考え方は、「賞《しょう》」「賀《が》」という二つの文字中にも見てとることが出来ます。「賞」の原義は財物によってねぎらうこと。『説文』「貝部」には「賞は、功ありて賜るなり。貝に従い尚の声」とあります。同書「八部」に「尚は、曽なり」とあり、徐灝《じょこう》『説文解字注箋』に「尚は、上を尊ぶの義にして、向慕の称なり。尚は上を言うなり、加うるなり。曽もなお重ねるがごとく、また加うるなり。故に訓じて曽となす」、『広雅』「釈詁二」にも「尚は、加うるなり」とあります。このように、「賞」もまた「貝」と、「加える」を意味する「尚」の組み合わせ、すなわち「贈」とほぼ同じ構成、ほぼ同じ意味合いと考えられるのです。「賀」の原義は礼物を用いて祝《ことほ》ぐこと。

図8-24　春秋真山大墓貝

『説文』「貝部」に「賀は、礼物を以って相い慶を奉るなり。貝に従い加の声」とあるように、「貝」は構成要素として礼物を表わし、「加」は声符、言うまでもないことながら、「増加」の「加」としての意味も含んでいます。つまりはこの字もまた、「贈」「賞」と同様に、「相手の財産を増やす」という意味と考えられるわけです。

貧　貶

「貧《ひん／びん》」の原義は、金銭・財産が少ないことです。「分」と「貝」の組み合わせで、貝は古えの貨幣（図8-25参照）、金銭・財産を表わしています。「財産」は「分けて」しまえば、当然少なくなります。すなわち「貧」という字は財産を分与したことで、それが少なくなった状況を表わしているのです。『説文』「貝部」にも「貧は、財を分かちて少きなり。貝に従い分に従う、分はまた声」とあり、段玉裁も注で「財を分かちて少なきを謂うなり。合すれば則ち多く見え、分かてば則ち少なく見ゆ」と言っています。

「貶《ほう》」の字も、その組み合わせは「貧」と同様。「貝」と「乏」を組み合わせたもので、原義は「財産が減ってゆく」ことです。「乏」の原義は欠け減ってゆくことで、たとえば『史記』「周本紀」に「土の演《の》べる所無くんば、民の財を用う

図8-25　戦国斉銅貝幣

ること乏し、亡びずして何をか待たん[*1]」にある「乏」などが、まさにその意味での用例です。『説文』「貝部」には「貶は、損なり。貝に従い乏に従う」とあります。「乏」も声符でありながら意味を含み、「貝」と減少を意味する「乏」を組み合わせることによって「財産が減少」しているという状況を表わしたものなのです。

＊1　「土の演べる所無くんば…」…大地の恵みがあまねくゆきわたってゆかないのなら、民衆の経済活動も次第に低下してゆき、この国も早晩亡びてしまうでしょう。という周の太史・伯陽甫の予言。

買　賣（売）

「買《ばい》」の原義は、金銭を物に換えることです。甲骨文では「」（佚462）、「网」と「貝」の組み合わせで出来ています。「貝」は古代の貨幣で、「网」は網《あみ》です。銭を物に換えるという行為を、貝によって財物を「网」する、すなわち「網羅」するということとして比喩的に表現しているのです。『孟子』「公孫丑章句下」にも「賤しき丈夫あり、必ず龍斷を求めてこれに登り、以て左右に望んで市の利を网《あみと》りす」とあります。隷書体になって、文字の構成要素としての「网」が「罒」と書かれるようになり、今の「買」という字形が出来ました。

「賣《ばい》（売）」の原義は物を金銭に換えることです。『説文』「出部」に「賣は、物貨を出だすなり」とあります。字形は「士」と「買」の組み合わせですが、この「士」は「出」が変形したもの。「出」「買」を組み合わせて、「物貨が出てゆく」ということ、すなわち品物を他の人に買ってもらうという行為を表わしているわけです。段玉裁『説文解字注』、「賣」の下文には、「出・買なるは、出だして人にこれを売り与えるなり」とあります（図8-26　参照）。

盧　爐（炉）

「盧《ろ》」の甲骨文は「」（続6・10・7）「」（甲2902）「」（甲3652）。一番目の字形は「虍」と「火」を組み合わせたもので、上部の「虍」は屋根を覆う猛獣の皮（声符という説もあり）、下部の火が屋内に設けられた「火を焚く場所」を表わしています。二番目の字形は、尖った足台付きの火鉢を象っており、三番目は上部が「虍」で、下部が二番目の字形と同様の火鉢となっています。[*1] 以上からも分かるように、「盧」の初義は「火を焚く場所」です。後に陶製の火鉢の類、あるいは「盤《ばん》（本章項目参照）」のような器具（図8-27　参照）が用いられるようになったため、ここに「皿」を加えたのが今の「盧」という字で、この中では三番目の字形の発展形にあたります。そして後さらに「火」を足して造られたのが

図8-27　春秋青銅炭炉

図8-26　東漢集市画像

「爐」の字というわけです[*1]（一番目の甲骨文字に「皿」を足したもの、とも考えられます）。現在用いられている「炉」はこれの簡書体、俗字にあたります。出土した青銅製の「炉」のなかで最も古いものは、春秋時代中期の「王子嬰次炉」（図8-28）です。これは全体が角の丸まった長方形で、口縁は末広がりのかえしつき、浅い平底になっていて、裏には透かし彫りになった囲み足の残欠があり、両長辺には小さな環のついた鈕が、短辺には提げ鎖に吊るための耳がついていました。後漢から晋の時代に、香を焚くための炉、いわゆる「薫炉」が流行しました。「薫炉」の役割は三つあって、一つは祈祷の時に神霊に通じるため香を焚くこと、二つめに、香をくゆらせることで屋内の湿気を払い、清潔に、心安らかに過ごせるようにすること。そして三つめが、衣服に香を焚きこめることでした。漢代には「博山炉」という薫炉が広く流行しました。香を焚く炉の部分が青銅器の「豆《とう》（第六章項目参照）」の形で、上に半球状の山を象った蓋が付き、そこには香煙がゆらゆらとたちのぼるよう、透かし彫りが施されていました。蓋上の山は幾重にも峰が突き出ており、その峰と峰の間に雲気紋や人物、龍虎などの動物が彫り込まれています。「博山」というのは伝説にある海上の仙山に因んだもので、この炉で香を焚くと、たちのぼった香煙がゆらゆらと炉の周囲を取り巻き、いかにも「仙山」といった趣きが醸し出されるところから来ています（図8-29～31 参照）。

＊1 「爐」…火を焚く場所であり器具を指します。囲炉裏・かまど（の火室）・火鉢が含まれ、

図8-28　春秋王子嬰次炉

図8-29　西漢亀鶴頂博山炉

図8-30　西漢錯金銀博山炉

固定式・移動可能を問いません。

帷幕

「帷《い》」「幕《まく／ばく》」は、現在ではどちらも布の囲いの意味で使われていますが、古代において、帷と幕は違うものを指していました。すなわち、四方を囲っただけで屋根にあたる部分のないのが「帷」、テントのように、上から下へ覆いかぶせて張られるものが「幕」だったのです。『説文』「巾部」には「旁らに在るを帷と曰う。巾に従い隹の声。⿷匚韋は古文の帷」とあります。帷の古字である「⿷匚韋」の「匚」がすなわちその四方を覆う囲いであり、中にある「韋」はその「囲い」の旧字体「圍」の古字です。すなわちこの「韋」には、字音と同時に、意味が含められているわけです。「幕」について『説文』「巾部」には「幕、帷の上に在るを幕と曰う……巾に従い莫の声」とあります。「巾」は、漢字の義符としては、多く紡織製品の類を表わすものとして用いられます。「莫」は声符ですが「暮」の古字で、ここにもまた意味が含められています。すなわち日が暮れれば光が遮られ、「見えなく（＝莫）」なる、それは「幕」が周囲を遮断することと同じというわけです。『周礼』「天官・幕人」、「幕人は帷幕幄帟綬《いまくあくいきじゅ》の事を掌る」の鄭玄注に「旁らに在るを帷と曰い、上に在るを幕と曰う。幕のあるいは地に在らば、上に展陳《てんちん》するなり」

図8-31　西漢五鳳薫炉

とあります。「幕のあるいは地に在らば」については『説文』の注で段玉裁が、「賓の境に入りて館に至るに、首《はじ》めに幕を展ぶ、この幕は地に在りて上に展陳するなり」、すなわち賓客を歓迎する時には、幕を地面に敷くこともあった、と書いています。『左伝』「宣公十七年」には「晋侯、郤克をして会を斉に徴さしむに、斉の頃公、婦人に帷してこれを観せしめ、郤子登るに、婦人房に笑う」、また『呂氏春秋』「首時」には「伍子胥、呉王に見えんと欲すれど得ざるに。客にこれを王子光に言う者あり。これを見るに、その貌を悪《にく》み、その説を聴かずしてこれを辞す。客、これを王子光に請うに、王子光の曰く、その貌たまたま吾が甚だしく悪む所なり、と。客、以て伍子胥に聞す。伍子胥の曰く、これ易故なり、願わくは王子をして堂上に居りて重帷《ちょうい》せしめ、而してその衣、もしくは手を見、請う、因りてこれに説かん、と。王子許す。伍子胥これに説くこと半ばにして、王子光、帷を挙げ、その手を搏《と》ってこれと坐す」とあります。これらの例で「帷」が屋内に張られていることからも分かるように、「帷」は屋内でも屋外でも用いられましたが、「幕」は多く野外、たとえば野営、戦争、田猟などの場で用いられました。たとえば『左伝』「成公十六年」には「楚子、巣車《すうしゃ》に登り以て晋軍を望む…幕を張る。曰く、先君に虔卜《けんぼく》するなり…幕を徹す。曰く、将に命を発せんとするなり」とあります。これは晋楚間に起こった「鄢陵の戦い」の一節。「荘公二十八年」には「鄭人、将に桐丘に奔らんとす。諜告げて曰く、楚の幕に烏あり、と。すなわち止む」とあります。鄭国のとった「空城の計」と諸侯の救援によって、楚軍が夜のうちに退却したのを知らず、鄭の人々は郊外の桐丘まで逃げましたが、あるものが「楚軍の陣地の幕に烏がとまっていた」と言ったことから、避難をやめたという一節で、ここから陣地が無人であるさまを中国語で「楚幕有烏《チュームーヨウウー》」と言うようになりました。これらで「幕」はいずれも野外の戦場で用いられています。『周礼』「天官・掌次」にも「師・田には、則ち幕を張る」とあります。賈公彦の注によれば「師・田と言うは、出師征伐および田猟を謂う」、すなわち「幕」の出番は出征・狩猟の時、屋外であったということです。

首

「首《しゅ》」の甲骨文は「」（前6・7・1）です。字形上部に立ち並んでいるのは髪の毛で、人の頭部をそのまま象ったもの。原義は人の頭です。今も頭をもたげることを「昂首《こうしゅ》」と言いますが、これなどは原義そのままの用法です。『広韻』「有韻」に「首は、頭なり」とあり、『詩経』「邶風・静女」「愛《いつく》しめども見《あ》わず、首《こうべ》を掻いて踟《ち》蹰《ちゅう》す」の「首」も頭部を指します。頭は人体において最もてっぺんにあり、身体全体を指揮する中枢部分です。ここから「首」は、リーダー、はじめ、出だし、第一などの意味で用いられるようになりました。現在も「首脳」「元首」などと言う語がありますが、原義から考えると、これらはどちらも同義語同士の組み合わせということになりましょう。「首脳」は言うまでもありませんが、「元首」の「元」も原義は「人の頭部」なのです（図8－32 参照）。

頁

「頁《けつ／よう》」の原義も頭部です。『説文』「頁部」にも「頁、頭なり」とあります。甲骨文は「」（乙8848）、跪いている人を象っていますが、頭部が突出しており、身体の部分はこの頭部をより際立たせるために付けられたものです。李孝定『甲骨文集釈』には「古え〝頁〟と〝首〟は同じ一つの字であった。頁は人の身体の全身を描いていて、百が頭の部分。首は頭部とその上の頭髪だけを象ったもの。字形上の相違は僅かなものである」とあります。中国語では、本来の意味で用いる場合は「xíe」、本のページといった量詞として用いるときには「yè」と読まれます。[*1]

＊1　日本語における読みも二種類ある。通常は「けつ」で読まれる。「よう」という読みはあまり使われないが、これは「葉《よう》」と同じで書物や書信の量詞。中国語の「叶（＝葉）」の発音も「yè」と、同じ構造である。

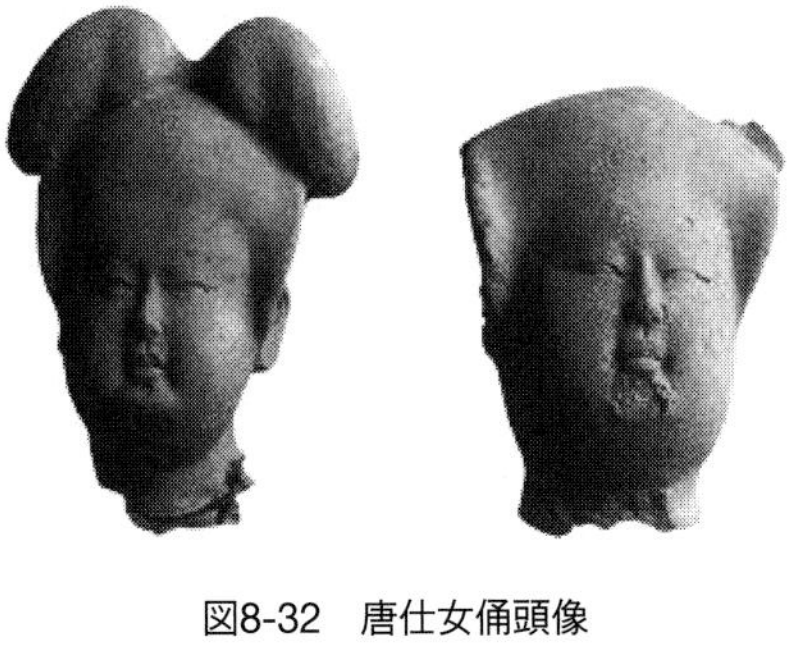

図8-32　唐仕女俑頭像

頂

「頂《ちょう》」の原義は頭頂部。『説文』「頁部」に「頂は、顚《てん》なり。頁に従い丁の声」とあります。「顚」も「てっぺん・いただき」という意味のある字です。漢字の構成要素としての「頁」は「人の頭部」を表わします。「頂」の字に頁が付いているのもそのためです。『周易』「大過」の爻辞《こうじ》に「過ぎて渉《わた》り、頂を滅す。凶なれど咎《とが》なし」とあります。間違った場所から河を渡ってしまったので、頭のてっぺんまで水に浸かってしまった。という意味です。杜甫「飲中八仙歌」にも「帽を脱し頂を露わす王公の前、毫《ごう》を揮って紙に落せば雲煙の如し」というくだりがあります。もともとの意味は「人間の」頭頂部ですが、のちに山頂、頂上などと、広く物体の最上部を意味するようになりました。

項

「項《こう》」の原義はくびの後ろがわ、いわゆる「うなじ」の部分を指します。『説文』「頁部」に「項は、頭の後ろなり。頁に従い工の声」とあります。『史記』「魏其武安侯列伝」には「籍福起ちて為めに謝し、灌夫の項を案じて謝せしむ」、すなわち、うなじのところを押さえつけて謝らせようとした、という場面があります。また現在の中国語でネックレスのことを「項鏈《シャンリエン》」と言いますが、これも、うなじのところにかける「鏈《くさり》」だからです。さらに「望其項背《ワンチーシャンベイ》」、すなわち「後についてゆく」と言う常套表現の「項」もこの意味。「望其項背」という表現は、清・陳廷焯の『白雨斎詞話』巻三にも「板橋・心余の輩は、力を極め騰《のぼ》り踔《ふ》めども、終《つい》に其の項背《こうはい》を望むあたわざるなり」[*1]と見られます（図8－33　参照）。

＊1　『白雨斎詞話』…陳廷焯は清末の文学者。歌辞詩賦「詞」についての書。引用文は「望其項背」という常套句の初見例としてよく引かれる文の一つで「其年短調気象万千」の項中にあり、版本により巻三もしくは巻四に収録される。板橋は鄭板橋《ていばんきょう》、書家・画家であり詩人。心余は蔣士銓《しょうしせん》…詩人・戯曲家、ともに清の乾隆年間を代表する文人。

頸（頚）

「頸《けい》」は旧字体で「頚」、「項《こう》（うなじ）」の反対がわ、くびの前面を指します。字形は頁に従い巠の声、「頁」は義符で人の頭部を意味しています。『広韻』「静韻」に「頸は前に在り、項は後ろに在り」とあり、唐・慧琳『一切経音義』巻四にも『蒼頡篇』を引いて「前を頸と曰い、後ろを項と曰う」とあります。『左伝』「定公十四年」には「罪人をして三行し、剣を頸に属《つ》け、辞《きこ》せしめて曰く、二君、治

図8-33　新石器時代良渚文化玉項

むること有り、臣、旗鼓を奸《かん》して、君の行前に不敏なり。敢えて刑を逃れず。敢えて死を帰せん、と。遂に自刭す」、『公羊伝』「宣公六年」にも「君、将に我に子を殺さしめんとするに、吾、子を殺すに忍ばず。然りと雖ども、吾また復《ふたた》び吾が君に見ゆるべからざるなり、と、遂に頸を刎《は》ねて死す」とあります。前者は越が呉軍を陽動するため囚人兵を陣前に出して自殺させたもの、後者は晋の趙盾を殺せなかった刺客が自害するところ。古代において、最も手軽な自殺の方法は、このように頸部に刀をあてて引くこととされていたのです。互いのためならば死をも辞さないという固い友情を表わす成語に「刎頸之交《ふんけいのまじわり》」という語があります。この「刎頸」も「(自ら)頚を刎ねる」ということです。現在の中国語で、ボトルのくびの部分や狭隘なこと示す比喩として「瓶頸《ビンチン》」という語が使われますが、この場合の「頸」は、くびの前面ではなく「くび全体」を意味していると思われます。

領

「領《りょう》」の原義は「くび」。頁に従い令の声、頁は人間の頭部を表わす文字で、この中では意味を表わす義符となっています。『孟子』「梁恵王章句上」に「人を殺すこと嗜《たの》しまざるが如き者あらば、則ち天下の民、皆みな領を引《の》べてこれを望まん」とあります。「領を引《の》べる」というのは、くびを伸ばして何とか見ようとすること。人は遠来の誰かを待ち望む時、くびを伸ばし、つまさき立って遠くを見ようとするものです。衣服の襟の部分を「衣領」と言うのは、これが「領」すなわちくびにかかっているからです。『釈名』「釈衣服」にも「領は頸なり、頸を壅《ふさ》ぐを以てすなり。また総領《そうりょう》とは、衣体《いたい》の端首《たんしゅ》なるより言うなり」とあります。中国語で「要点をざっくり」というような時に「提綱挈領《ティガンチーリン》」という表現が使われますが、清・毛奇齢の『論語稽求篇』*1「為政以徳」には、この表現のもとになったと思われる「いわゆる綱を挙ぐれば則ち目を張り、裘を振るえば領を挈《かか》ぐるの象にして然りあるなり」という一節が見られます。さらにさしみちびいてまとめることを「領導」と言い、まとめ役として上に立つ者を「統領」と言う、この「領」も、すべて衣服の襟としての「領」に由来しています（図8－34）。

＊1　『論語稽求篇《ろんごけいきゅうへん》』…毛奇齢は清初の学者、朱子を筆頭とする宋学を好まず、その注の誤謬を指摘したのが本書。博覧の人で、後の清朝考証学の魁となった一人でもある。

牙歯

現在の中国語で「牙《が》」と「歯《し》」は同じ意味で使われていますが、本来「歯」とは口中の門歯を指し、「牙」とは上下門歯の左右にある犬歯を指します。段玉裁『説文解字注』「牙」の下文には「これを析言するに、則ち前《さき》は脣《くちびる》に当たるを歯と

図8-34　秦交領俑頭像

倂《しょう》し、後の輔車《ふしゃ》に在るを牙と倂す」とあります。輔車は頬骨と下顎骨のことです。『左伝』「隠公五年」に「皮革・歯牙・骨角・毛羽を器に登げず、則ち公、射らざるは、古えの制なり」とあり、孔頴達の注に「頷《あご》上の大歯を謂いてこれを牙となす」とあります。『説文』「牙部」は「牙、壮歯なり」としています（慧琳『一切経音義』巻三十五に引くところにより修正）。[*1] この「壮」は「壮大」の壮、大きく立派であるという意味です。

「牙」は金石文で「」（師克絶）、上下の犬歯が向かい合っているところ。小篆体は「」、金石文を継承したものであることがよく分かります。

「歯」は甲骨文では「」（後下53）。字形の外枠は口で、その中の上下に描かれているのは門歯です。金文になって、これに声符の「止」が追加されたのが現在の文字の原型で、旧字体だと「齒」、この字体だと下部が甲骨文字から変化したものであることが分かりましょう。

「唇亡《しんぼう》歯寒《しかん》」（唇亡びて歯寒し）という成語があります。古代、女性は笑うときに歯を見せてはいけないことになっていました。晋の甘言に乗って虢《かく》を伐とうとする虞《ぐ》公《こう》を家臣の宮之奇が諌《いさ》めて言った言葉で、[*2] この「歯」もまた門歯を指しています。

＊1　『説文』大徐本など古い版本では「牙は、牡歯なり」となっている。『一切経音義』および『玉篇』はこれを「壮歯」とし、段注本も同様とする。

＊2　「唇亡歯寒」…『左伝』「僖公五年」「諺に謂う所、輔車相い依り、脣亡ぶれば歯寒しとは、

それ虞・虢をこれ謂うなり、と」から出たもの。互助の関係にある一方がなくなれば、もう一方も危うくなる、という意味。『戦国策』「斉策・王建」でも、趙・楚と斉の関係を説く語として引かれている。

北背

「北《ほく／はい》」は甲骨文で「」（粋366）、二人の人間が背中合わせでいるところ。原義は「相背」すなわち「互いにそむく」こと「あべこべ」なことを言います。『説文』「北部」には「北は、乖くなり、二人の相い背《そむ》くに従う」とあり、『戦国策』「斉策六（襄王・燕攻斉）」にも「人を食らい骨を炊くも、士に反北の心無し、是れ孫臏・呉起の兵なり」と「北」を原義の「そむく」の意味で用いている例が見えます。人の背中というものは、顔や胸の反対がわにあります。ここから「北」の字は「せなか」を意味するようにもなりました。『睡虎地秦簡』の「封診式」[*1]には「某の頭、左角に刃痏一ヶ所、北に二ヶ所」とあるこの「北」は、「せなか」の意味です。つまり「背」という字は、「せなか」を専門に表わすため、「北」に「肉」を加えて造られた字であるわけです。徐灝『説文解字注箋』、「北」の下文にも「北と背は古今の字」と書かれています。

軍と軍が対峙して、互いに進攻した場合、一般には前面と前面がぶつかり合うわけですが、そこから敗走あるいは逃走するという場合は、「あべこべの」方を向く、すなわち「敵に背を向ける」ということになります。ここから「北」は、敗走・逃走の意味でも使われるようになりました。『玉篇』「北部」に「軍の敗走するを北と曰う」、『呂氏春秋』「決勝」には「勇なれば則ち戦い、怯《おび》えれば則ち北《に》ぐる」とあり、『韓非子』「五蠹篇」にも「魯人、君に従いて戦うに、三たび戦い三たび北ぐる」という一節があります。

古代の人々はかなり早くから、日の光の特徴というものを理解しており、南という方角がもっとも太陽の光の恩恵に与《あずか》りうる方位であるということを知っていました。このゆえに古代の建築は、一般に坐北朝南、北に建物の中心を置き、南がわを正面として作られています。また古代の天子や諸侯、卿大夫が政務を行う時には、かならず南を向く、すなわち「南面」することになっていました。つまり古代には、この「南」という方角が、言わば正統・重要な方角とされていたわけです。「北」という方角に、「相背」という原義を持つこの文字が当てられたのも、この「南」を正統とする観念がベースになっているものと考えられます。

＊1　『睡虎地秦簡《すいこちしんかん》』…一九五七年に湖北省で発見された秦代の竹簡群。「封診式」は事件の調書を作成する時に用いられる定型文をまとめたもの。

自鼻

「自《じ》」の原義は人の顔にある「はな」。甲骨文は「」(甲392)、人の「はな」そのものを象った象形文字です。『説文』「自部」にも「自は、鼻なり。鼻の形を象る」とあります。人はおのれをアピールしたい時、よく鼻に指を当ててみずからを指し示します。ここから鼻であるところの「自」が、「じぶん」を表わす文字として用いられるようになったわけです。徐灝『説文解字注箋』にも「人の自らを謂うに或いはその鼻を指す、故に〝自己〟の偁あり」とあります。

「自」が「〜より」と、時間あるいは方位の「はじまり」を表わすようになったのは、古代の人々が、人間は胎内で鼻から出来てくる、と信じていたことによるとされています。[*1]「自」が第一人称代名詞として使われるようになった後、「自」に声符である「畀」を加え、原義を意味するものとして造られたのが現在の「鼻《び》」の字なのです。

*1 『説文』「自」の段玉裁注に「今俗に以って、始めて子の生じるに鼻子より為ると作す」とある。段玉裁は清代の人なので、この「俗説」がどのあたりから来たものかたどってみたところ、漢・揚雄の『揚子方言』巻十三に「鼻は、始めなり。獣の初めて生じるこれ鼻と謂う、人の初めて生じるこれ首と謂う。梁益の間に鼻を謂いて初となす、或いはこれを祖と謂う。祖は、居なり」の注に「又た人の胚胎するに、鼻より先ず形を受く、

故に始祖を謂いて鼻祖と為す」とある――ことに資料や辞書ではなっているのだが、『漢魏叢書』（経翼第十五）収録の『方言』など古い版本にこの注は見られず。訳者の見るかぎり、この注のある『方言』は清・銭繹の『輶軒使者絶代語釈別図方言箋疏』（序・咸豊元年）が最も古い。また訳者おもえらく銭繹も段玉裁の注も、明・梅膺祚の『字彙』「鼻」の項目に「人の胚胎するに鼻先ず形を受く、故に始祖をして鼻祖となす」とあるのを引いたものであろう。この説は、古代の字書・類書中には見られないので、字の起源にかかわるほど古くからの観念ではないのかもしれない。

止　趾

「止《し》」の原義は人間の「あし」です。甲骨文では「」（林2・9・7）。字形下部は踵、上部が爪先です。五本あるはずの指が三本しか描かれていませんが、これは古代では三以上の数を「三」で表わす習慣があったためです。甲骨文で「又」は手を表わしますが、これにも指を表わす線は三本しか描かれていません。たとえば、人を三つ重ねれば「众」という字になります。これは「衆」の略字で「人がたくさん」。「森」にも木は三つしか書かれていませんが「木がたくさんあるところ」を意味しています。みな「三」をして「たくさん」を表わしているわけです。『漢書』「刑法志」に「斬左止《ざんさし》に当る者は、笞《むち》五百[*1]」とあり、顔師古は注で「止は、足なり」と言っています。漢字中の構成要素としての「止」は多く、「あるいてゆく」という意味を表わしますが、やがてこの字がその逆の「とまる」「やめる」の意味で主に用いられるようになってから、原義である「あし」を表わすものとして造られたのが「趾《し》」の字です。『左伝』「桓公十三年」に「趾《あし》を挙ぐること高し、心固からず*2」とあります。「趾」とはすなわち「止」に「足」を加えて造られたもの、「足」も「止」も同じく「あし」を意味する字ですから、この字には人と同じく「あし」が二本あるということになります。

＊1 「斬左止に当る者は…」。漢・文帝の時の肉刑廃止の一節。「斬左止」は言うまでもなく左足を切り落とす刑。「斬右止者又当死」とあるところからすると、それよりは軽い罪だが、五百笞打ちされればふつう人間は死ぬ。

＊2 「趾を挙ぐること高し…」。楚の屈瑕（楚王の弟）が羅国を攻めようとした時の話、賢臣・闘伯比はその出征を見送ったあと「兵たちの足がちゃんと地についていなかった、戦う心構えができていないのだ、彼は負ける」と予言した。

欠

『説文』「欠部」に「欠、口を張り気を悟すなり」とあります。「張口気悟」とはすなわち「あくびをする」ことです。甲骨文では「」（甲3729）、跪いた人が口を大きく開けて、まさに「あくび」をしている姿を象っています。『儀礼』「士相見礼」に「君子欠伸《けっしん》す」とあり、鄭玄は注で「志《こころざし》倦《う》めば則ち欠《あくび》し、体倦

めば則ち伸びす」と言っています。ここにもあるように、「あくび」と「せのび」は古代においても、切っても切れない関係であったのです。

明

「明《めい／みょう》」は、「日」と「月」を並べて「あかるさ」を表わしたもので、甲骨文では「」(乙6672)です。太陽は昼間のあかるさを、月は夜のあかるさを表わしています。昼夜の別なく日と月を両方並べることで「あかるい」ということそのものを表わす字としたわけです。『周易』「繋辞伝下」の「日、往けば月来たり、月、往けば日来たって、日月相い推して明生ず」や、『荀子』「天論篇」の「天に在る者は日月より明るきは莫く」、『史記』「暦書」の「日月成るが故に明らかなり」などは、そのままで「日」と「月」と「明」の関係と、「明」という字形の由来の説明であるとも言えます(図8-35　参照)。

間(閒)

「間」の正字体は「閒」、原義は「すきま」で、字形が門に従い月に従うのは、

図8-35　南陽漢日月同輝画像石

夜晩に月の光がさしこむところであることからきています。「閒」にはさまざな派生した意味がありますが、そのどれもが少し考えれば、この「すきま」という原義に起源していることが分かります。たとえば『孟子』「尽心章句上」「…舜《しゅん》と蹠《せき》の分を知らんと欲すれば、他に無く、それ利と善との閒なるのみ」舜帝と大泥棒の盗跖の違いは「利と善との閒」でしかない、というこの「閒」は「差別」の意味です。「差別」とは二者のあいだにある距離、へだたり、これもまた「すきま」であるわけです。「閒」はもともと、空間的な概念を示す語でしたが、のちに「空閒」「閒暇」と、時間的な概念をも表わすようになりました。『楚辞』の「九歌・湘君」に「期して信あらざれば、余に告ぐるに閒ならざるを以てせよ」とあります。この「閒」は時間的な「すきま」、すなわち閑暇を意味しています。後に「月」を「日」に改めた略字が「間」ですが、最初から持っていたその意味合いは、今もほとんど失われていません。「空閒」「閒暇」は現在、「空閑」「閑暇」と書かれることのほうが多いのですが、この「閑」は本来、門の「しきり」「かんぬき」を意味する字で、「閒」という字形が使われなくなったため、仮借的にあてられ用いられているものです。

寒

「寒《かん》」の原義は「さむい」。小篆体では「」と書きます。この字形は「宀」「人」「茻」と「仌」という四つの組み合わせて出来ており、「宀」は家屋、「」が人、「茻」は草むらです。そして「仌」は「氷」の古字で、寒さが厳しいときに氷に出来る模様、氷紋を象ったもので、『説文』「仌部」には「仌は、凍るなり。水の凝るの形に象る」とあります。つまりこの字に描かれているのは、ある家屋の中にいる一人の人間。彼は身体の下に草を敷き、上も草で覆っていますが、その身体の下、部屋の地下には氷があります。すなわちこれはこの家が雨風吹きさらしのあばら家で、入り込んだ冷たい雪や雨水が、屋内で凍ってしまっていることを表わしているわけです——室内が「さむい」ということを表わすには充分すぎる表現ではないでしょうか。部屋の中の人物には、身体を覆う草のほか、暖をとるためのものは何も与えられておりません。これはこの「さむさ」が「人間の感覚」としての「さむさ」であること強調するための仕掛けです。『説文』「宀部」には「寒、凍るなり。人の宀の下に在るに従い、茻荐《そうせん》を以ってこれを覆う、下に仌あり」とあります。隷書体になった時に、「仌」と「人」の部分を、「塞」の中間部分を借用した「共」に変えたのが、現在の「寒」という字形です。

泉　原　源

『説文』「泉部」に「泉は、水原《すいげん》なり」とあります。「泉《せん》」の甲骨文は「」（甲903）、崖の穴から水が湧き流れている様子を象ったものです。『周易』「蒙」卦辞の象伝「山の下に出泉のあるは蒙なり」にある「泉」は、まさにこの甲骨文に描かれた通りの「水源」を意味しています。泉の水は地下から湧き出てくるもの、ここから「泉」は「地下水」の意味でも用いられました。『墨子』「備穴篇」に「下地（低地）に泉を得れば三尺にして止む」*1とあります。

古人はあの世が地下にあると考えていたことから、「泉」はあの世、すなわち冥界を指す語でもありました。白居易の詩「十年三月三十日、微之と澧上に別る」に「往事渺茫《びょうぼう》として都《すべ》て夢に似たり。旧遊零落して半ば泉に帰す」とあるこの「泉」は、「黄泉」すなわち地下の冥界のことです。

また貨幣の流通するさまというものが、泉から水が湧き出る様子に似ているところから、貨幣は「泉《せん》」とも称されていました。ただしこの用法は、貨幣に「銭《せん》」の字が当てられ、広く用いられるようになって以降、廃れています。

「泉」という字は「原《げん》」の原型とも考えられます。「原」は金石文で「」（克鼎）、これは「泉」の字に岩石を表わす「厂」を加えたもので、泉の原義である、崖地の岩の間から湧き出る「水源」を表わしています。そしてのちに「原」が、「高原」

「平原」などと、原野を示すようになってから、原義を表わすため再度「水」の要素を加えて造られた字が、「源《げん》」なのです。

＊1　「下地に泉を得れば…」…城攻めで穴を掘って侵入路を作ろうとする敵への防備について書いた一節。あらかじめ高地で一丈五尺、低地で三尺、地下水の出るところまで穴を掘っておき、井戸の中に甕を置き、これを地中の様子をうかがう聴音器として敵の行動を察知する。

群

「群《ぐん》」の原義は三頭、あるいは三頭以上の獣の「むれ」です。『国語』「周語上」に「それ獣三を群となし、人三を衆となす」とあり、韋昭は注で「三より以上を群となす」としています。『詩経』「小雅・無羊」にも「誰か謂う、爾《なんじ》羊無しと、三百の維《こ》の群」とありますが、「群」の字の構成要素が「羊」になっているのは、まさにこの羊という動物が、本能的に「群れる」性質を持っており、「群れる」動物の代表とされていたことに起因するものです。『説文』「犬部」、「獨」の項目の下文にも「羊は群れをなし、犬は獨《ひと》りをなすなり」とあります。羊は群れでいることを好み、犬は孤独を愛する。それぞれの動物の本性がよく表わされています。よって「群」の義符は「羊」、「君」は字音を表わす声符です（図8-36　参照）。

図8-36　漢陽陵陶羊群

臭

「臭《しゅう》」の原義は鼻でにおいをかぎわけることをいい、現在の中国語では「聞《ウェン》」で表わされます。甲骨文では「」（鉄１９６・３）、「自」と「犬」を組み合わせたもので、「自」は「鼻」の古字です。「かぐ」という行為は鼻の役割なので、鼻を表わす「自」を構成要素としたのです。「犬」は人類がもっとも古くから飼い馴らしてきた家畜の一つで、その嗅覚の鋭敏さは、早くから人々の心目に留まっていました。今でも中国語では嗅覚が鋭敏な人をからかうのに「狗鼻子《ゴウビーズ》」という言葉が使われます。警察でも犯人の居場所を突き止めるためなどに、警察犬の鋭敏な嗅覚に頼ることがあるのは周知の事実ですが「臭」が「犬」をその構成要素としているのもそこに起因します。すなわち、犬をして「においをかぐ」という行為の代表としているわけです。なんとも適切かつ生き生きとした造字ではありませんか。

興

「興《こう／きょう》」の原義は「たちあがる」こと。甲骨文は「」（甲２０３０）で、「舁《よ》」

と「〓」と「口」の三つから成り立っています。「舁」は複数でかつぎあげること。字は四本の手で出来ており、二人の人間で一つのものをかつぎあげることを表わします。「〓」は「凡」の字、これは「盤」の古字です。「盤」は古代において、水や氷を入れる器、また沐浴の時の「たらい」として用いられていました。このゆえに古代の「盤」には巨大なものがあって、たとえば西周晩期の「虢季子白盤」などは、全長が一三〇・二センチ、幅八二・七センチ、高さは四一・三センチもあります。全体は長方形、側部四面には「かつぎあげる」ときの取っ手となる、金環を通した獣頭の耳が一対ずつ、底には四角い四本の台足が付けられています（図8－37参照）。甲骨文字下部にある「口」は、「かけ声」を表わしています。すなわちこの字は、巨大な重たい「盤」を、二人の人間がかけ声をかけながら「たちあがり」、いままさにかつぎあげようとしているところを描いて、「たつ」という意味を表わすものとしているわけです。『詩経』「大雅・緜」、「百《ひや》堵《くと》皆みな興せり」の鄭玄注にも「興は、起つなり」とあります。

争

「争《そう》」は旧字体で「爭」。甲骨文字ではいまだ発見されておらず、金文では「〓」（毛公鼎の「靜」の字の旁）と書かれました。字形の上部は、掌を下に向けた「爪」、

図8-37　西周虢季子白盤

下部は手を表わす「又」、中央部分は農耕具の「耒《らい》」です。「耒」は曲がった柄にスペード型の刃をつけた古い農具で、現在の「犂」の前身です。農耕生活が始まったころ、この「耒」は、もっとも貴重かつ重要な生活用品・生産道具の一つでした。「争」という字の中心にこれがあるのはつまり、上下の手がたがいに奪い合っている対象が、この「耒」であるということです。すなわち「争」の原義は「争奪すること」。のちに上の手が「⺈」、下の手が「ヨ」、「耒」が「亅」となって出来たのが、今の「争」という字形です。『説文』「𠬪部」には「争、引くなり。𠬪に従い厂に従う」とあります。この「引くなり」については段玉裁が、「凡そ争いと言うは、皆みなこれを引きて己に帰さしめんとするを謂う」としています。「厂に従う」とは、「亅」が「耒」ではなく「厂」であると解釈されたためです。「厂」は人の居住可能な洞窟。徐鍇の注に「厂は、所を争うなり」住みやすい場所を「争奪」することとあります。

丞　拯

「丞《じょう》」の原義は「すくいだす」「たすけだす」こと。甲骨文では「」（鉄171・3）と書かれました。字形中央には跪いた一人の人物、「凵」は「落し穴」です。文字の上部には左右の手があり、字形全体で、落し穴におちた人を別の一人が

引っ張りあげようと手をさしのべているところを描いて、「すくう」という意味を表わしているわけです。『文選』の「羽猟賦」（漢・揚雄）にも「民を農桑《のうそう》に丞《すく》い」とあります。

この甲骨文の、人を象っている部分が「了」に、上部の両手が「ハ」に、人を囲んでいた「落し穴」が「凵」に変化して出来たのが、現在の「丞」という字形であり、後にこの「丞」の字が「丞史」「丞相」など、官吏役職の名称として仮借的に用いられるようになってから、その原義である「たすけだす」ことを表わす字として、「丞」に行為を表わす「扌」を加えて造られたのが「拯」です。現代中国語では誰かを助け、救い出すことを「拯救《ジュンチュウ》」と言います。

牛

「牛《ぎゅう／ご》」は甲骨文で「Ψ」（乙3328）、牛の頭の形をそのまま象ったもので、上部の大きな曲線が角、その下にあるのは左右の耳で、中央の線が牛の頭本体を表わしています（図8-38、39　参照）。小篆体では「牛」、この字形を基にして『説文』は、上部の縦線を頭部、湾曲した左右の線を角、その下の横線を盛り上がっている肩の部分、下部の縦線を尻尾である、すなわち牛の全身を表わしている、と解釈しています。隷書体になり、書写上の便から「凵」の部分が「𠂉」に変わって

図8-38　李家山銅牛頭

図8-39　西漢牛頭扣飾

出来上がったのが、現在の「牛」という字形です。

木

「木《もく／ぼく》」の原義は樹木。甲骨文では「」（甲3510）。上部は枝葉、下部は根、樹木の全形を象った象形文字です（図8－40　参照）。清・王筠の『説文解例』にも「木は固《もと》より全体を象形するの字なり。|は幹を象り、上に揚がるものは枝葉、下に注ぐものは根株たり」とあります。『荘子』「山木篇」に「荘子、山中を行くに、大木の枝葉盛んに茂れるを見る」とありますが、この「大木」は、現在の中国語だと「大樹」にあたります。また今でも植物を総称して、「草木」と連詞で用いられますがこの「木」も「樹」のことです。[*1]

＊1　現代中国語で主に樹木を表わす語は「木」ではなく「樹」。

本

「本《ほん》」の原義は木の根です。金文では「」（本鼎）と書かれました。これは「木」

図8-40　漢桃都樹

の下部に点を一つ加え、根の部分を指し示して、その意味を表わす字としたものです。白居易「東坡に花を種《う》う　之二」に「土を剗《けず》りてその本を壅《ふさ》ぎ、泉を引きてその枯れたるに漑《そそ》ぐ」とある「本」は、この「木の根」という意味で使われています。『説文』「木部」には「本、木の下を本と曰う」とあり、これを樹木の下部、すなわち根元から地中の根幹に至るまでの総称としています。「根本《こんぽん》」という語は現在でも普通に使われていますが、考えてみますと、これは同じ意味の「根」と「本」をつなげているわけです。樹木の根の部分、というものは、樹木のはじまりであり、基礎、まさにその「根源」であり「根本」です。そこから「本」はやがて、「本来」「本性」「本線」など、物事のはじまりや根源、発生の由来や元来の性質、たち還るべき主要なもの、という意味にも使われるようになりました。

末

「末《まつ》」の原義は樹木の梢《こずえ》です。金文では「末」（蔡侯鐘）と書かれ、「木」の字の上部に横線を一本加え、こずえの部分を指し示して、その意味を表わす字としたものです。『説文』「木部」には「末、木の上を末と曰う」とあり、これを樹木の上部先端の総称としています。『左伝』「昭公十一年」に「末、大なれば必ず折れるも、尾、大なれば掉《うご》かされず」とあるのが、「こずえ」としての用例です。「こずえ」が樹木のもっとも先端にあたることから、「末」の字は「末端」「末尾」など、物事の先端や終わり、辺境などを意味するものとして使われるようになりました。「本末転倒」という言葉があります。この場合の「本」・「末」は派生した意味のほうですが、もしこれを原義で字面どおりに取ると、「樹木の根と梢をひっくり返す」という意味になるわけです。

朱

「朱《しゅ》」の原義は色の「あか」です。金文では「」（毛公鼎）と書きます。「木」の字の中央部に点を一つ打って、その意味を指し示す字としているわけですが、なぜこれが「あかい」という意味になるかというと、これは樹木の枝や幹の「内がわ」を指すものであるからです。板などを見ると分かると思いますが、マツやヒノキの類の樹木は、その内部が赤っぽい色をしています。「朱」とは元来、そうした樹木内部の色のことだったのです。古い文字では、点と線に明確な区別はあまりありませんでした。古い文字にも「朱」の中央の点が、現在の字形と同じように横線で書かれているものがあります。『広雅』「釈器」に「朱は、赤なり」とあり、『周易』「困」の爻辞には「酒食に困《くる》しむ、朱紱《しゅふつ》まさに来らんとす」とあります。「朱紱」は天子の用いる赤い色のひざ掛けのことです。隷書体になった時、書写上の方便から、湾曲した上の部分が斜め線と横線となり、中央の点が線に、樹木の根を表わす下部が左右の「はらい」となって出来たのが、現在の「朱」という字形です。「朱」は色を表わす文字ですが、「木」の字から出来ているものであるため、一般の字典では木偏の字として扱われています。

又佑右友

「又《ゆう》」はもと人の「手」を表わす文字でした。甲骨文では「」（粋１９４）、右手を象ったもので、五本あるはずの指が三本しか描かれていないのは、古代には三をもって「たくさん」の表現としていたことによります。『説文』「又部」にも「又は、手なり。象形、三指なるは手の列《なら》び多きことを略すの三に過ぎざるなり」とあります。原義が「右手」であることから、右がわを意味することとなり、甲骨文では右を表わす場合、すべてこの「又」の字が用いられています。そもそも、この「右」という字そのものが「又」から派生した、すなわち「又」に「口」を加えて出来たものなのです。古代における造字上の慣習では、「口を加える」ということは「方位を表示・表明する」という意味合いがありました。よって「又」に「口」を加えるということは、「又」の方位、すなわち「右手」のがわを表わすということになります。古い「右」の字では、「口」はみな、「又」の左がわに書かれていました。青銅器・毛公鼎にある右の字も、「口」が「○」で書かれてはいますが、「又」はやはりその右がわに位置しています[*1]。

古代においてはこの「右」という方位が尊重され、右がわは尊いもの、高貴なものとされていました。これは、人類の多くがその利き手を右手としていること、またそのため右手のほうが左手より「力がある」ということにも起因していましょう。

誰かを助けるものには、それだけの力がなければなりません。ここから力のある「右」は、「手助けする」という意味合いでも使われるようになりました。『左伝』「襄公十年」に「王、伯輿《はくよ》を右とす」、杜預《とよ》の注に「右は、助くなり」とあるなどがその用例です。後に「右」のそのほかの意味と区別するため、幇助者の意味で「人」を追加して「佑《ゆう》」という字を造り、この「助ける」という意味を専門に表わすものとしました。『説文』が「右」という字を「手・口、相い助くるなり」と解釈しているのは、この「佑」の字義からとったものです。

「友《ゆう》」の字は甲骨文で「[illegible]」(前8・6・1)。これは二人の人間が右手の上に右手を重ね[*2]、協同作業をしている様子です。相互に助け合うことのできる者、協力関係にあるもの、すなわち「ともだち」というわけです。『周礼』「天官・大宰」にある鄭玄の注には「友とは、同じく並《なら》び、相い合せて耦鋤《ぐうじょ》を作《な》す者」とあります。一つの田畑の上で肩を並べて耕す者という意味です。

＊1　現在の「右」という字の上部の横線は「又」の甲骨文の下碗部にあたる部分、「ノ」の部分が手指であって、配置上には口の「右がわ」に又のある古字体とまったく同じなのである。

＊2　甲骨文は文章とは逆に、左手に左手を重ねているようにしか見えないが、他の甲骨文字ではちゃんと、これを鏡面対称にした字形となっている。

受　授

「受《じゅ》」は甲骨文で「」（甲2752）。中央は「盤」の古字で、古代の祭祀や宴会で物を載せて運んだり、陳列したりするのに使われた「承盤」（図8-41　参照）というものを象っており、その上下には一本ずつ手が描かれています。この手はそれぞれ、「盤」を送るがわとうけとるがわ。つまりこの甲骨文字には、まさしく二人の人間が「承盤」を「さずけ（授）」「うけ（受）」とっている様子が描かれているわけです。掌が下向きになっているほうが「爪」で、これが今の字体の「爫」の部分、上を向いているのが「又」、そして中央の「盤」が簡略化され、「冖」となって出来たのが今の「受」という文字となります。『説文』「𠬪部」に「受は、相い付するなり」とあるよう、「受」はもともと「さずける」の意味でも「受ける」の意味でも使われていました。たとえば『尚書』「大禹謨」に「満つれば損を招き、謙なれば益を受く」とあるのは「うけとる」の意味で、『韓非子』「外儲説左上」

図8-41　西周銅盤

に「能に因りて官を受せしむ」とあるのは「さずける」の意味です。漢代になると、文字や言葉の意味や用法が、精緻で厳密なものとなってゆき、その過程のなかで「さずける」の意味を表わす文字として「授」が造られ、「受」は「うけとる」を専門に意味する文字とされるようになりました。すなわち「授」は「受」をベースとし、能動的な動作を表わす要素として、さらに「手」を加え、造られた文字であるわけです。

黒（黑）

「黒《こく》」の原義は色の「くろ」。小篆体では「黑」と書かれます。これは窗（＝窓）の古文字である「罒」と「炎」を組み合わせたもので、「罒」の下で炎が燃えている様子を描いています。古代、人類は穴を掘ってその中で生活をしていました。いまも中国北部で広く行われている「窰洞《ヤオトン》」という穴居式住居などはその余脈なわけですが、この穴居生活時代、洞窟の中では、暖をとったり食物を煮炊きするなどのために、常に焚き火が行われていました。木などを直接燃やしていたのでは、穴の中はすぐに煙がもうもうとたちこめてしまいます。「罒」とは、この煙を外に発散させるため洞窟に穿《うが》たれた通気口です。煙の通り道なのでこの「罒」の周辺はだいたい「まっくろ」でした。これは穴居時代にはごくごくありふれた事だったと思いますが、「黒」が「窓」と「炎」の二つから出来ている理由がこのことであると考えると、遠い歴史となってしまった穴居時代の生活が、字の中に真に迫って描写されている一例だとも思えてきます。隷書体となってのち、「炎」の、上部が「土」に、下部が「灬」に変化して出来たのが現在の「黒」という字形。火が「灬」に変わるのは「然」や「烈」の字などと同じく、字体においてはよくある典型的な変形パターンの一つです。

引用書名の略称一覧

鉄	劉鶚『鉄雲蔵亀』
余	羅振玉『鉄雲蔵亀之余』
拾	葉玉森『鉄雲蔵亀拾遺』
前	羅振玉『殷墟書契前編』
后上	羅振玉『殷墟書契後編』上巻
后下	羅振玉『殷墟書契後編』下巻
続	羅振玉『殷墟書契続編』
菁	羅振玉『殷墟書契菁華』
甲	董作賓『殷墟文字甲編』
乙	董作賓『殷墟文字乙編』
粋	郭沫若『殷契粋編』
摭続	李亜農『殷契摭佚続編』
寧滬	胡厚宣『戦後寧滬新穫甲骨集』
京津	胡厚宣『戦後京津新穫甲骨集』
存	胡厚宣『甲骨続存』
掇	郭若愚『殷契拾掇』
戩	姫佛陀『戩寿堂所蔵殷墟文字』
簠	王襄『簠室殷契征文』
鄴	黄濬『鄴中片羽』
鄴三	黄濬『鄴中片羽三集』
佚	商承祚『殷契佚存』
珠	金祖同『殷契遺珠』
林	林泰輔『亀甲獣骨文字』
文	孫海波『甲骨文録』
合集	郭沫若等『甲骨文合集』
探	王宇信『周原甲骨初探』
説文	許慎『説文解字』

主要参考文献

中国社会科学院考古研究所編『甲骨文編』北京、中華書局、1965年
徐中舒明主編『甲骨文字典』成都、四川辞書出版社、1985年
容庚編『金文編』北京、中華書局、1985年
漢語大字典編集委員会編『漢語大字典』武漢、湖北辞書出版社、成都、四川辞書出版社、1986年
陸宗達『説文解字通論』北京、北京出版社、1981年
『陸宗達語言学論文集』北京、北京師範大学出版社、1996年
陸宗達、王寧『訓詁与訓詁学』太原、山西教育出版社、1994年
王寧『訓詁学原理』北京、中国国際広播出版社、1996年
王貴元『説文解字校箋』上海、学林出版社、2002年
曹先擢『漢字文化漫筆』北京、語文出版社、1992年
陳煒湛『漢字古今談』北京、語文出版社、1988年
陳煒湛編『漢字古今談続編』北京、語文出版社、1993年
何九盈、胡双宝、張孟主編『中国漢字文化大観』北京、北京大学出版社、1995年
許嘉璐『中国古代衣食住行』北京、北京出版社、1998年
孫机『漢代物質文化資料図説』北京、文物出版社、1990年
黄金貴『古代文化詞文集類弁考』上海、上海教育出版社、1995年
馬承源主編『中国青銅器』上海、上海古籍出版社、1988年
朱啓新『説文談物』上海、上海書店出版社、2002年

著者——王貴元（おうきげん）
1959年中国山西省生まれ。中国人民大学中国語学科教授。文学博士。専門は文字学と出土した文献の研究。著書に『馬王堆帛書漢字構形系統研究』『説文解字校箋』『女巫与巫術』などがある。『中国語文』『古漢語研究』『中国人民大学学報』『江漢考古』『古籍整理研究学刊』などの刊行物に多くの論文を発表した。

監訳——加藤徹（かとうとおる）
1963年東京都生まれ。東京大学大学院文学研究科修了。専門は中国文化、中国文学、表象文化（とくに京劇）。広島大学を経て、現在、明治大学教授。著書に『京劇』(中公叢書、2002年)、『漢文力』(中央公論新社、2004年)、『貝と羊の中国人』(新潮新書、2006年)、『怪力乱神』(中央公論新社、2007年)、『梅蘭芳　世界を虜にした男』(ビジネス社、2009年)、『中国古典からの発想』(中央公論新社、2010年)、『本当は危ない『論語』』(NHK出版新書、2011年)ほか多数。共著および編著に『東洋脳×西洋脳』(共著、中公新書ラクレ、2011年)などがある。

翻訳——星野孝司（ほしのたかし）
1965年北海道生まれ。東洋大学文学部中国哲学文学科卒業。専門は中国民俗学。2000年頃より清楽月琴の研究調査、修理に携わっている。共著に『中国のマザーグース』（北沢図書出版、1991年）がある。

漢字《かんじ》から読《よ》み解《と》く中国《ちゆうごく》の歴史《れきし》と文化《ぶんか》

2015年5月15日　初版第1刷発行

〈著　者〉　王　貴元
〈監訳者〉　加藤　徹
〈翻訳者〉　星野孝司
〈発行者〉　向　安全
〈発行所〉　科学出版社東京 株式会社
〒113-0034
東京都文京区湯島2丁目9-10 石川ビル1階
TEL：03-6803-2978
FAX：03-6803-2928
http://www.sptokyo.co.jp
〈印刷・製本〉　株式会社 三秀舎

装丁・本文デザイン　長井究衡

ISBN978-4-907051-32-7　C0087